성장하는 기업의 비밀

경쟁에서 승리한 세계 기업의 성장 전략

성장하는 기업의 비밀

로렌스 카프론·윌 미첼 지음 | 이진원 옮김

BUILD

BORROW

OR BUY

21세기북스

원활한 목표 설정을 통해 보다 원칙적인 성장 경로를 구축하는 데 유용한 혁신적이고 실용적인 틀을 제공해주는 책이다.

아르노 바렌트(필립스 헬스케어 기업 M&A 부문 수석 부사장)

키우거나 빌리거나 사는 전략의 선택은 모든 CEO가 직면하는 딜레마다. 이 책은 CEO들에게 값비싼 실수를 저지르지 않고도 그러한 결정을 내릴 수 있는 간단하면서도 강력한 틀을 제공해준다.

수케스 다불루리(노이란트 래보로터리즈 리미티드 CEO)

오늘날처럼 점점 더 복잡하고 상호 연결되고 있는 비즈니스 세계에서 중요한 전략적 이슈 중 하나에 대해 생각해볼 수 있는 통찰력 있는 틀을 제공해주는 책이다. 두 저자는 가장 적절한 성장 경로를 선택하기 위해 내부 개발, 라이선스 제휴, M&A 중 무엇을 어떻게 선택하면 될지에 대한 지침을 분명하게 알려준다.

프란츠 B. 휴머(로체 그룹과 디아지오 PLC 회장)

이 책은 오늘날 성장을 추구하는 기업들이 당면한 가장 까다로운 전략적 결정을 다루고 있다. CEO라면 반드시 읽어봐야 할 균형 잡힌 명확한 분석서다.

케빈 P. 라이언(길트 그룹 창업자이자 CEO)

감사의 말

이 책은 1993년 가을 미국 미시간 주 동남부 도시 앤아버에 있는 미시간 대학에서 시작되었다. 이와 별도로 우리는 기업이 역동적인 환경에서 어떻게 생존하고 적응하는지, 특히 기업이 전략적 자원을 확보하여 재통합하기 위해 인수와 제휴 및 그 외의 방법을 어떻게 이용하는지 연구하는 중이었다. 우리 두 사람의 첫 만남과 이후의 공동 연구는 20년에 걸쳐 이어진 가족들 사이의 친밀한 관계뿐만 아니라 기업이 건전한 자원 선택과 자원 관리 전략을 개발함으로써 어떻게 경쟁하고 생존할 수 있는지에 대한 공동 연구와 가르침으로 이어졌다.

이 책은 주로 우리가 지난 10년 동안 실시한 연구를 바탕(그리고 우리의 초기 프로젝트들에 살을 붙여)으로 기업이 성공적으로 경쟁하는 데 필요한 자원을 어떻게 '키우거나 빌리거나 사며', 기업이 활용 가능한 자원 확보 방안들 사이에서 어떻게 선택하고 있는지를 보여주고 있다. 연구 도중 우리는 많은 산업과 지역에 걸쳐 두루 활동하고 있는 위대한 글로벌 기업의 임원들을 만날 수 있는 특권을 누렸다. 그들이 우리에게 좋았건 나빴건 간에 기꺼이 자신의 경험을 이야기해 준 데 대해 이루 말할 수 없을 만큼 고맙게 생각한다. 그들의 솔직한 모습은 감동적이었고, 그들이 보여준 통찰은 연구에 꼭 필요한 것이었다. 그리고 그들이 들려준 이야기는 이 책의 소재가 되었다.

우리는 또한 동료들과 다른 학자들의 생각과 글에서 큰 도움을 받았다. 그들은 진화론적·생태학적 이론, 역동적인 역량, 그리고 회사 간 거래라는 광범위한 영역 안에서 핵심적인 통찰을 제시해주었다. 우리는 그들로부터 많은 통찰을 얻었고, 그에 대해 정말로 감사한다.

그동안 우리는 재능 있는 공동 저자들과 함께 여러 편의 논문과 기고문을 쓰고, 사례 연구를 수행할 수 있는 행운을 누렸다. 그들은 기업의 '키우고-빌리고-사는' 전략에 대해 우리가 생각을 발전·심화시킬 수 있게 도와주었다. 그들과 다른 동료들의 연구 결과는 이 책의 '부록'에 정리해놓았다.

또한 지난 20년 동안 우리가 가르쳤고, 연구를 수행했던 여러 학교의 MBA와 박사 과정, 경영자 과정 등을 밟고 있는 제자들로부터 많은 것을 배울 수 있었다. 그에 대해 감사한다. 그동안 우리는 여러 대학(캘리포니아 대학교 버클리 캠퍼스, 듀크 대학, 파리 경영대학원HEC Paris, 인시아드아이비 경영대학원, 그리고 켈로그·미시간·MIT 슬로안·토론토·와튼·위트

성장하는 기업의 비밀

위터스랜드 대학과 싱가포르 국립대학 등)에서 연구하면서 인상적인 배경, 생각, 세계관을 가진 재능 있는 학생들을 만나보았다. 그들의 관점은 이 책을 더욱 풍성하게 만들어주었다.

우리는 이 책의 출판사와 편집자들로부터 멋진 응원과 조언을 받았다. 우리가 논리를 가다듬고 이 책이 잘 읽힐 수 있게 많은 분들이 지도와 편달을 아끼지 않았다.

많은 빚을 진 가족들에게도 감사한다. 그들의 열정적인 응원과 인내가 없었다면 이 책을 쓸 수 없었을 것이다. 이 자리를 빌려 다시 한 번 감사하다는 말을 전하고 싶다.

로렌스 카프론
윌리엄 미첼

차례

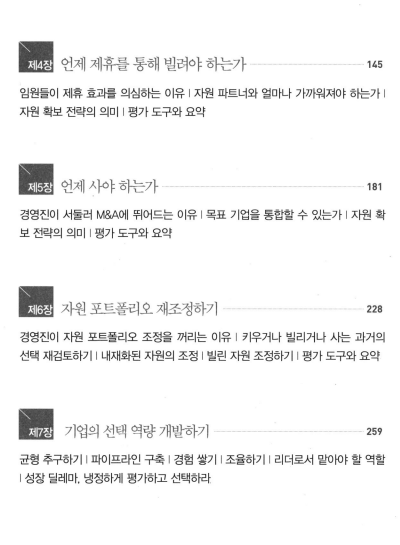

두 번의 장례식과
한 번의 결혼식

많은 기업이 성장에 필요한 자원을 얻는 방식에 문제가 생겼다. 대부분의 기업은 새로운 성장 자원들이 무엇인지 파악하는 데 아주 능숙하며, 그들 모두 이러한 도전을 진지하게 받아들인다. 하지만 우리는 심지어 높은 평가를 받는 기업들을 비롯해 여러 기업이 성장하면서 자원을 찾아내는 일보다 자원을 확보하는 방법에 대해 등한시하다가 하나둘씩 문제에 휘말리는 모습을 목격했다.

기업들은 키울지, 빌릴지, 살지, 올바른 성장 경로에 대해 곰곰이 따져보고 내리는 결정의 중요성을 과소평가했다. 결과적으로 그들은 원칙이나 실사實査나 지도 원칙 없이 부주의하게 선택하기 시작한다. 실제로 그들은 전혀 의식 있는 선택을 하지 못한다. 연습이 완벽함을 만든다고 생각하고, 항상 그래왔던 대로 선택한다. 그러다가 유망한 기회를 잡지 못하고 실패했을 때 오래전부터 해왔던 부주의한 선택이 실패의 발단이 되었음을 의심하지 않는다.

이 책을 쓴 목적은 강력하고 새로운 사업 역량을 키울 수 있는 방법을 보여주는 것이다. 그것은 성장 기회를 추구할 때 추종해야 하는 최고의 경로 선택 원칙이다. 연구 결과 우리는 성공으로 향하는 길을 (어떤 환경과 어떤 조합을 통해) 키울지, 빌릴지, 혹은 살지를 결정하는 데 필요한 종합적인 틀을 개발했다. 이 세 단어의 의미를 간단히 정리하면 다음과 같다.

1. 키우다build : 우리가 직접 하겠다.
2. 빌리다borrow : 우리에게는 다른 사람들의 도움이 필요하다.
3. 사다buy : 우리는 우리가 갈 길을 사겠다.

이런 식으로 표현하니까 믿기 어려울 정도로 단순해 보이지만 실제로는 그렇지 않다.

새로운 기회를 추구하기 위해서는 보통 당신이 아직까지 소유하고 있지 않은 '자원resources'이 필요하다. 자원은 전문적 기술, 노하우, 방법, 광범위한 역량, 그리고 그 외 자산들의 조합일 수 있다. 기업이 기회를 얻기 위해 경쟁하려면 내부적으로 필요한 자원을 키우거나 외부로부터 확보해야 한다.

성장하는 기업의 비밀

필요한 자원 확보 방법에 대한 결정이 간단해 보일 수 있기 때문에 심지어 제한된 숫자의 옵션들 중에서라도 현명하게 고르는 것이 얼마나 힘든지(그리고 그것이 얼마나 중요한지)를 알고 있는 기업은 거의 없다. 결과적으로 기업들은 종종 이 사안에 대해 별로 고민하지 않고 과거의 낯익은 관행과 기호에 따라 내렸던 결정들을 토대로 반사적으로 선택해버린다. 앞으로 보여주겠지만, 그러한 부주의한 습관은 성공 가능한 전략이 잠재력을 발휘하지 못하고 실패로 끝나는 이유를 설명하는 데 매우 유용하다.

이 책의 중심에 있는 딜레마를 설명하기 위해 우리는 짧은 가정적 사례 세 가지를 제시하겠다. 이들 사례에는 중대한 성장 기회를 추구하는 데 필요한 자원 확보를 위해 서로 다른 전략을 추구하는 세 기업이 등장한다. 그들이 취한 전략을 '경로 의존적 성장path-dependent growth', '기회주의적 성장opportunistic growth', 그리고 '키우고-빌리고-사는 성장build-borrow-buy growth'이라고 부르겠다. 첫 번째와 두 번째 시나리오는 허술한 경로를 선택함으로써 발생한 문제를 스케치하고 있다. 세 번째 시나리오는 다음 장들에서 설명할 해결책에 이르는 길을 보여준다.

경로 의존적 성장 : 하나의 영역에서만 뛰어난 회사

멀린 매뉴팩처링(세 가지 사례에는 모두 가공의 기업이 등장한다)은 석유 정제와 화학제품 제조와 같은 가공 산업에서 활동하는 고객들을 위한 산업 통제 시스템을 구축해서 성공한 엔지니어링 회사다. 이 회사는 매우 복잡하고, 고객의 요구를 충실히 반영한 제품들을 독점적으로 생산해왔다. 회사의 전통적인 사업 모델은 맞춤형 해결책을 생산하기 위해 대형 업계 고객들과 상의하면서 집중적으로 일하는 것이었다.

하지만 최근 들어 고객들은 한 장소에서 다양한 제조업 현장을 동시에 관리할 수 있는 인터넷 기반 통제 시스템을 요구하기 시작했다. 멀린의 일부 임원들은 이런 요구가 등장하리라 예상하고 있었다. 인터넷에 기반한 제품을 추가할지, 그 시기는 언제가 좋을지를 두고 내부에서 격론이 벌어졌다. 엔지니어링 그룹에 속한 다수의 임원들은 인터넷에 기반한 프로세스 통제 방법의 보안과 안정성에 대해 회의적이었다. 멀린의 주요 경쟁사들 중에 한 곳이 인터넷 제품 라인을 출시할 때까지 기다려보자는 의견이 팽배했다.

과거 몇 년 동안 멀린은 주로 인수를 통해 기술 역량을 확대해오고 있었다. M&A(인수·합병)를 통해 기술력을 키우는 기업들과 마찬가지로 멀린은 첨단 기술을 갖춘 소규모 신생 기업들을 찾아내어 인수한 다음 그들을 자사 문화로 흡수할 수 있는 세련된 능력을 갖추게 되었다고 믿었다. 사실상 자동적으로 M&A 전략은 업계의 통제

성장하는 기업의 비밀

생태계에서 일어나는 변화에 대처하기 위해 회사가 선택할 수 있는 무기가 된 상태였다. 회사의 성장 전략은 '경로 의존적'이었다. 즉 멀린은 인수라는 한 가지 영역에서만 뛰어난 회사였다.

지난 몇 년 동안 멀린은 맞춤형 인수 과정을 구축해왔다. 이 회사는 정기적으로 일류 기업 컨설턴트와 교수들이 제공한 M&A 교육 시간을 가졌다. 경영진은 고도로 발전된 기술들을 기초로 한 인수의 우수성을 점점 더 많이 강조했다. 멀린은 상승하는 주가에도 반영되어 있듯이 반복해서 쓸 수 있는 자사의 공식이 시간이 지날수록 더 나아지고 더 빠르게 활용 가능하다고 믿었다.

기술 곡선을 새로 오를 때마다 주기적으로 일어났던 일처럼 멀린은 이제 인터넷 처리 통제 지식 기반을 강화할 필요가 있었다. 이런 신규 시장에 진입하기 위해서는 물론 회사의 마술 같은 인수 공식을 적용하고 새로운 거래를 시작해야 했다.

인터넷에 기반한 산업 통제 시스템은 종잡기 힘든 새로운 야수나 마찬가지다. 멀린의 엔지니어들은 이 시스템을 회의적인 시각으로 바라보았다. 잠재적인 목표와, 심지어 던져야 할 질문들의 평가 방법에 대한 내부적 이해도가 보통 때보다 떨어졌다. 그런데도 멀린은 최대한 빠르게 움직였다. 하지만 이 새로운 영역에서 멀린이 체결한 계약들은 기대했던 혜택을 낳는 데 실패했다. 정밀실사는 더 어려웠고, 협상은 더 힘들었으며, 통합은 순탄치 않았다. 인수된 기업들의 핵심 인재들은 인수 계약서의 잉크가 마르기도 전에 회사를 떠났다.

멀린은 곧바로 새로운 사업에서 후퇴했다. 새로운 인수 건에 관심을 쏟고 투자를 하느라 회사의 핵심 영역도 힘들어졌다. 멀린의 주가는 폭락했고, 임원들은 다시 투자자들의 신뢰를 얻기 위해 안간힘을 썼다. 이것은 예상했던 것보다 훨씬 더 어려운 일이었다. 관례적으로 보여주었던 신기神技가 부족하자 이제 인수 대상이 되어버린 멀린은 업계 최대 라이벌에게 인수되어 분할되었다.

경로 의존적 기업이 반사적으로 어떤 선택을 선호하든 상관없이 이런 기업은 특히 역동적인 경쟁 상황에서 성장하는 데 애를 먹을 가능성이 높다. 경로 의존적 기업은 새로운 기회를 창조하기도 하지만, 기존 전통 사업에 새로운 위협을 가하기도 하는 새로운 기술이나 시장, 규제 방향에 따라 업계가 움직일 때 효과적으로 대응할 수가 없다.

기회주의적 성장 : 임의적 선택이 혼란으로 이어질 때

매버릭 출판은 미디어 업계에서 장래가 촉망되는 기업이다. 전통 미디어 분야에서 이 회사의 기존 경쟁사들은 종이 기반 사업 모델에 위협을 가하는 디지털 제품들로 인해 여러 가지 도전에 직면해 있다. 경쟁사들과 비교했을 때 매버릭은 매우 의욕이 넘치고, 효율적이며, 더 날렵하고, 현재는 수많은 디지털 기술로 무장하고 있다.

다른 경쟁사들이 소심한 점진주의와 소규모 실험에 몰두할 때 매버릭은 새로운 디지털 자원을 획득할 수 있는 기회란 기회를 모두 잡으면서 공격적으로 움직였다. 매버릭은 투자은행가들의 조언을 경청하고, 인터넷 미디어 기업들을 인수했다. 이어 디지털 환경에서 흥미로운 제품들을 개발하고 있는 제휴사들과 손을 맞잡고, 디지털 전문 기술 확보를 위한 라이선스 계약 협상에 나섰다. 디지털 자원을 창조할 수 있도록 내부 개발팀에 재량권도 부여했다.

이런 강력한 전략과 외부 제휴, 내부 연구를 결합하는 방식(당시 경쟁사들은 내부적으로나 외부적으로 매버릭보다 탐구적이지 못했다) 덕분에 매버릭은 미디어와 기업 전문가들로부터 호평을 받았다.

하지만 매버릭이 새로운 자원을 끌어모으기 위해 돈과 시간을 투자했음에도 직원들 사이에서는 불만의 목소리가 커지기 시작했다. 시장에서 강해져야 했지만 실상은 달랐다. 매버릭이 인수한 기업들은 온전히 통합되지 않았고, 가시적인 시너지 효과도 나타나지 않았다. 누구도 라이선스 계약과 제휴 파트너들을 둘러싸고 점점 더 눈에 띄게 복잡해지는 관계를 확실히 관리하지 못했다. 또 누구도 각 제휴 관계가 디지털 전략을 발전시킬 가시적인 제품에 어떻게 기여해야 하는지 분명하게 설명할 수 없는 것 같았다. 여러 개로 조각난 자원 개발 프로그램들 때문에 사람들이 각자 다른 방향으로 움직이면서 생긴 명확하고 일관된 방향성의 부족은 직원들의 사기를 떨어뜨렸다.

공격적인 기회주의에 사로잡힌 매버릭은 업계 내 다른 기업들이 지나칠 정도로 신중하고, 흔들리고, 시간을 낭비하는 동안 재빠르게 행동했다. 매버릭은 또한 임의적으로도 행동했다. 내부적으로 어떤 프로젝트에는 투자하고, 어떤 프로젝트는 제휴사들과 협력하고, 어떤 프로젝트를 위해선 M&A 대상 기업을 물색하는 등 전략적으로 조율된 결정을 거의 내리지 못했다. 매버릭은 이런 모든 활동의 잠재적 혜택들을 최대한 잘 활용하기 위해 애썼다. 그 결과 직원들은 많은 비용과 시간이 소비되는 혼란스러운 인수와 제휴 과정을 겪었다. 실제로 매버릭은 극단적으로 무질서한 회사라는 평판을 얻게 되었다.

하나의 성장 경로만 추구한 멀린과 달리 매버릭은 다양한 경로를 활용하면서 올바른 경로를 걷기도 했다. 하지만 매버릭은 어떤 종류의 자원을 얻기 위해 어떤 성장 경로를 선택할지를 결정할 때 고려해야 하는 주변 환경과 비상사태를 면밀히 분석하는 데 실패했다. 대신에 매버릭은 키울지, 빌릴지, 아니면 살지에 대한 결정을 매 순간 임의적으로 내렸다. 이런 식으로 매버릭이 추구한 전략의 DNA에는 혼란이 유입되었다.

당신의 회사도 경로 의존적 또는 기회주의적 성장 전략 중 하나로 인해 비슷한 위기에 놓여 있다는 것을 알고 있는가? 그렇다면 올바른 성장 경로를 선택할 수 있는 보다 성공적인 방법은 무엇일까?

키우고-빌리고-사는 성장 : 상황에 맞는 치료법

키우고-빌리고-사는 세 번째 전략에 대해 생각해보자. 지난 30년 동안 파나케이아 제약Panacea Pharmaceuticals은 생명공학 혁명에 참여해 네트워크로 연결되어 발전하는 세계적 혁신 모델 창조를 주도했다. 시간이 흐르면서 이 회사는 혁신적인 의약품 개발과 마케팅을 위해 내부 R&D, 기본 계약, 제휴, 인수 등 여러 가지를 혼용한 방법에 점점 더 의존하면서 신기술과 시장 변화에 대처해나갔다.

파나케이아는 전 세계적으로 뛰어난 능력을 갖춘 내부 R&D팀을 운영하고 있다. 일부 경쟁사들과 달리 이 회사는 오랫동안 외부의 도움을 받아 내부 개발을 보강했다. 회사는 내부 프로젝트의 투자 기준을 높여왔다. 대부분의 내부 프로젝트는 핵심 치료 분야에서 회사가 기존에 입증한 기술들에 의존해야 한다.

대외적으로 회사는 다양한 라이선스 계약에 의존했고, 이로 인해 파나케이아는 내부 활동을 보완해주는 화합물, 제품, 목표 기술들에 접근했다. 또한 기존의 제휴 계약들이 제휴사와 높은 수준의 상호작용을 지원해주거나 핵심 자원들을 조율하고 보호하는 데 부족하다고 판단되는 경우 보다 복잡한 제휴 계약(공동 신제품 개발 및 새로운 시장 개척을 위한) 체결을 모색했다.

제휴가 전략적 가치를 꾸준히 높여주거나 보다 많은 협력을 요구하는 경우에는 기존 제휴사를 인수함으로써 제휴 전략을 인수 전략으로 전환시키기 위해 애썼다. 또한 내부 학습을 촉진시키는 역량에 빠른 접근이 필요한, 전략적으로 중요한 치료 영역에서는 직접적인 인수를 추진했다.

파나케이아는 새로운 자원 확보를 위해 다양한 경로를 신중하게 선택함으로써 급진적인 변화를 겪었다. 제약 산업 영역이 전 세계로 확대되는 동안 파나케이아는 선도 기업의 자리를 유지했다. 회사는 내부적으로 언제 새로운 자원을 키울지, 언제 자원을 빌리기 위해 다른 기업들과 계약 또는 동맹을 맺을지, 그리고 언제 다른 기업 인수라는 까다로운 경로를 밟아나갈지 원칙적으로 이해하고 있었다.

매버릭과 달리 파나케이아는 '키우고, 빌리고, 사는' 전략을 혼용하는 방법을 배웠다. 멀린과 달리 파나케이아는 한 가지 묘책에 의존하지 않았다. 대신 '키우고, 빌리고, 사는' 세 가지 전략을 통달한 후, 각 전략을 언제 사용해야 성공 확률이 가장 높은지를 노련하게 판단하면서 전략들을 다방면에 걸쳐 비상하게 활용했다.

무엇을 얻을 것인가

우리의 연구와 경험은 잘 개발된 '키우고, 빌리고, 사는 능력'이 강력한 성장 도구임을 보여준다. 이 책은 새로운 기회가 등장했을 때 효과적으로 경쟁하기 위해서 필요한 최선의 자원 확보 경로를 고를

수 있는 단계별 자원 경로 틀resource pathway framework을 자세히 설명
해주고 있다. 우리는 이런 틀을 만드는 것을 '강력한 선택 역량strong
selection capability'을 키우는 것이라고 말한다. (우리가 이 책에서 사용
하는 용어들의 뜻은 이번 장의 맨 끝에 나오는 '핵심 용어 정리'를 참
조하라.)

이 책을 통해 자원 경로 틀에 대해 설명하면서 우리는 어떻게 전
세계의 다양한 규모의 기업들이 이 틀을 이용해 지속 가능한 성장
전략을 개발할 수 있었는지를 보여줄 계획이다. 일부 기업은 어떻게
다수의 경쟁사보다 더 빠르게, 그리고 혼란을 적게 겪으면서 성장함
으로써 결과적으로 더 높은 수익을 내고, 장기적인 경쟁우위를 개발
할 수 있게 되었을까? 이들 기업은 보다 질서 정연한 과정을 밟으면
서, 즉 성장 전략을 선택하고 실행하는 데 애쓴 결과에 대해 보상을
받으면서 수많은 성장 위협을 피해간다. 그와 달리 이러한 원칙을 받
아들이지 않거나 등한시하는 기업들은 어떻게 해서 효과적인 성장
에 애를 먹게 되는 것일까? 실제로 그러한 일종의 직무 유기는 초기
성공 후 1차적 조치들을 취하고 있건, 아니면 한때 업계의 선도 기업
이었건 간에 종종 기업의 몰락으로 이어진다.

이 책에 나오는 생각들은 많은 의사결정자, 즉 최고경영자들CEOs
과 기업의 정책 비전을 만드는 최고위 경영진에 속한 임원들, 비전
실현에 필요한 주요 조치를 찾아내는 기업 개발 담당자들, 그리고 새
로운 자원을 어디서 어떻게 구할지 결정하는 데 도움을 주는 의사

결정자들에게 소중하게 받아들여질 것이다. 이러한 이해관계자들은 각자 자원 경로 틀이 기업에 강력한 혜택을 선사하게 만드는 데 없어서는 안 되는 리더로서의 역할을 맡는다.

우리는 당신이 이번 학습 여행에서 많은 도움을 얻기를 바란다. 분명히 말하지만, 자원 경로를 단계별로 안내해주는, 누구나 이용 가능할 정도로 쉬운 GPS 시스템 같은 것은 존재하지 않는다. 리더들은 여전히 건전하게 판단하고, 강력한 선택 능력 개발 원칙에 따라 조직을 세워야 한다. 지혜와 원칙의 조합을 통해서만 기업은 비로소 성공적인 성장을 추구하기 위해 키우고, 빌리고, 사는 전략을 혼용해서 최상의 효과를 낼 수 있다.

핵심 용어 정리

자원Resources 기업이 고객을 위해 재화와 용역을 생산하는 데 필요한 자산. 공장과 장비 같은 물리적 자산과 노하우, 지적재산권 같은 무형의 자산, 직원 및 기업 활동에 기여하는 다른 기업 안팎의 이해관계자들까지 모두 포함된다.

전략적 자원 Strategic resources 현재 갖고 있는 경쟁우위를 강화하거나 미래의 경쟁우위를 확보하기 위한 토대를 마련하거나 둘 다 하는 데 필요한 자원.

기존 자원 Existing resources 기업이 현재 보유 또는 통제하고 있거나 신뢰할 만한 접근 경로를 확보해놓은 자원.

성장하는 기업의 비밀

목표 자원 Targeted resources 기업이 현재 갖고 있지 않고 기존과 신규 고객들을 위해 소중한 새로운 재화와 용역의 창조 기회를 얻으려고 확보하고자 하는 자원.

자원 격차 Resource gap 기존 자원과 목표 자원의 차이.

선별 역량 Selection capability 자원 격차를 메우기 위한 기업의 적절한 경로 선택 능력.

키우다―내부 개발 Build-internal development 기업이 기존 역량을 재결합하거나 새로운 역량을 개발함으로써 가치를 창조하기 위해 내부적으로 추진하는 변화들. 그러한 변화 노력에는 내부 직원 훈련, 내부 제품 개발 실행, 신규 직원 채용, 신설 공장 설립 등이 포함된다. 내부 개발은 계약을 통한 빌리기, 제휴를 통한 빌리기, 인수라는 세 가지 형태의 외부 개발의 대안이다.

키우다―내부 탐색 환경 Build-internal exploratory environment 스컹크 워크Skunk Work(국가나 기업이 비밀리에 추진하는 실험이나 프로젝트) 혹은 공식 등록된 독립 단위 중 무엇으로 일하건 팀들이 새로운 생각, 자원, 사업 모델을 실험할 수 있는 독립된 공간. 탐색적 접근법은 불확실한 기회에 대해 학습할 시간을 버는 방법으로 가치가 있을 수 있다.

빌리다―계약 Borrow-contract 제3자로부터 기성 재화나 용역을 인수하기로 하는 합의. 기성 기술과 용역의 전면적 구입, 특화된 기술원·소프트웨어·서비스의 사용권에 대한 라이선스 계약, 기본적 시장 합의, 컨설팅 계약 등이 포함된다.

빌리다―제휴 Borrow-alliance 다른 기업이나 기관(대학 등)과의 협력적 제휴 지속. 두 곳 이상의 제휴사는 전략적 자율성을 유지하면서 일정 기간 동안 협력하는 데 자원을 투자하기로 합의한다. 관련 사례로는 지분과 비지분 합작벤처, R&D와 마케팅 제휴, 기업 벤처 자본 투자, 다수가 참가하는 컨소시엄, 프랜차이즈, 세부적 아웃소싱 합의 등이 있다. 제휴에는 비교적 간단한 합의나 다단식多段式 계약, 쌍방 투자, 그리고 복잡한 권리 합의를 포함해 훨씬 더 복잡한 형식의 관계가 있을 수 있다. 모든 제휴에는 합의 기간 동안 협력을 지속하기 위해 돈과 노력을 투자하는 독립적 행동주체들 사이의 지속적인 상호작용이 이루어진다. 제휴사들은 각자 전략적 자율성을 갖는다는 점에서 독립적으로 행동한다. 어떤 한 기업도 제휴사들에게 뭔가를 해달라고 강요할 수 없다. 일반적으로 제휴는 공식적 계약에 따라 추진되지만, 미래에 일어날 수 있는 모든 사건을 100퍼센트 명시해놓을 수 없다는 면에서 완벽한 계약은 있을 수 없다.

사다-인수 Buy-acquisition 기업이 다른 기업의 자원을 제한 없이 이용하기 위해 최소 지배 지분을 인수하는 경우. 인수는 인수 기업과 목표 기업 모두에게 통합된 전략적 방향을 제공한다. 인수 기업은 가끔 처음에 목표 기업을 독립적 주체로 경영하지만, 경영 방식을 통일하고 새로운 자원을 공동 창조하기 위해 자사와 목표 기업의 인력과 자원을 통합할 수 있는 권리를 갖는다. 기업 전체 또는 다양한 사업부를 가진 기업들로부터 개별 사업부를 매수하는 것을 인수라고 말하기도 한다.

자산 매각 Divestiture 사업부·생산 라인·주요 자산의 매각.

01
CHAPTER

자원 경로 틀

기업 생태계가 끊임없이 변하고 있다. 여러 가지 기회가 빠르게 등장했다가 사라지고 있다. 가장 빠르고 신속하게 움직일 수 있는 기업들만 경쟁에서 승리하고 있다. 전 세계 기업들은 경쟁하고 성장하기 위해 꾸준히 사세를 확장하거나 자원을 재창조해야 한다. 미디어 기업에게는 새로운 디지털 상품이 필요하고, 소매 은행은 인터넷 뱅킹 서비스를 추가해야 한다. 자동차 제조업체는 녹색 기술을 선보이라는 압력에 직면해 있고, 식품회사의 고객들은 더 건강한 음식을 요구하고 있다. 제약회사는 생명공학 연구의 결실들을 꾸준히 흡수해야 한다. 사실상 변화가 영원히 예측 불가능한 요인이 되지 않은 분야가 거의 없다.

이처럼 시장 주도적·기술적·규제적·경쟁적인 변화가 빠르게 일어나고 있는 가운데 기업들은 기존에 보유하고 있는 지식과 기술 격차gap를 분석하고 해결하기 위해 꾸준한 노력을 기울여야 한다. 결과적으로 이런 격차는 리더들에게 중요한 선택의 기회를 제공해준다.

이런 격차를 메우는 것이 기업에게는 영원한 숙제다. 기업들은 현기증이 날 정도로 다양한 전문 기술, 지식 자원과 함께 그들을 인수하기 위해 전 세계적으로 점점 더 치열해진 경쟁에 직면해 있다. 선진국 세계와 급성장하고 있는 신흥국 시장 모두 이와 같은 경쟁이 펼쳐지고 있다. 전 세계적으로 확산되고 있는 지정학적·제도적 경계 속에서 점점 더 많은 기업이 생존을 위해 분투하고 있다. 이는 신생 기업뿐만 아니라 자금력이 풍부한 기존 기업에게도 해당되는 현실이다.

하지만 규모나 역사와 상관없이 자원 격차를 메우려고 애쓰는 기업들은 제한된 수의 옵션만 갖고 있다. 그들은 내부적으로 혁신하거나(키우기), 새로운 계약이나 제휴를 체결하고 합작벤처를 세우거나(빌리기), M&A에 뛰어드는(사기) 것이다. 이 간단한 세 가지 방법은 선택을 어렵게 하고 결과를 불확실하게 만드는 복잡하게 뒤얽힌 여러 가지 고려사항을 숨겨버린다. 경제지에 실린 기사들은 기업의 성공적인 혁신이나 계약상 합의contractual arrangement 또는 조화롭고 생산적인 상태를 유지하는 제휴나 강력할 것 같았던 M&A의 시너지효과 창조의 실패 사례들을 부각한다.

우리는 많은 조사와 경험을 통해 전 세계적으로 분야를 막론하고 모든 기업이 미래 성공에 결정적으로 중요한 자원을 찾아 운용하기 위해 애쓰고 있다는 사실을 알아냈다. 새로운 자원 확보 실패의 근본 원인은 두 가지다. 가장 눈에 띄는 첫 번째 원인은 기업들이 종종 자원 확보를 위해 선택한 경로를 걷는 데 어려움을 겪는다는 점이다. 첫 번째보다 잘 이해되지 못했던 두 번째 원인은 기업들이 선택한 경로가 종종 잘못된 경로로 드러난다는 것이다.

어떤 경로에서나 많은 어려움이 도사리고 있는 이상, 기업 임원들은 언제 어떤 경로를 따라가는 게 다른 경로를 따라가는 것보다 더 타당할지를 이해하고 있어야 한다. 실제로 본래 잘못된 경로를 선택할 경우에는 따라가기가 훨씬 더 어려워진다. 그로 인해 실행의 덫 implementation trap에 걸릴 수 있다. 이 덫에 걸린 기업은 핵심 자원을 확보하는 잘못된 경로를 걷느라 더 힘들게 안간힘을 쓰다가 몰락한다.

우리가 이 책에서 일관되게 강조하는 핵심 메시지는 간단하다. 그것은 새로운 자원 확보를 위한 정도正道를 선택하는 법을 배우는 기업들은 경쟁우위를 확보한다는 것이다. 반면에 상호 경쟁 관계에 있는 길들의 경중을 신중히 판단하지 못하고, 과거에 선호되었던 방법만 답습하는(기업들이 그 방법을 얼마나 부지런하게 추구하건 상관없이) 기업들은 종종 비틀거리다가 쓰러질 것이다. 그들은 다른 자원 개발 경로를 검토하고 선택하고, 경로들 사이에 균형을 잡는 식으로 보다 원칙적인 접근법을 추구하는 기업들에게 밀려날 것이다. (다음에 나와 있는 '두 가지 거래 이야기'에 다양한 길의 장단점이 나와 있다.)

선택의 잘못 대 선택의 성공

2002년 휴렛팩커드Hewlett-Packard(이하 HP)의 컴팩 컴퓨터Compaq Computer Corporation 인수는 두 가지 선택(성공한 선택과 실패한 선택) 과정에 얽힌 이야기의 대표적 사례다.

HP가 250억 달러를 들여 컴팩을 인수하자 HP에게 재난이 될 것이라고 예측하는 등 논란이 많았다. 하지만 컴팩을 인수한 덕분에 HP는 과학 장비 회사에서 개인용 컴퓨터 분야의 선도 기업으로 변신할 수 있었다.

앞서 컴팩이 뛰어들었던 두 차례의 인수는 이보다 성공적이지 못했다. 1982년에 설립된 컴팩은 1990년대로 접어들면서 세계의 선도 기업이자 소매 PC 제조업체들 중 하나로 성장했다. 하지만 1990년대 중반에 컴팩은 델Dell 등 다른 업체들과의 경쟁 압력에 시달렸다. 1997년과 1998년에 컴팩은 하이엔드high-end 기업용 컴퓨터 생산업체인 탠덤 컴퓨터 Tandem Computers와 일류 마이크로컴퓨터 제조업체인 디지털 이큅먼트 Digital Equipment Corporation, DEC를 인수했다. 컴팩은 이 두 차례의 인수 로 광범위한 차원에서 활동하는 컴퓨터 제조업체로서 IBM 같은 기업들 과 경쟁할 수 있게 되리라 믿었다.

하지만 컴팩에게는 인수한 기업들을 통합·활용할 수 있는 청사진이 없었 다. 근본적으로 인수 후 통합 효과를 평가하지 않았거나 자원 격차를 메 울 수 있는 보완 방법을 찾아낼 수 없었다. 컴팩은 여러 조각을 끼워 맞추기 위해 애썼다. 그 결과 분열 현상이 생겼고, 더 잘 통합되어 있던 다른 컴퓨터 제조업체들과 경쟁할 수 있는 능력에 타격을 입었다.

컴팩은 인수 결정을 할 때 두 가지 잘못을 저질렀다. 첫째, 2년 동안 연이어 야심차면서도 성격이 다른 기업들을 흡수하기가 얼마나 어려운지 면밀하게 평가하지 못했다. 둘째, 통합 관련 문제들을 제대로 따져보지 않아서 인수를 포기하게 만들 수도 있었던 잠재적 문제들을 간과했다. 기업 인수가 실현되지 않는 경우에는 그만한 이유가 있다. 당신이 재난을 피할 수 있을 만큼 많은 정보를 얻었다면 방침을 바꿔 더욱 적절한 기업 변화 전략을 추구할 기회를 가질 것이다. 결국 컴팩은 회복하지 못한 채 인수 대상으로 전락해버렸다.

반면 1990년대에 HP는 혁신적인 과학 장비 회사로 출발해 마이크로컴퓨터 분야에서 강력한 입지를 구축했으며, PC 프린터 업계의 선도 기업으로 성장해왔다. HP는 컴퓨터 산업에만 집중하기로 결정했다. HP는 전통적인 과학 장비 사업부와 몇몇 관련 사업부를 에질런트Agilent라는 별도의 회사로 분리했다. 2002년에는 컴팩을 컴퓨터 산업 입지 확대에 필요한 지렛대로 삼았다.

컴팩과 달리 HP는 전략 추진에 필요한 자원 선택 방법에 상당한 주의를 기울였다. HP는 인수 후 통합의 실행 가능성, 내부 개발, 협력 지원을 통해 인수를 보완할 수 있는 방법을 면밀히 검토했다. 컴팩 인수를 끝마치기 전에 HP는 컴팩이 가진 자원을 통합하고, 양사의 합병 후 중복될 수 있는 보유 자원이 무엇인지 찾아내는 작업에 착수하기 위해 여러 가지 활동을 전문적으로 추진할 통합팀을 만들었다. 통합은 많은 존경을 받는 HP의 임원들이 주도적으로 추진했는데, 그들은 당시 CEO인 칼리 피오

리나Carly Fiorina에게 직접 보고했다. 인수가 완료된 직후 컴팩의 임원 한 명이 공동 리더 자격으로 통합팀에 합류했다.

이와 병행해서 HP의 임원들은 '키우고 빌리는' 전략을 통해 채우고 보완해야 할 자원 격차를 찾아냈다. 따라서 HP는 새로 통합된 사업들의 핵심 부분을 서로 연결하는(예를 들어 컴팩의 컴퓨터와 HP의 프린터 생산 라인 연결하기) 소프트웨어와 하드웨어 다리들을 개발하기 위한 다양한 프로젝트팀을 만들었다. HP는 통합 사업을 확장하기 위한 제휴사들도 찾아냈다. 예를 들어 컴팩 인수로 커진 기업 중심 서비스에 필요한 소프트웨어 개발을 위해 기업용 소프트웨어 업체인 SAP와 긴밀히 협력했다.

컴팩 인수 이후 20년 동안 종합적으로 추진한 키우고, 빌리고, 사는 전략은 HP의 중대한 변화로 이어졌다. 이런 변화는 궁극적으로 HP에 재정적인 성공을 안겨주었다. HP는 목표 기업과 전통적인 HP 사업부에서 수천 명을 감원했다. 그와 동시에 전략적 방향 변화 지원에 필요한 직원을 충원했다. HP는 세계 최대의 PC 제조업체로 급부상했고, 프린터 분야에서도 1위 자리를 더욱 굳혔다.

합병 초기의 경제적 성과는 보잘것없었다. 2002년에 HP는 적자를 냈고, 2005년까지의 수익성도 낮았다. 그런데 2006년이 되자 괄목할 만한 성과를 냈다. HP는 직원 수를 불과 10퍼센트 늘렸지만, 매출은 50퍼센트가 증가하면서 강력한 흑자 기업으로 복귀했다. 이후 5년 동안 흑자 상태를 유지하면서 매출은 추가적으로 50퍼센트가 더 늘어났다. 이는 시장 선도 기업 자리를 유지하기 위해 변화된 사업 영역에 투자하면서 이뤄낸 성과였다.

물론 한 차례의 변화만으로 계속해서 일어나는 경쟁 역학에 반응할 수

성장하는 기업의 비밀

는 없다. 2012년에 새로운 경영진 하에서 HP는 사업 전략들의 새로운 변화를 검토했다. 이런 변화의 일환으로 HP는 2011년에 100억 달러를 주고 오토노미Autonomy Corporation를 인수했다. 목적은 기업 정보 관리 사업으로 확장하는 데 필요한 자원을 확보하기 위해서였다.

'서문'에서 지적했듯이 우리의 단계별 자원 경로 틀은 당신이 전략적 기회를 활용하는 데 필요한 자원을 확보하는 최선의 길을 선택할 수 있게 도와준다. 이 틀이 가진 힘의 일부는 단순함이다. 그럼에도 당신은 당신과 다른 의사결정자들을 험난한 길로 이끌 대내외적 압력이 등장하리라 예상할 수 있다.

왜 그럴까? 기업의 리더들이 자신이 가장 잘 알고 있는 것에 계속 의존하려 하는 건 인지상정이다. 시간이 지나면서 기업은 지배적인 자원 확보 방법을 개발한다. 강력한 연구·개발R&D 기업은 당연히 내부. 혁신을 통한 키우기 전략에 의존할지 모른다. 인수를 통해 성장해온 기업은 매번 새로운 자원 격차가 생길 때마다 또다시 인수에 나설 기회로 삼을 가능성이 높다. 그리고 새로운 시장에서 신속한 대응과 높은 유연성을 중시하는 기업은 편리한 잠정적 제휴나 잘 정의된 계약을 통한 인수를 선호할지 모른다. 각 기업별로 필요한 것을 얻기 위한 전략에 자동적으로 길들여져버렸다. 자동적으로 취하는 이런 각각의 전략은 모든 기회가 못처럼만 보이는 망치가 되어버렸다.

결과적으로 대부분의 기업은 낡은 습관과 단절해야 한다. 그런데 이런 습관을 끊기가 결코 쉽지 않다! 힘들더라도 이런 습관에서 벗어나려면 강력한 원칙을 마련해야 한다. 그럴 수만 있다면 매번 새로운 기회가 등장할 때마다 적절히 대응할 수 있다. 성공하기 위해선 시장과 기술 같은 외부의 힘보다 기업 내 핵심 의사결정자들의 원칙과 관심이 더 중요하다.

대부분의 기업은 선택한 길에 대해서는 지나치다 싶을 만큼 따져보지 않고 실행에만 몰두하다가 열심히 애썼는데도 아무런 효과가 나타나지 않는 이유를 몰라 의아해한다. 자원 경로 틀은 선택적 도전에 집중함으로써 정도를 강조하기 때문에 보다 효과적인 실행을 낳는다. 기본적인 경로 선택들을 비교하면서 시작해보자.

자원 경로의 선택들

내부 개발이나 혁신을 통한 키우기 전략은 기업의 기존 자원을 재결합시킴으로써 새로운 가치를 끌어낼 수 있지만, 아무리 공격적인 R&D 기업이라도 내부 개발 노력을 통해서만 필요한 모든 기술과 자원을 창조할 수는 없다. 기업이 자생적 성장organic growth을 지원하

성장하는 기업의 비밀

려면 외부 공급원external sources에 의존해야 한다. 외부 자원 공급원은 여러 형태를 띨 수 있다. 가장 간단한 차원에서 자원 추구 기업은 기꺼이 필요한 자원을 팔려는 조직들과 계약을 체결할 수 있다. 그렇지 않으면 다른 기업과 협력하거나 다른 기업을 인수함으로써 자원을 획득할 수도 있다.

인수는 지원팀, 절차, 문화를 포함해서 여러 종류의 자원을 확보할 수 있는 가장 빠른 길로 간주되곤 한다. 하지만 기업 인수를 위해서는 몹시 힘든 M&A 거래를 해야 하고 인수한 기업을 조직 내로 통합시켜야 하는데, 이것은 종종 실패로 이어지는 어려운 과정이다.

내부 개발과 M&A는 상당히 다른 경로이지만 모두 자원 추구 기업이 필요한 자원과, 그 자원이 궁극적으로 생산하는 가치를 강력히 통제할 수 있게 해준다. 많은 기업이 경쟁우위를 확보하기 위해선 자원을 소유하거나 통제해야 한다고 여기기 때문에 키우거나 사는 간단한 방법 중 하나만 선택하면 된다고 생각한다.

그것은 잘못된 생각이다. 계약이나 협력업체와의 제휴를 통해 새로운 자원을 키우는 것도 종종 가치 있는 길이다. 계약과 제휴는 보다 유연한 조건 속에서 다른 방법에 비해 더 낮은 위험과 비용을 감수하면서 목표로 삼은 자원을 임시로 확보하게 해주기 때문이다. 다음에 설명해놓았듯이 제약 산업이 겪은 경험이 분명 그랬다는 걸 보여준다.

요새로부터 네트워크까지

1970년대가 될 때까지 제약 분야에서 활동하는 다국적기업들은 기업 내의 R&D 생산과 마케팅 자원을 강조했다. 기업들은 주로 자생적 성장에 의존하면서 외부의 혁신기업들로부터 도움을 받을 수 있는 기회를 놓쳤다. 이후 수십 년 동안 이루어진 생명공학과 유전체학의 발전(혁신적 자원이 전 세계로 확산되면서 발전 속도는 더욱 빨라졌다)은 많은 제약업체가 다양한 계약, 제휴, 인수 전략을 수용하기 위해 R&D 과정을 외부로 개방하게 만들었다. 오늘날 미국의 일라이 릴리Eli Lilly, 프랑스의 사노피-아벤티스Sanofi-Aventis, 이스라엘의 테바Teva, 그리고 일본의 아스텔라스Astellas 같은 세계적 제약회사들은 공통적으로 내부 연구실 안에서만큼이나 외부에서도 혁신과 연구를 추구한다.

따라서 제약회사들은 자족적이면서 완전히 통합된 낡은 모델로부터 훨씬 더 개방되고 유연하고 네트워크로 연결된 모델로 변신하고 있는 중이다. 이러한 새로운 개방성에 발맞춰 풍부한 자원 제공 기업들이 등장하면서 점점 더 커지고 있는 제약회사들의 지식 자산과 개발 도구에 대한 욕구를 충족시키고 있다.

이러한 변화가 제약 분야에서만 일어나는 것은 아니다. 정보기술은 지식 개발과 집적 및 분석을 전문으로 하는 기업들의 호황에 불을 붙이고 있다. 업종과 상관없이 다양한 방법으로 자원을 확보할 수 있는 능력을 얻기 위해서는 자원을 키우거나 사거나 빌려야 할 때를 배우고 통달해야 한다.

성장하는 기업의 비밀

이 세 가지 주요 성장 전략(키우고-빌리고-사는 전략)은 이루 말할 수 없을 만큼 중요하다. 매년 전 세계적으로 수만 건의 내부 개발 프로젝트, 계약, 제휴, M&A 계약이 일어난다. 아울러 각 종류별 활동의 성장에 거의 모든 산업과 국가가 관련되면서, 산업과 국가를 초월한 투자와 계약 규모는 그 어느 때보다 커졌다.

이런 모든 활동 속에서 전 세계적으로 새로운 자원 확보를 위한 한 가지 지배적인 형식이 다른 형식으로 변하는 모습이 두드러지지는 않는다. 대신에 기업들에게는 주변 환경이 보장해주는 한 목표로 삼는 자원 확보를 위한 다양한 방법을 활용할 수 있는 정교한 능력이 회사 전반적 차원에서 요구된다.

같은 장소로 가기 위해 다양한 경로 통과하기

어떤 경로를 선택한다는 게 뻔하거나 쉽지 않고, 기업마다 각기 다른 선택을 한다. 같은 산업에서 활동하며 비슷한 경쟁 세력을 상대하고 있는 두 기업이라도 새로운 자원 확보를 위해 서로 다른 경로를 선택할지 모른다. 다양한 옵션을 신중히 고려한 후 선택한 것이라고 가정할 때 그 두 경로는 두 기업에게 적절한 선택일 수 있다. 반대로 각 기업이 전통적으로 선호하던 전략을 반사적으로 선택했다면 우연히 맞 정도가 될 수 있을 뿐이다!

스마트폰 산업에서 활동하는 기업들은 다양한 기능을 가진 기기를 마케팅하기 위해 광범위한 종류의 경로를 선택한다. 이 중 어떤 기업들의 선택에는 신중히 고려(같은 혁신 내의 다양한 요소에 필요한 다양한 전략에 섬세하게 의지하는 등)했다는 징후들이 보이지만, 또 어떤 기업들의 선택은 보다 시행착오적인 것처럼 보인다.

예를 들어 핀란드 휴대전화 업체인 노키아Nokia는 휴대전화 운영 시스템인 심비안Symbian을 개발하기 위해 1998년에 에릭슨Ericsson 과 모토로라Motorola 같은 세계적 통신업체들 및 영국의 소프트웨어 회사인 사이온Psion과 제휴하는 '빌리는' 전략을 썼다. 노키아는 2004년에 결국 사이온으로부터 심비안 운영 시스템을 샀다. 한편 캐나다의 리서치인모션Research in Motion은 기존에 성공을 거두었던 블랙베리BlackBerry 제품을 스마트폰에 더욱 가깝게 만들기 위해 '키우는' 전략을 추구했다. 하지만 이 회사는 여전히 내부 개발에 필요한 자원을 갖고 있다는 사실을 증명해야 한다. 그리고 HP는 스마트폰 시장에 진출하기 위해 '사는' 전략에 의존했다. 2009년에 HP는 개인용 휴대 단말기Personal Digital Assistant, PDA 제조회사이자 웹OSwebOS 운영 시스템 개발업체인 팜Palm을 인수했다. HP는 스마트폰에서 PC 까지 다양한 기기에 이 운영 시스템을 사용할 계획이었다. 한편 애플Apple은 운영 시스템 내부 개발에 나서면서 다른 부품들을 구하기 위해 다양한 기술 라이선스 계약과 제휴를 맺고 관리하면서 몇 차례 중요한 인수를 단행하며 아이폰에 필요한 섬세한 '키우고-빌리고-사는 전략'을 추구했다. 인터넷 분야에서 1위를 달리던 구글Google도 스마트폰 싸움에 뛰어들면서 사고 빌리는 전략을 모두 사용했다. 구

성장하는 기업의 비밀

글은 2005년에 모바일 소프트웨어 회사인 안드로이드Android를 인수한 뒤 하드웨어와 소프트웨어와 전기통신 기업들로 이루어진 업계 컨소시엄을 통해 플랫폼을 지원했고, 한국의 삼성전자와 대만의 HTC 같은 스마트폰 제공업체들과의 제휴를 통해 보완했다.

전통적인 출판기업들 역시 디지털 자원 격차를 메우기 위해 확산적인 경로를 추구했다. 전자책, 온라인 잡지, 그리고 디지털 자산들을 출간하기 위해서는 전통적인 출판업계에서 일하는 사람들에게 매우 다양하면서도 특별한 기술이 요구된다. 그런 기술들로는 다중 플랫폼 콘텐츠를 창조하고, 데이터 분석을 통달하고, 온라인 커뮤니티들과 상호작용할 수 있는 능력 등이 있다.

핀란드의 미디어 회사인 사노마 그룹Sanoma Group은 디지털 자원 격차를 메우기 위해 네덜란드 디지털 출판회사인 일세미디어Ilse Media를 인수하자 회사 전반에 걸쳐 디지털 부문의 성장이 촉진되었다. 독일 최대 미디어 기업인 엑셀 스프링거Axel Springer는 기존 언론인들과 마케팅 종사자들의 디지털 기술을 키우면서 통합 신문 편집실과 종합 미디어 광고 영업 그룹 생성을 위해 상당한 내부 투자를 단행했다.

스프링거는 곧바로 전통적인 인쇄물을 디지털 형태로 전환한다고 해서 성장을 도모할 수 없다는 사실을 깨달았다. 따라서 경로를 수정해서 핵심적인 인쇄 활동에는 간접적으로만 관련되어 있던 '자생自生' 인터넷 기업들(프랑스 인터넷 사이트인 오페미냉AuFeminin.com과 독일 인터넷 사이트인 임모넷immonet.de)을 인수하기 시작했다. 스프링거는 그들을 가장 잘 통합하는 방법을 결정하는 동안 인수한 기업들을 일정 거리를 두고 운영했다. 이러한 사례(첫 번째 선택한 경로를 궁극적으로 포기해야 했던 다른 기업들처럼)는 신중하지 못한 선택이 어떻게 실망스러운 결과로 이어질 수 있는지를 보여준다.

영국의 출판회사인 피어슨 그룹Pearson Group은 내부 직원들의 기술을 제고하고, 디지털과 인쇄 미디어 사이의 문화적 격차를 해소하기 위해 노력하면서 여러 곳의 디지털 기업을 인수하는 식으로 '사고-키우는' 전략을 혼용했다. 그리고 미국에 본사를 둔 세계적인 뉴스 통신사인 APAssociated Press는 디지털 제품을 창조하는 데 필요한 전문 기술을 인수하거나 내부 개발보다는 선별한 기술 제공업체들과 장기 제휴에 착수했다.

마찬가지로 자동차 산업에서 활동하는 제조업체들도 프리미엄 시장 자원 확보를 위해 다양한 경로를 채택했다. 일본의 자동차 제조업체인 도요타Toyota는 렉서스Lexus 브랜드로 프리미엄 자동차 시장에 진출하기 위해 내부 성장 전략에 의존했다. 많은 다른 기업들도 재빨리 프리미엄 기술과 브랜드를 인수하기 위해 인수 전략을 써왔다. 인도의 자동차 회사인 타타 모터스Tata Motors는 2008년에 미국의 모회사인 포드Ford로부터 재규어Jaguar 브랜드를 인수했고, 중국의 자동차 제조업체인 지리吉利, Geely는 2010년에 역시 포드로부터 스웨덴의 자동차 제조업체인 볼보Volvo를 인수했다. 하지만 다른 자동차 회

　　　　　　　　　　　　　성장하는 기업의 비밀

사들은 제휴 계약으로 눈을 돌렸다. 루마니아의 자동차 제조업체인 다키아Dacia는 프랑스 자동차 제조업체인 르노Renault로부터 기술 라이선스를 사왔다(훗날 다키아는 르노에 인수되었다). 또한 프랑스의 자동차 제조업체인 푸조-시트로엥Peugeot-Citroën과 일본의 자동차 제조업체인 미쓰비시 모터스Mitsubish Motors 사이에 여러 제품의 제휴(2005년과 2010년 각각 4륜구동 자동차와 전기차 제휴) 및 2011년 하이브리드 시스템 개발을 위해 각자 지분을 출자해서 결성된 프랑스와 독일의 합작벤처인 BMW 푸조 시트로엥 일렉트리피케이션BMW Peugeot Citroën Electrifications 같은 보다 많은 제휴가 존재한다.

이렇게 많은 선택을 하지만, 기업들은 필요한 특정 자원 확보를 위한 정도를 어떻게 선택하는 걸까? 특별한 지도 원칙을 따르는 것일까? 그 원칙들이 자원 격차, 대외 압력, 내부 기술과 인사, 비용, 신속한 활동의 필요성, CEO의 경향, 혹은 그 외에 다른 요인들의 성격에 따라 달라지는가? 현실적인 면에서 기업이 전략적 자원을 추구하는 경우 이 모든 조건은 서로 관련된다.

여러 가지가 걸려 있는 이상 기업들이 새로운 자원 확보를 위한 최고의 방법을 선택할 수 있는 과정을 잘 개발해놓았으리라 예상할지 모른다. 하지만 놀랍게도 이때 기능 장애라는 말은 예외라기보다 표준에 더 가깝다. 우리가 오랫동안 연구해본 결과, 기업 임원들은 종종 자원 확보를 위한 최상의 방법이 뭔지조차 헷갈려한다. 그들은 건전한 결정을 하는 데 도움을 줄 수 있는 도구나 지침, 심지어 회사 내에서 공유되고 있는 지혜에 접근조차 못한다. 우리가 전 세계 전기통신 산업에서 실시한 연구를 통해 얻은 사례는 그런 경우 생길 수 있는 결과가 무엇인지를 잘 보여주고 있다.

실행의 덫

1990년대 후반, 음성 기술 분야에서 강력한 입지를 구축했던 유럽 최대 전기통신 기술 공급업체가 급성장하고 있는 데이터 환경에서 경쟁하기 위한 노력에 착수했다. 뛰어난 엔지니어링 기술로 특히 유명했던 이 회사는 과거 오랫동안 내부 R&D를 선호해왔다. 즉 그것이 회사가 선택한 경로였다. 당시에는 대부분의 데이터 네트워킹 혁신이 실리콘밸리에서 일어나고 있었기 때문에 회사는 내부 개발 노력을 유지하기 위해 새로운 인재를 확보하려는 경쟁에서 애를 먹고 있었다. 적절한 노하우의 부족으로 회사의 내부 혁신 노력은 실패로 끝났다.

이 회사 임원들은 결국 자신들에게 필요한 전문 기술뿐만 아니라 업계 내 접촉자 및 베스트-오브-브리드best-of-breed(다른 회사가 만든 최상의 소프트웨어를 사용한) 기술, 컨설팅 파트너, 그리고 최고의 인재를 찾아내는 데 필요한 수준의 통찰이 부족했다는 사실을 깨달았다. 그래서 그들은 실리콘밸리에서 전도유망한 기업과 제휴를 맺은 뒤 시

성장하는 기업의 비밀

장의 신뢰성과 데이터 네트워킹 기술을 신속히 높이는 데 도움이 되기를 기대했다. 하지만 제휴는 몇 달밖에 지속되지 못했고, 시장과 기술 전략을 둘러싼 두 회사의 이견은 상호 협력 기반을 약화시키는 장애를 일으켰다.

이처럼 내부 개발과 협력 활동이 실패로 끝나자 회사는 미국 기업 세 곳을 인수한 뒤 기업 집단을 상대로 데이터 커뮤니케이션 사업을 하는 새로운 미국 기업으로 통합시키기로 결정했다. 이 인수들로 마침내 회사는 데이터 네트워킹 분야에서 신뢰할 만한 입지를 확보했다.

이 회사의 임원은 키우기부터 빌리기와 사기에 이르기까지 겪었던 고통스런 시행착오 과정을 이렇게 설명했다.

"매번 실패할 때마다 효과적인 내부 개발에 성공하거나 효과적인 제휴 파트너가 되기 위해 특정 수준의 역량을 확보해야 한다는 걸 더 많이 깨달았다. 그러다가 끝으로 우리는 R&D의 속도를 내기 위해 인수에 눈을 돌려야 했다."

이곳과 다른 많은 기업에 얽힌 이야기는 기업이 잘못된 행동 경로를 끝까지 완주하기 위해서 끈질기게 노력하는 실행의 덫이 무엇인지를 보여주는 좋은 사례다. 이런 덫에 빠질 경우 다음과 같은 사태가 벌어진다. 새로운 자원 확보가 필요해진 기업이 과거에 좋은 효과를 냈다고 믿는 방식에 따라 자원 확보에 나선다. 예를 들어 R&D팀들이 일반적으로 자생적 혁신을 통한 미래 역량 개발을 선호하는 식이다. 한 전기통신회사 임원은 "우리는 엔지니어링 면에서는 뛰어난 전문 기술을 갖고 있다. 내부 직원들은 자신들이 직접 그런 기술을 보여줄 기회를 가져야 한다고 생각하는 경향이 있다. 우리는 이런 관점의 장벽을 허물어야 한다. (중략) 우리는 제휴와 인수를 관리할 수 있는 역량을 개발해야 한다. 다만 문제는 그것의 처리 기술을 어떻게 사람들의 머릿속에 집어넣을 수 있느냐다"라고 말했다.

불행하게도 기업들은 새로운 일을 시작하면서 그런 장애물을 허물려고 애쓸 때 뚝심 있게 매진하지 않는 경향을 띤다. 미국 최대 전기통신회사의 한 임원은 우리에게 자신이 느낀 고민을 털어놓았는데, 그의 회사는 초기에 제휴가 실패한 근본 원인을 알아보지도 않고, 다음에 제휴를 고민할 때 실패 원인을 아예 거들떠보지도 않는다는 것이었다.

결과적으로 많은 기업은 기업 개발 활동을 관리할 때 소수의 방법만 쓴다. 실제로 일반 기업은 기존 전략 무기를 늘릴 때 추가 방법을 통해 보완된 단 하나의 지배적인 경로(보통 내부 개발이나 인수 중에 하나)에만 의존할지 모른다.

예를 들어 우리가 전기통신 업계를 대상으로 연구해본 결과, 조사 대상 기업들 중에서 3분의 1만 새로운 자원을 확보하기 위해 두 가지 이상의 방법을 적극적으로 활용했음을 알아냈다. 약 40퍼센트는 한 가지 주요 성장 경로에 전적으로 의존했다. 이런 기업들이 새로운 경로를 추가했을 때는 일반적으로 내부 개발을 보완하기 위한 M&A

성장하는 기업의 비밀

처럼 하나의 경로만 추가했다.

한 가지 방식에만 의존하는 기업들은 그 방식을 실행하기 위해 열심히 노력하면 성공할 수 있다고 믿는다. 기업의 리더들은 기업이 새로운 자원을 첨가하려다가 난관에 부딪혔을 때 종종 허술한 실행을 그 원인으로 꼽는다. 우리가 조사한 162개 전기통신 기업들 중에서 절반 이상도 실행을 주요 원인으로 꼽았다(67퍼센트는 인재와 기술 부족을, 50퍼센트는 외부 자원의 효율적 통합 능력 결여를 꼽았다).

하지만 비난의 대상이 잘못되었다. 실제로 비난을 받아야 하는 것은 자원 확보를 위한 정도 선택 때의 비효율적 과정이다. 낯익거나 인기 있는 경로만 고집할 경우 효과는 단기간에 끝날지도 모른다. 하지만 장기적으로 실행의 덫은 자기 강화적 주기self-reinforcing cycle를 거치면서, 각각의 새로운 자원은 잘못된 행동의 실행을 계속해서 더 잘하게 되는 계기가 된다. 단언컨대 이런 덫에 빠진 기업들은 결국 잘못된 일에 아주 능숙해진다. 뒤이어 경쟁에 애를 먹게 되면 크게 좌절한다. 이런 문제의 원인이 실행에 있다는 생각은 문제를 고착화시킬 뿐이다.

임원들은 실행 이전에 해야 할 일, 즉 신규 자원 확보를 위한 최선의 길을 선택하는 원칙적인 과정에 대해 신중하게 생각해봐야 한다. 최고의 경로를 선택하는 기업들은 경쟁자들보다 더 빠르고, 더 저렴하고, 더 효과적으로 새로운 자원을 통합한다. 우리가 전기통신 기업들을 상대로 조사한 결과, 신규 자원을 확보하기 위해 다양한 방식을 동원한 기업들은 제휴에만 의존한 기업들보다 5년 동안 생존할 가능성이 46퍼센트 더 높았다. M&A에만 의존한 기업들보다는 26퍼센트, 내부 개발에만 의존한 기업들보다는 12퍼센트가 각각 더 높았다.

일부 기업들은 키우고-빌리고-사는 결정을 하기 위해 상당한 시간과 노력을 투자한다. 이 책에서 우리는 전 세계적으로 유명한 기업들을 포함해 우리가 연구한 많은 기업에 대해 이야기할 것이다. 하지만 선도 기업들조차 가끔은 계약의 의미를 꼼꼼히 따지지 않거나, 두가지 경로가 있을 때 그중 하나만 선택하라는 대내외의 압력에 시달리다가 서둘러 계약을 체결한다. 그러한 실수를 저지를 때 초래될 수있는 결과들은 기업에게 필요한 원칙을 재확인해야 할 필요성을 상기시켜준다. 그런 원칙으로 무엇이 있는지 살펴보자.

자원 경로 찾기

자원 경로 틀은 모든 가능한 자원 공급원에 내재된 혜택과 위험을 비교해서, 궁극적으로 필요한 자원을 확보하기 위한 최고의 방안을 선택할 수 있게 해준다. 이런 틀을 고안할 때 우리는 당신이 경영하는 회사가 체계적인 계획을 수립하거나 다른 임시 과정을 통해 내부 기업 전략을 개발하고, 자원 격차를 찾아냈으리라고 가정했다. 그럼에도 불구하고 아래의 '자원 격차 찾기'는 이런 작업이 제대로 수행

성장하는 기업의 비밀

되지 않았을 경우 일어날 수 있는 여러 가지 문제를 보여준다. 유용한 준비 차원에서 초기 전략적 계획 수립 활동을 재검토하고, 찾아낸 자원 격차와 목표로 삼은 자원이 기업의 광범위한 전략에 잘 들어맞는지 확인하고 싶을지도 모른다.

자원 격차 찾기

본래 엉터리 컴퓨터 데이터를 일컫는 '쓰레기를 넣으면 쓰레기가 나온다'는 격언은 필요한 자원을 제대로 찾아내는 도전에도 적용된다. 잘못된 자원 확보를 위한 정도를 걷는 건 비생산적이다. 결과적으로 당신은 올바른 자원을 목표로 하고 있는지 확인해야 한다.

기업들은 가끔 설정해놓은 전략에 필요한 자원 확보의 초기 단계부터 헤맨다. 특히 우세한 핵심 영역에서 큰 성공을 거두었을 때 더욱더 그렇다. 신제품 라인을 갖고서나 혹은 신규 시장에서 새로운 전략을 추진할 시점이 되었을 때 과거의 습관과 기대 때문에 필요한 자원을 오판할 수 있다. 이미 깊게 뿌리를 내리고 단단히 굳어진 역량과 업무 과정 및 기존 브랜드가 가진 힘은 자원 격차를 확실히 평가하지 못하게 방해할 수 있다. 특히 이 격차가 경쟁 환경 내에서 벌어진 혼란이나 신생 영역 또는 시장 때문에 생겼을 경우 더욱더 그렇다.

이러한 유형의 대표적 실패 사례에 해당하는 사건은 증기기관차 생산업체들이 역사상 가장 발전되고 비용 효율적인 증기기관차를 생산해서 새로운 디젤과 전기자동차에 맞섰을 때 일어났다. 열심히 노력했지만 한때 유명했던 이들 업체는 이제 경제사의 엷은 안개 속으로 사라졌다. 이후 장난감 기차 로고에서만 그들의 이름을 볼 수 있을 뿐이다.

최근 들어 노키아와 리서치인모션은 개인 스마트폰의 발전에 대응하느라 애를 먹어왔다. 두 회사는 애플, 구글, HTC, 삼성이 내놓은 발전된 제품들에 대응할 때 기존 내부 자원의 적절성을 과대평가했다. 결국 두 회사는 스마트폰 시장에서 크게 뒤처졌다.

이런 근시안적 태도 때문에 기업들은 기존 핵심 자원이 현재의 경쟁 요구에 부적합하다는 사실을 간과해버린다. 이것은 어긋난 자원 관리 전략 때문에 발생하는 문제다. 경영이 적절히 조율될 때 무슨 일이 일어나는지 생각해보라. 20세기 초반 증기기관차 사례의 경우, 몇몇 증기기관차 생산업체(이들 중 가장 눈에 띄는 회사는 독일의 전기전자 기업인 지멘스Siemens다)는 디젤과 전기 기술 분야에 전문 지식을 보유하고 있는 기업들과 제휴함으로써 기존 자원 기반 확대에 필요한 발판을 마련했다. 그들은 적절한 자원, 즉 내부적으로는 부족했지만 향후 생존에 반드시 필요하다고 생각한 자원을 목표로 삼고 공략했기 때문에 새로운 분야에서 선도업체로 부상했다. 마찬가지로 스마트폰 시장에서 삼성은 안드로이드 기반 시스템에서 선두자리를 차지하기 위해 내부 역량을 개발하는 한편 선별적 제휴를 단행했다.

새로운 경쟁 현실이 급진적으로 다른 자원을 요구하기도 한다. 당신이 미래에 경쟁하는 데 필요한 자원이 무엇인지 이해하지 못한다면 그것을 확보하기 위해 어떤 길을 걷든 최종 결과는 별반 달라지지 않는다. 목표 달성을 위해 어떤 자원이 필요할지 궁금하다면 먼저 핵심 자원의 격차를 찾아내기 위한 기업의 전략적 계획 수립 과정을 활용해야 한다.

성장하는 기업의 비밀

다른 자원 경로 평가하기

자원 경로 틀은 당신이 전략적으로 중요하다고 생각하는 자원에 집중한다. 이런 자원은 추가될 경우 기존의 경쟁우위를 강화해주거나 새로운 우위를 얻을 수 있는 토대를 마련해줄 것이다. 우리는 전략의 중요성을 계속 강조하는데, 그것은 당신이 처음에 믿었던 것보다 전략적인 가치가 낮은 것으로 드러나는 자원에 얼마나 많이 투자할지 고민해보는 데도 유용하기 때문이다.

다음에 나오는 네 개의 질문은 각기 다른 경로(내부 개발·기본 계약·제휴·인수)의 선택 틀이다. 이들 질문은 우리가 현장에서 실시한 인터뷰뿐만 아니라 다양한 산업과 국가에서 활동하는 기업들과 공동 수행한 작업을 통해 뽑은 것이다. 우리는 전 세계 전기통신 산업 내에서 실시한 대규모 조사 결과와, 이후 많은 산업과 국가에서 일하는 임원들 및 우리가 가르치는 MBA 학생들과 논의한 끝에 이 질문들에 대한 타당성을 입증했다. [그림 1-1]은 네 개의 핵심 질문에 대한 답을 찾는 의사결정 프레임워크로, 자원 경로 틀을 알기 쉽게 보여준다.

이들 질문이 대부분의 맥락에 적합할 정도로 일반적이지만, 우리는 당신의 기업이 처한 특수한 환경에 맞는 결정을 하도록 돕기 위해 이 책 내내 자세한 설명을 추가했다. 이번 장에서는 당신의 경로 선택을 도와줄 네 가지 핵심 질문을 요약하는 데 중점을 두려 한다.

그림 1-1 의사결정 프레임워크로서의 자원 결정 틀

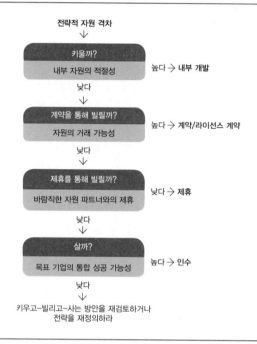

전략적 자원 격차
↓

키울까?
내부 자원의 적절성 → 높다 → 내부 개발

낮다
↓

계약을 통해 빌릴까?
자원의 거래 가능성 → 높다 → 계약/라이선스 계약

낮다
↓

제휴를 통해 빌릴까?
바람직한 자원 파트너와의 제휴 → 낮다 → 제휴

낮다
↓

살까?
목표 기업의 통합 성공 가능성 → 높다 → 인수

낮다
↓
키우고-빌리고-사는 방안을 재검토하거나
전략을 재정의하라

질문 1. 내부 자원은 적절한가?

당신은 새로운 욕구를 충족하기 위해 기업의 기존 자원을 최대한 활용할 수 있는가? 내부적으로 새로운 자원을 개발하는 게 제3자로부터 그것을 얻는 것보다 더 빠르고, 더 효과적일 수 있다. 하지만 이런 전략은 내부 자원(지식 기반, 업무 과정, 인센티브 시스템 등)이 당신이 개발해야 하는 자원과 긴밀한 관계가 있고 공략 목표로 삼은 영역에서 경쟁자들이 보유한 자원보다 더 뛰어날 경우에만 실행 가능하다. 그렇다면 당신의 내부 자원은 적절하다.

기존 자원이 적절하지 않은 경우도 있다. 예를 들어 대부분의 전통적인 출판사의 유산인 인쇄 미디어 자원은 현재 출판사들이 인수와 제휴를 통해 도입해야 했던(종종 내부 직원들이 자원 확보의 요령을 배우게 만들려고 애써봤자 실패한 후) 외부 자원인 디지털 미디어에 의해 밀려났다.

최근 세계적인 투자은행이 동유럽에서 사모펀드 사업을 개발하려고 애를 썼다. 이 은행의 동유럽 국가 지사 CEO는 처음에 내부 사모펀드 개발의 실현 가능성을 타진했지만, 지사가 내부적으로 펀드를 개발하는 데 필요한 전문 지식을 갖고 있지 않다는 결론을 내렸다. 모기업도 사모펀드 상품을 개발한 경험이 없었다. 사모펀드를 개발하려면 거래 시작부터 출구 전략에 이르기까지 광범위한 활동을 속속들이 이해하고 있어야 한다. CEO는 내부 혁신을 지원해줄 경쟁사의 팀을 고용할지 고민했다. 그러려면 돈이 많이 들고, 외부 팀의 전문 지식을 전수받아 활용할 수 없는 위험성도 있었다. 내부 자원이 신규 사업에 적절치 않다고 결론을 내린 CEO는 외부 옵션들을 검토하기 시작했다.

당신은 이 첫 번째 질문에 대답하기가 쉽다고 생각할지 모른다. 하지만 기업들은 자신들의 기존 자원과 공략 목표로 삼은 자원의 실제 격차를 과소평가하곤 한다. 많은 인쇄 출판사들처럼 기업의 리더는 심각한 차이점보다 유사점을 더 쉽게 본다. 예를 들어 '보도하기, 글쓰기, 편집하기가 인쇄 신문이나 웹페이지나 똑같지 않을까?'라는 식으로 생각해버린다. 이런 생각은 맞기도 하고 틀리기도 하다. 전통적인 출판사들은 사업 모델과 기술, 고객과 수익 전략, 커뮤니티 간 상호작용의 의미(이 모든 것이 계속 진화하고 있다)의 급진적인 변화를 간파하는 데 실패했다. 유사점에만 시선을 맞춘 기업은 모르는 걸 모르기 때문에 내부 개발에만 몰두할 수 있다.

내부 개발은 일정 시간이 지날 때까지 기업들이 간과해버리기 쉬운 장애물로 가득 차 있다. 기업들은 첫 번째 옵션으로 경로 키우기를 선택한다. 그러다가 주요한 장애물을 만나면 외부 자원 확보 방안을 고려한다. 우리가 조사한 전기통신 기업들 중에서 75퍼센트는 새로운 자원 확보 때 내부 개발에 의존하는 것을 선호했다. 하지만 내부 경로의 효율성을 평가해달라는 부탁을 받자 많은 기업 임원들은 실망스러웠다는 점을 인정했다. 거의 절반에 가까운 임원들은 내부 개발을 적절히 관리할 수 없었기 때문에 새로운 자원 창조에 실패했다고 말했다. 세 명 중 두 명 가까이는 내부적으로 만든 자원을 조직 전반에 통합하고 확산시키다가 생긴 마찰을 털어놓았다.

제2장에서 우리는 내부 개발에 기존 자원의 적절성을 평가하는 방법과 선택 과정의 처음에라도 곧바로 외부 자원 공급원에 의존하는 게 최선일 때가 언제인지 알아내는 방법을 검토해볼 것이다.

질문 2. 목표로 삼은 자원들이 거래 가능할까?

자원을 확보하기 위해 외부로 눈을 돌리기로 결심한 이상 가장 간단하면서도 확실한 방식에서부터 비용이 높고, 복잡하고, 애를 많이 써

성장하는 기업의 비밀

야 하는 방식에 이르기까지 여러 방식들 중에서 외부 자원을 확보하는 데 어떤 방식을 쓸지 저울질해봐야 한다. (우리가 쓰는 '거래 가능하다tradable'는 단어에는 당신이 계약 당사자들의 권리를 보호해주고, 그들이 자원을 어떻게 교환할지 구체적으로 적시한 기본 계약서를 협상하고 그것에 서명할 수 있다는 의미가 담겨 있다.)

첫 번째 옵션은 다른 기업이 창조한 자원을 빌리는 기본 형식인 계약을 통해 필요한 자원을 확보하는 것이다. 서로 대등한 입장에서 이루어진 계약은 기업들이 새로운 자원을 찾아내고, 평가하고, 확보하며 신속히 흡수할 수 있게 도와주곤 한다. 제약회사들은 보통 특정 지역 시장에서 다른 경쟁사들이 개발한 약을 등록한 후 팔 수 있는 라이선스 계약을 체결한다. 화학회사들은 새로운 분자화합물을 확보할 수 있는 방법으로 오랫동안 계약에 의존해왔다. 결과적으로 기업들은 종종 스스로 개발하고 싶지 않은 화합물이나 애플리케이션에 대한 라이선스 권한을 외부에 내준다. 예를 들어 W. L. 고어 앤드 어소시에이츠W. L. Gore and Associates는 듀폰DuPont의 PTFE 중합체(분자가 중합하여 생기는 화합물)를 의학 삽입물과 방수 의류에 사용할 수 있는 라이선스 권한을 부여한다. 이 두 회사는 항상 기본적인 계약을 통해 이러한 관계를 유지해왔다.

계약은 종종 필요한 자원을 확보할 수 있는 가장 간단한 방법이지만 기업들은 툭하면 그러한 사실을 간과한다. 대신 그들은 처음부터 제휴나 인수를 모색한다. 우리는 많은 기업이 제3자와의 관계를 통해 적절한 통제력을 확보할 수 있다는 사실을 얕잡아보는 한편, 전략적 통제의 필요성을 과대평가하고 있다는 문제를 알아냈다. 통제의 필요성을 과대평가한다면 자원을 낭비하고, 더 나쁜 경우 독립적인 파트너들로부터 배울 수 있는 기회를 부정하는 경로로 들어갈 수 있다. 그렇다. 회사의 핵심 자원도 지켜야 하지만, 잘못된 자원 확보 방식을 선택했다가는 핵심 자원을 다시 채울 수 있는 능력이 막힐 수도 있다.

이런 질문에 대답할 때 신뢰가 중요한 역할을 한다. 기업들은 외부의 제3자가 공정하게 합의하지 않거나, 상품화commercialization를 통제하지 못할 경우 계약을 맺은 파트너에게 수익 중 상당 부분을 양보해야 할까 걱정한다. 우리 조사에 참여한 전기통신 기업의 임원들 중 3분의 1만 새로운 자원을 확보하기 위해 적극적으로 계약을 활용했다. 사실상 70퍼센트는 특히 목표로 하는 자원이 그들 사업의 핵심 부분에 영향을 미칠 경우 계약보다 제휴나 인수를 택하겠다고 말했다. 임원들 중 30퍼센트만 납품업체들로부터 얻을 수 있는 외부 자원을 평가해보기 위해 체계적인 노력을 기울였다. 따라서 대부분의 기업은 처음부터 기본적인 계약만 하면 되는 더 간단하고 편리한 라이선스 계약을 체결해볼까 고민하지 않고 보다 복잡한 외부 자원 조달 방안에 의존한다. 그렇게 무심코 내린 결정은 반생산적인 결과로 이어지기도 한다.

제휴와 인수로 눈을 돌리기 전에 기본적인 계약에 유리할 수 있는 여건을 면밀히 따져보는 것도 중요하다. 그러려면 상당한 시간과 관심이 요구된다. 계약을 통해 신규 자원을 확보하려면 목표로 삼은 자원을 확실히 정의해놓아야 한다. 마찬가지로 새로운 자원의 가치를 지키는 방법을 이해하고 있어야 한다(또한 사법제도를 잘 파악하고 있고, 그것에 자신감이 있어야 한다).

물론 때에 따라 계약이 부적절할 수도 있다. 기업은 처음에 계약 방안을 조사해보지도 않은 상태에서 그런 판단을 내릴 수 없다. 동유럽 법인을 통해 사모펀드 상품을 출시하려고 했던 세계적인 투자은행을 예로 들어보자. 이 은행의 경영진은 처음에 현지 사모펀드 회사와의 계약 체결 여부를 저울질했다. 그러한 계약을 통해 투자은행은 상품, 브랜드 자산, 세계적인 투자 조율 서비스를 제공하고 현지 파트너는 현지 투자 옵션, 계약 구성, 감시, 출구 전략 관련 기술을 제공할 것이다. 파트너로부터 전략적인 지지를 얻기 위해 그러한 계약에는 강력한 인센티브 구조가 필요했을 것이다. 투자은행은 투자 결과, 과정, 윤리, 제휴사에 대한 정밀실사와 관련해서 고객들을 혼자 상대해야 했기 때문에 조율은 결정적으로 중요했다. 아울러 이 계약 때문에 사모펀드 회사는 공개적으로 수행 계약을 체결한 적이 없는 일을 처리하기 위해 신규 직원들을 채용해야 할 것이다. 검토 끝에 투자은행의 경영진은 광범위한 조율이 필요하고, 파트너들이 상호 관계를 자신에게 유리하게 이용하거나 각자 100퍼센트 책임을 다하지 않을 수 있다는 우려 때문에 양쪽의 거래 비용이 급등할 것으로 결론을 내렸다.

제3장에서는 당신이 목표로 한 자원의 거래 가능성tradability을 평가하는 방법을 알아볼 것이다. 거래 가능성은 당신이 언제 라이선스 계약 같은 기본적인 계약을 통해 목표로 한 자원을 확보해야 하고, 언제 타 기업들과의 제휴나 인수 같은 보다 복잡한 방법들을 고려하는 게 좋은지를 판단할 수 있게 해줄 것이다.

질문 3. 자원 제공 파트너와 얼마나 가깝게 지내야 할까?

목표로 삼은 자원을 쉽게 거래할 수 없다면 제휴나 인수를 검토해야 할 것이다. 이 두 가지 옵션 중에서 선택의 기로에 섰을 때 우리가 해주고 싶은 말은 아주 간단하다. M&A는 가장 복잡한 경로이기 때문에 자원 제공업체와 깊은 협력 관계를 맺는 게 정말로 필요하다고 판단될 때까지 미뤄두라는 것이다.

제휴는 R&D에서부터 마케팅 파트너십과 자유로운 합작벤처에 이르기까지 온갖 형태를 띨 수 있다. 따라서 제휴는 비교적 쉽게 합의할 수도 있지만 단계적인 계약, 상호 투자, 권리 조항들이 포함된 복잡한 관계일 수도 있다. 하지만 모든 제휴는 독립적인 행위 주체자들(이들이 경쟁사이거나 보완 기업이거나 대학과 공공기관처럼 다른 조직일 수도 있다)이 공동 활동에 자원을 투자하는 지속적인 상호작용에 의존한다.

제약회사들은 특정 약을 개발하고 마케팅하기 위해 제휴에 의존한다. 개발 과정에 적극적으로 참여해야 하기 때문에 단순히 특정 분자分子에 대한 사용 권리를 얻은 것만으로 위험할 때가 많다. 인수에서 필요한 것 같은 강력한 통제가 없어도 되는 제휴는 파트너 기업들에게 분명한 목표를 갖고 초점을 맞춘 프로젝트 추진에 협력할 수 있게 해준다.

물론 어떤 프로젝트는 너무 복잡하기 때문에 파트너 간 협력을 효과가 없게 만들기도 한다. 예를 들어 동유럽 투자은행 사업부의 경우 제휴 방안이 처음에는 전망이 좋은 것처럼 보였다. 이 사업부는 현지 파트너가 사업 확장을 위해 애쓸 수 있게 국내외 자원과 강력한 인센티브가 가진 장점을 모두 통합했다. 현지 파트너는 숙고 끝에 이 안을 거부했다. 투자은행이 이 전략을 취한 주요 동기는 자력으로 광범위한 기술을 키우고, 투자 과정에 대해 강력한 통제력을 유지하기 위해서라고 판단했기 때문이다. 투자은행은 현지 사모펀드 파트너가 새로운 경쟁사를 출범시키는 걸 돕기 꺼려할 것이라고 결론을 내렸다. 설상가상으로 이 파트너는 미래에 필요한 경쟁적 통찰을 얻기 위해 투자은행과의 긴밀한 관계를 이용할 수도 있었다. 그 외에 또 다른 불안감도 있었다. 즉 대부분의 사모펀드는 보다 전통적인 은행들이 제시하는 엄격한 요구사항에 익숙하지 않다. 사모펀드는 합작 벤처 구조 때문에 지배 구조, 업무 과정과 관련해서 파트너들 사이에 지속적인 갈등이 생길 가능성이 있었다.

사업을 하다 보면 피해망상에 걸리는 경우가 흔하다. 많은 기업이 종종 잘못된 이유로 협력에 대해 무작정 의심한다. 앞서 지적했듯이 많은 기업의 임원들은 통제를 과대평가하면서, 협력하면 자원에 대한 자신들의 통제력이 약화될 거라고 믿는다.

우리가 기존 전기통신 기업 임원들과 나눈 대화에서 다수의 임원들은 제휴를 "우리의 기술력을 약화시키는 길"이나 "지식을 공유하기보다는 핵심 역량을 쇼핑할 수 있는 길" 또는 "궁극적으로 파트너들을 경쟁사로 만들어버리는 방법"으로 간주했다. 조사 대상 임원들 중에 무려 80퍼센트는 독점, 통제, 자원 보호에 대한 우려를 공유했다. 놀랄 것도 없이 필요한 자원을 통제하는 기업에 배타적인 접근권을 얻어내기 위해서 제휴보다는 M&A에 의존한다고 밝힌 임원들도 80퍼센트였다. 임원들 중 3분의 2 이상은 또한 차별화 전략과 독자적 자원을 지키기 위해 제휴보다 M&A를 선택하면서 보유 자산을 비밀리에 간직할 수 있기를 바랐다.

주지하다시피 제휴는 관리하기가 까다롭다. 어떤 분석가들은 제휴 건수 중 30퍼센트 이상에서 파트너들 각자의 목표를 성취한다고 주장한다. 제휴는 거의 언제나 일시적인 관계이기 때문에 임원들이 제휴 이전이나 도중, 혹은 제휴 관계가 청산된 후에 자신들을 비난할지 모를 파트너와 협력함으로써 생길 수 있는 부작용을 걱정하는 게 당연하다. 그러한 우려를 극복할 수 있는 임원들은 일하는 내내 적극적으로 제휴 관리에 나서고 중요한 제휴 단계와 종료를 쉽게 예측해야 할 것이다. 하지만 이런 위험들에도 불구하고, 그렇다고 무작정 인수 경로로 뛰어들기 전에 제휴 가능성을 면밀히 타진해봐야 한다.

성장하는 기업의 비밀

제4장은 기업들 간 협력이 요구될 때 제휴와 인수 사이에 무엇을, 어떻게 선택하면 좋을지 도와줄 것이다. 우리가 보여주겠지만 제휴는 각 제휴 당사자로부터 비교적 소수의 사람들과 조직 단위들이 공동 활동을 조율하기 위해서 협력해야 할 때 최고의 효과를 낸다. 이처럼 제한적인 숫자의 사람들만 참여할 때 파트너들 사이에 인센티브를 짜기도 훨씬 더 쉬워진다. 하지만 전략적 자원 확보 및 개발을 위한 합동 활동들이 심각한 개입을 요구한다면(자원 사용 방법을 조율하거나 목표를 조율하려고 하거나 아니면 두 일을 모두 다 하기 위해서) 보통 인수를 고려하는 게 더 이득이 될 것이다. 그렇게 해야 핵심 자원뿐만 아니라 그것을 성공적으로 이용함으로써 얻는 가치를 보존할 수 있다는 확신을 가질 수 있다.

질문 4. 목표 기업을 통합할 수 있을까?

M&A 경로를 선택하기 전에 인수는 거의 언제나 상상할 수 있는 가장 비관적인 시나리오보다 더 많은 시간과 자금이 소요된다는 사실을 기억하라. 인수는 어쩔 수 없을 때 마지막으로 써야 하는 수단이다. 단, 어떤 다른 경로도 통하지 않을 때를 대비해서 인수를 준비해둬야 한다. 그렇다고 해서 다른 방식들을 분석하고 거부해보았다는 단순한 이유 때문에 인수에 뛰어들어야 한다는 뜻은 아니다.

목표 자원에 대한 전략적 통제를 중시하는 가운데 불완전한 통합 방식(계약이나 제휴)으로는 관계를 통해 얻고자 하는 것을 얻지 못할 것이라는 결론을 내렸다면, 당신의 기업이나 목표 기업 중 어느 곳 직원들의 사기도 꺾지 않은 채 목표 기업의 자원을 효과적으로 통합할 수 있을지를 따져봐야 한다. 우리가 들었던 사모펀드 사례에서 그곳 기업 개발팀원들은 궁극적으로 숙련된 기술을 가진 현지 목표 기업이 존재하는지, 그리고 존재한다면 그곳이 적정 가격에 매각될 의사가 있는지를 고려하고 있었다. 팀원들은 인수가 최상의 경로처럼 보인다는 결론을 내린 상태였다. 그것은 제품 개발에 가장 빠른 길을 제시했다. 경쟁자로부터 팀을 스카우트하는 팀 빼오기와 달리, 인수는 대상 기업의 자산 전체(평판을 포함해서)를 투자은행이 가져오게 되는 것이다. 이런 인수 방식은 또한 더 자유롭게 현지 사업들을 구조 조정할 수 있게 해주었다. 끝으로 사모펀드는 모회사로부터 받는 지원의 수혜를 입게 될 것이다. 모회사는 인수 전 정밀실사와 인수 후 새로운 인력과 자원 통합에 일가견이 있다.

하지만 사모펀드의 기업 개발팀은 통합에 따르는 여러 가지 도전과 목표 자원 유지의 중요성을 잘 알고 있었다. 인수는 인수한 자원이 100퍼센트 투자 기회와 강력한 투자 성과 창출에 활용될 수 있을 때에만 효과적이다. 아울러 인수에 나선 기업은 법률, 준법, 리스크 관리 분야에서 전문 지식을 동원하고 강력한 국가 유통망을 확보함으로써 가치를 제공해야 한다. 간단히 말해서 기업 개발팀은 인수를 결정하기 전에 인수 후 통합이 실현 가능한지부터 평가해야 했다.

M&A를 성공시키기는 아주 힘들다. M&A와 관련해서는 성공담만

큼이나 실패 이유도 많다. 어떤 연구 결과들은 (제휴 때와 마찬가지로) M&A의 경우 약 30퍼센트만 목표를 달성한다고 주장한다. 이렇게 된 주요 이유는, 목표 기업을 통합하다 보면 거의 언제나 예상하지 못했던 장애물과 비용이 등장하기 때문이다. 강력한 기술이 있기 때문에 잔류시키고 싶은 직원들은 일반적으로 다른 기회를 갖고 있는데, 그들이 그런 기회를 추구하는 경우가 빈번하다. 인수가 엄청난 힘과 가능성을 낳지만, 그만큼 까다로운 도전들을 해결해야 한다. 그렇기 때문에 선별적 인수가 중요하다.

제5장은 어떤 환경에서 처음에는 실행 불가능할 것처럼 보였던 다른 방안들 대신에 인수에 몰두하기로 결정하면 되는지를 알려줄 것이다. 기업 내로 인수한 목표 자원을 통합하기 힘들 것 같다면 대안을 재고해봐야 한다. 대안으로는 보다 다양하고 복잡한 형식의 자원 공급 방식들을 마련해두고 그 방식들을 배울 수 있는 실험으로 간주하거나, 대체 자원 공략 가능성을 알아보거나, 혹은 전략적 목표를 검토해본 뒤 현재의 자원 물색 방식을 수정하거나 포기하는 방법 등이 있다.

포트폴리오 운용하기

우리가 이 책에서 설명하는 자원 확보 틀은 자원 인수에 관계된 결정들에 적용되지만 기업이 시간이 지나서 인수한 자원을 소유하고 관리하는 방법을 역동적으로 운용하게 도와줄 수도 있다. 따라서 제6장에서 우리는 지속적으로 기존 자원, 자원 격차, 더 이상 쓸모없어진 자원의 매각 필요성을 지속적으로 평가할 수 있는 모델을 제시하려 한다. 끝으로 제7장에서는 당신이 키우고-빌리고-사는 포트폴리오를 균형 있게 관리하면서 조직 내에서 강력한 선택 역량을 개발할 수 있게 도와주려 한다. 이러한 책임들을 완수하기 위해서는 각 자원 확보 결정에 엄격히 접근해야 하며, 시간이 지나도 조직 전반에 그러한 모든 결정의 균형을 잡을 수 있는 능력이 요구된다. 그래야만 성공적으로 기존 기술을 보강하는 한편 새로운 기회를 탐색할 수 있다. 이 두 가지 과제의 균형을 잡는 게 우리가 중점 논의할 리더십의 도전들이 될 것이 분명하다.

이제 새로운 자원 확보를 시작할 때 해야 할 첫 번째 선택부터 살펴보자.

02
CHAPTER

언제 키워야 하는가
내부 개발 대 외부로부터의 확보

대부분의 기업은 새로운 자원이 필요할 때 내부 개발 가능성부터 염두에 둔다. 이는 타당한 생각이다. 전략적 자원을 물색하는 궁극적인 이유는 경쟁우위를 확보하기 위해서다. 실제로도 자원 소유는 종종 경쟁우위를 높여준다. 지적재산권 통제 능력은 지속적인 이윤 창출에 더할 나위 없이 좋은 기회를 제공한다(당신의 기업이 차별화된 제품으로 성공하는 첫 번째 기업인 경우에). 기업이 내부 자원을 많이 개발할수록 핵심 자원의 통합, 통제 및 보호 능력이 개선될 수 있다. 게다가 제3자로부터 자원을 찾고, 가격을 책정하고, 통합하고, 다시 합침으로써 생기는 수고와 비용으로부터도 벗어날 것이다.

우리의 전기통신 기업 연구에 참여한 임원들 중 70퍼센트는 차별화된 재화와 용역의 개발이 필요할 때 외부 자원 확보보다 내부 개발을 더 선호했다. 이보다 더 높은 75퍼센트의 임원들은 내부 개발이 그들 기업의 시장 차별화와 독점적 자원을 보다 효율적으로 유지하는 데 도움이 된다고 믿었다.

내부 개발팀들을 활용하면 또 다른 혜택이 생긴다. 개발팀들을 방심하지 않게 만들 수 있다. 개발팀들은 자신들이 가진 기술과 단결력을 유지하고 강화하는 경향을 보인다. 근육이 그렇듯 내부 R&D 팀들도 자주 쓰면 더 탄탄해진다. 쓰지 않으면 위축될 가능성이 높아진다.

자동차 분야 납품업체들을 대상으로 실시한 연구에 참여한 임원들은 종종 외부 자원 확보에 너무 많이 의존하다가 고생한 전력이 있다고 밝혔다. 루마니아 자동차 제조업체인 다키아Dacia는 단 한 대의 독자 모델도 개발하지 못하고 자동차 업계를 떠날 때까지 30년 넘게 프랑스 르노 자동차의 라이선스 모델을 제조해왔다(르노는 1999년에 다키아를 인수했다). 반대로 현대자동차는 처음에 포드와 협력해서 자동차를 개발했지만, 궁극적으로 포드로부터 내부 모델을 디자인해서 성공적으로 마케팅할 수 있는 전문 지식을 흡수했다.

두말할 필요도 없이 강력한 내부 자원 개발 역량을 유지하는 게 중요하다. 하지만 경우에 따라 그런 능력만으로 충분하지 않을 수가 있어서 외부 자원을 확보해 보강해야 한다. 이번 장에서 우리는 자원 경로 틀이 어떻게 내부 자원만으로 충분하고 충분하지 않은 상황을 찾아내게 도와줄 수 있는지를 보여주려 한다.

내부적으로 새로운 자원을 키우는 기업들은 자연히 그들에게 필요한 자원이 있다고 믿는다. 내부 개발은 지식 기반, 업무 과정, 인센티브 시스템을 포함한 기존 자원이 당신이 필요로 하고, 목표 영역에서 경쟁자들이 보유한 자원보다 더 뛰어난 새로운 자원과 밀접하게 관련을 맺을 때 가장 효과적이다.

하지만 아무리 좋은 것이라도 너무 많이 갖고 있으면 질리는 법이다. 기업들은 일반적으로 기존 자원 기반의 적절성을 과대평가함으로써 자체 개발 전망을 오판한다. 많은 기업은 또한 조직의 적합성organizational fit에 그다지 관심을 갖지 않는다.('코카콜라 펨사, 멕시코 커피판매 시장에 진출하다'를 참조하라) 기업들이 아무리 열심히 실행 방법을 연구하더라도 잘못된 맥락 속에서 내부 개발에 의존할 경우 실패하게 마련이다.

코카콜라 펨사, 멕시코 커피 판매 시장에 진출하다

내부 자원을 새로 활용할 때 겪게 되는 도전들

코카콜라 펨사Coca-Cola FEMSA는 다양한 종류의 청량음료를 판매하는 남미 일류 탄산음료 제조업체다. 이 멕시코 기업의 지분은 펨사FEMSA, Fomento Economico Mexicano S.A. de C.V.가 54퍼센트, 코카콜라 컴퍼니가 32퍼센트, 그리고 일반 주주들이 14퍼센트씩 소유하고 있다. 코카콜라 펩시는 혁신적이고 탄탄한 유통 네트워크로 유명하며, 업계에서는 복잡하게 얽혀 있는 남미 시장에서 일어나는 여러 가지 변화에 재빨리 적응할 수 있는 능력으로 유명한 대표적 기업이다.

2010년에 코카콜라 펩사는 새로운 음료수 시장을 향한 성장 경로를 찾기 위해 커피 판매 사업에 뛰어드는 방안을 검토했다. 코카콜라가 전 세계적으로 유사한 제품군을 성공적으로 출시한 경험이 있으므로 코카콜라 펩사는 탄산음료 부문에서 최고의 관행들을 유리하게 이용할 수 있으리라 생각했다. 코카콜라 펩사는 특히 스위스의 네슬레Nestle가 차지하고 있는 멕시코 커피 판매 분야 1위 자리를 빼앗는 데 관심이 많았다.

최고 경영진이 열정적으로 추진한 이 벤처 프로젝트는 강력한 재정적 지원도 받았다. 코카콜라 펩사는 시장에 여러 제품을 공격적으로 출시하면서 네슬레가 차지하고 있는 1위 자리를 빼앗기로 결정했다. 그럼에도 불구하고 이 프로젝트는 출발부터 순탄치 않았고 초기 결과도 실망스러웠다. 고객들은 코카콜라 펩사가 내놓은 신제품 커피 블락Blak의 맛을 좋아하지 않았다. 커피 자판기의 유통과 유지도 허술했다. 게다가 기존 자원을 관리하는 사람들과 블락을 출시한 직원들 사이에 심각한 내부 갈등이 빚어졌다. 결과적으로 블락의 판매량은 신통치 않았다.

핵심적인 문제는, 자원 격차가 당초 생각했던 것보다 훨씬 더 크다는 데 있었다. 코카콜라 펩사 입장에서 커피 판매는 새로운 브랜드 범주였다. 따라서 다른 지식 기반과 다른 업무 과정 및 조직이 요구되었다. 탄산음료 사업을 하면서 익히고 쌓은 기술과 지식은 커피 시장과 별다른 관련성이 없었다. 실무 경영진의 탄산음료 위주의 사고방식 때문에 새로운 사업은 순탄치 않았다.

지식의 적합성

가치 사슬value chain(기업이 제품 또는 서비스를 생산하기 위해 원재료, 노동력, 자본 등의 자원을 결합하는 과정) 전반에 걸쳐서 코카콜라 펩시는 탄산음료 사업을 하면서 얻은 지식과 기술을 특히 제품 개발과 납품망 관리를 중심으로 한 새로운 커피 판매 시장에 적용했다. 회사는 새로운 프로젝트가 기존 내부 자원 기반과 밀접하게 관련된다고 믿었다. 우리는 이런 믿음을 '지식의 적합성knowledge fit'이 높다고 믿었다고 말한다. (이번 장 뒷부분에 지식의 적합성에 대해 더 자세히 설명하겠다.)

차가운 청량음료 제품 사업과 제품 개발 방식이 똑같으리라고 가정한 회사는 커피시럽을 만들기 시작했다. 이 시럽은 커피 자판기 안에서 코카콜라를 만들 때 사용되는 것과 똑같은 물과 크림과 혼합되었다. 블랙을 출시했을 때 제품 개발팀은 크림의 유통기한이 짧다는 문제를 깨달았다. 고객들이 블랙의 맛에 거부감을 느낀 것도 이 때문이었다. 제품 개발팀은 맛을 개선하기 위해 시장 조사 단계로 되돌아가 네슬레처럼 시럽을 없앤 커피를 다시 개발해야 했다.

두 번째 도전은 유통 전략과 공급망에 있었다. 소형 매장들의 청량음료 자판기 옆에 설치한 커피 자판기들이 청량음료 자판기와 똑같은 방식으로 유지·관리되었다. 하지만 청량음료에는 좋은 효과를 냈던 방식이 커피에는 정반대 효과를 냈다. 예를 들어 커피 자판기의 경우 크림이 상하지 않게 하려면 더 자주 관심을 가져야 했다. 설상가상으로 새로 설계된 자판기들이 고장 나도 수리가 되지 않은 채 장기간 방치되었다. 청량음료 자판기의 유지·관리에만 익숙했던 배달 트럭 운전사들은 커피 자판기 유지·관리 방법을 몰랐고, 시간을 들여가며 그 방법을 배우고 싶어 하지도 않았다. 끝으로 회사 제품 보관 창고에는 커피 제품 라인에 적합한 공간이 부족했다. 즉 이 새로운 제품들이 통상적인 적재 과정과 주기를 방해함으로써 긴장과 혼란을 불러일으켰다. 머지않아 보관 창고에서 커피 제품은 침입자처럼 간주되었다.

조직의 적합성

이 프로젝트는 또한 조직 사이의 긴장 때문에 순탄치 않았다. 우리는 이것을 '조직의 부적합성organizational misfit'이라고 부른다. (이번 장 뒷부분에서 조직의 적합성에 대해 자세히 설명하겠다.) 코카콜라 펨사가 블락을 출시했을 때 조직은 청량음료 제품 취급에 최적화되어 있었다. 배달 트럭 적재 공간을 관리하는 트럭 운전사들은 배달된 제품 상자 단위로 돈을 받았기 때문에 판매가 확실한 청량음료를 나르려고 준비해둔 적재 공간을 커피를 운반하는 데 쓴다면 수입이 줄어들 수밖에 없었다. 아울러 커피를 나르는 운전사들은 자판기를 청소하고, 자판기에 커피, 우유, 크림을 채우고, 커피에 대한 전반적인 사항을 소매 매장 관리자들에게 잘 알려줘야 했다. 종합적으로 따져보았을 때 이런 일에는 다른 급여 체계가 요구되었기 때문에 운전사들과 청량음료 취급자들 사이에서 갈등이 유발되었다. 끝으로 실행 단계에서 블락 출시가 집중적인 관심을 받지 못했고, 그로 인해 전략적 판매 계획 수립과 조사에 투자되는 자원이 부족했다.

코카콜라 펨사는 당시 경험을 전화위복의 계기로 삼고, 2011년 멕시코 시티에서 시범 프로그램 차원에서 커피를 다시 출시했다. 회사는 제품을 수정하고, 내부 자원을 강화하고, 선별적으로 일부 외부 자원을 확보했으

성장하는 기업의 비밀

며 별도의 개발팀과 전문 커피 콜센터, 그리고 커피 사업만 전담하는 새로운 물류 플랫폼을 포함해 여러 전문 기능을 개발했다. 이런 변화들 때문에 사업 실행 비용이 올라갔지만, 회사는 자원과 인센티브 사이의 엇박자를 극복하고 매출과 이익을 훨씬 더 많이 끌어올릴 수 있었다.

쉽게 할 수 있을 것 같다는 생각에 임원들은 타당하지 않을 때조차 키우는 방식을 택한다. 내부 자원이 목표 자원에 비해 뒤떨어지거나 핵심 자원 면에서 경쟁사들에게 압도당할 때 당신은 거의 항상 외부로 눈을 돌리거나, 적어도 내부 자원을 외부 자원으로 보충하라는 조언을 자주 듣는다. 우리 조사에 참여한 임원들 중 65퍼센트는 내부적으로 새로운 자원 개발을 시도해보았을 때 극복하기 힘들 정도로 극심한 도전을 경험한 적이 있다고 털어놓았다. 결국 그들 중 절반 정도는 실패 요인을 자신들에게 내부 개발 관리 능력이 부족한 탓으로 돌렸다. 그들 기업이 내부 프로젝트 추진에 필요한 기술과 인력이 없다는 사실을 너무 늦게 깨달아서 실패했다는 것이다.

더군다나 자원을 확보하기 위해 외부로 눈을 돌리는 방안을 검토하기 시작했을 때 기업들은 주요한 또는 유일한 옵션으로 키우는 방식을 반사적으로 수용하곤 한다. 그로 인해 생기는 시간, 돈, 모멘텀 momentum, 사기의 손실 관련 피해는 이루 말할 수 없다. 북미 자동차 제조업체인 GM과 포드는 과거에도 자주 이런 덫에 걸렸다. 그들은 자회사들에서 대부분의 자동차 부품을 개발·제조하기로 결정했다. 일부 기술에 대한 내부 지식이 시장의 흐름에서 뒤처졌고, 더 우수한 제3의 옵션이 존재하는데도 그렇게 한 것이다. 내부 개발에 대한 이런 식의 과도한 의존은 양사가 전 세계 자동차 산업에서 강력한 선두 자리를 지키지 못하게 된 대표적 이유였다. 분명 그들이 외부 자원 확보에 더 일찍부터 나섰다면 더 좋은 성과를 거두었을지 모른다.

내부 개발에 지나치게 의존하는 기업들은 융통성을 발휘하지 못한 채 타성에 빠지고 만다. 예를 들어 미국의 비디오 게임 제작업체인 아타리Atari는 1990년대 중반에 비디오 게임 콘솔인 아타리 재규어Atari Jaguar를 소프트웨어, 핵심 하드웨어, 게임 조종기 같은 액세서리 등의 시장 전면에 내세우기 위해 애쓰면서 내부 개발에 의존하다가 게임 산업에서 일본의 소니Sony와 세가Sega에 밀려났다. 한편 세계 최초의 상용 웹브라우저 개발 회사인 넷스케이프Netscape는 외부적으로 마이크로소프트Microsoft의 약진에 대응하는 데 필요한 새로운 기술을 찾기보다는 성능이 떨어지는 인터넷 검색 엔진 '내비게이터Navigator 4' 개발을 위한 내부 기술에만 집중함으로써 마이크로소프트의 인터넷 익스플로러에 밀려났다. 마찬가지로 컴퓨터 회사 컴팩은 1980년대에 PC 분야에서 상당한 입지를 빼앗겼다. 컴팩이 다양한 독점적 드라이버와 부품 개발을 위해 애썼지만 이들은 랩톱에 시장 최고의 부품들을 장착하기로 한 경쟁사들의 보다 유연한 시스

성장하는 기업의 비밀

팀과 경쟁할 수 없었다.

내부 개발 경로를 걷다가 실패한 사례가 이토록 많은데도 왜 기업은 그렇게 자주, 그리고 오랫동안 그와 같은 경로를 고집하는 걸까? 기업 임원들이 새로운 내부 자원 개발 능력을 평가할 때 몇 가지 맹점에 빠져 있기 때문이다.

기업이 반사적으로 내부 개발을 선택하는 이유

전략적 자원 결정을 내리는 기업의 임원들은 먼저 개발할 필요성이 있는 자원을 평가해보지도 않은 채 반사적으로 내부 개발을 선택하는 경우가 있다. 그들은 어떤 경로도 본질적으로 다른 경로에 비해 우수하지 않다는 사실을 망각한다. 우수성은 순전히 맥락을 고려해서 판단할 수 있는 문제일 뿐이다. 그리고 맥락을 고려하지 않음으로써 임원들은 낯익은 경로를 선호하면서 자동적으로 과거부터 해오던 방식과 습관에 의지한다.

따라서 오랫동안 자생적 성장을 선호해온 기업들에서 임원들은 외부에서 필요 자원을 물색하기를 꺼려하기 때문에 성공은 내부 프로젝트에 충분한 돈과 노력을 투자할 수 있는가의 문제라고 믿으면서 실행의 덫에 빠진다. 이런 임원들이 일반적으로 빠지는 네 가지 덫은 다음과 같다.

- 내부 강점에 대한 오만
- 이해관계자들 사이의 인센티브 조정 실패
- 새로운 외부 개발 가능성에 대한 제한적 시각
- 외부 자원 확보 기술 부족

내부 강점에 대한 오만

임원들은 경쟁사들이 갖고 있는 기술보다 자기 기업 내부의 기술을 더 높이 평가하는 경향이 있다. 이것은 불합리한 평가다. 물론 내부 자원에 의존해야 할 이유들이 뚜렷할 수 있다. 기업에 투자하고 있고, 기업이 추진 중인 사업을 잘 이해하고 있는 사람들이 새로운 자원 확보 문제에서 외부인들에 비해 더 유리할지 모르기 때문이다. 다만 기업이 보유한 이점이 모든 또는 대부분의 환경에도 적용 가능하다고 믿을 때 문제가 생긴다.

우리가 지도하는 학생들이 인디애나 주에 있는 점화 코일 제조업체에서 연구 프로젝트를 수행한 적이 있다. 유럽의 한 우수 공장에서 연구해본 적이 있는 이들은 인디애나 주 공장이 내부 연구를 통해 찾아낸 품질 관련 문제를 해결하게 도와줄 수 있기를 바랐다. 학생들은 점화 코일 개발 및 생산과 관련된 몇 가지 문제가 이 코일들이 장착된 자동차에서 심각한 품질 문제를 일으켰다는 사실을 문서로 정리했다. 학생들은 공장 관리자와 근로자들에게 자신이 생각하는 코일 품질과 공장의 업무 효율성을 5점 만점(5점은 전 세계 최고 수준에 해당했다)으로 평가해달라고 부탁했다. 조사 결과 평균 약 4.8점이 나왔다. 직원들은 자신이 갖고 있는 능력에 대한 자부심이 상당했다. 그들은 자신이 얼마나 뒤처져 있는지 전혀 몰랐다.

이해관계자들 사이의 인센티브 조정 실패

우리는 내부 개발이 외부 자원 확보와 경쟁 관계에 있다고 생각하는 사람들을 자주 만난다. R&D, 정보기술IT, Information Technology, 마케팅 분야 등 어디서나 리더들은 연구원이 연구하고, 개발업자가 개발하고, 마케터가 마케팅하면서 회사 자원을 최대한 잘 활용하고 있는지와 상관없이 자신이 '회사가 계속해서 원활하게 돌아가게 만드는 일'을 맡고 있다고 믿고 있다. 이러한 사고방식은 기능적 리더들에게 내부 자원 활용 강도를 더 늘리는 쪽으로 움직이게 만든다. 그들이 추종하는 암묵적인 목표는 기업이 경쟁력 있는 변화에 앞장서게 만들기보다 기능 자원과 직원 숫자를 키움으로써 자기가 가진 힘을 더 키우는 것일지도 모른다. 따라서 이러한 리더들은 외부 자원을 무시해버린다. 외부 자원에 의지했다가는 자신이 이끄는 사람들, 자신이 창조하는 자원, 그리고 자신이 가진 힘에 대해 사람들이 생각하는 가치가 줄어들까 걱정되기 때문이다. 이러한 불통의 자세는 커다란 대가를 초래하는데, 이 문제에 대해서는 이번 장 뒷부분에서 더 자세히 설명할 것이다.

제약회사 셰링플라우Schering-Plough는 내부 개발로 큰 성공을 거둔 알레르기 치료약 클레리틴Claritin 같은 약을 다시 개발할 수 없을 때 결국 독립성을 상실했다. 제2의 클레리틴 개발이 실패한 주요 원인은 내부 연구소들이 외부의 대안을 검토하는 노력을 거부했기 때문이다. 내부적으로 개발한 후속 약이 시장에서 클레리틴의 빈자리를 채워주지 못한다는 사실이 자명해지자 셰링플라우는 경영진을 물갈이했다. 이어 회사는 경쟁사인 머크Merck와 손잡고 항콜레스테롤 약물의 공동 개발에 나섰지만, 이 약의 판매가 지지부진했다. 지금이나 앞으로 시장에 내놓을 대형 약이 부재한 상황에서 셰링플라우는 독립적 회사로 버틸 수 없었고, 결국 2009년 머크에 인수되고 말았다.

흥미로운 사실은, 머크 역시 그때까지 내부 개발을 강력히 선호해 왔다는 사실이다. 2000년대 초에 이 회사도 시장에서 성공을 거둘 만한 신약이 거의 없다는 사실을 깨달았다. 회사는 고위 경영진이 내부 개발을 보완하는 차원에서 외부로부터 도움을 받는 방안에 대해 내부 연구소들이 보여준 반발을 진화한 뒤에야 비로소 성공적인 신약 판매를 재개할 수 있었다. 머크는 외부 자원 확보 전략을 강화함으로써 보다 적극적인 라이선스 계약 합의, 제휴, 소규모 인수 등을 추진했다.(제3장 참조) 자구책 마련에 오랫동안 뜸을 들였던 셰링플라우와 달리 머크는 내부 경계를 벗어나 자원을 찾는 방법을 배웠다.

새로운 외부 개발 가능성에 대한 제한적 시각

기업은 의도하지 않아도 가끔 내부 역량에 집중하는 경향을 보인다.

세상이 그들을 중심으로 움직이는 것처럼 생각한다. 리더들은 제한된 숫자의 납품업자, 경쟁자, 시장 기회만 반영하는 전통적인 내부 자원 활용에 점점 더 익숙해진다. 그들은 전통적인 시야 밖에서 점점 더 커지고 있는 기술과 시장의 힘이 외부 자원 확보에 필요한 새로운 기회를 열어줄지 모른다는 사실을 깨닫지 못할지도 모른다.

예를 들어 1960년대와 1970년대에 북미와 유럽 자동차 제조업체들은 부상하고 있는 일본의 린 생산 방식lean system을 간과했다. 린 생산 방식은 재고를 최소화하고 작업 공정을 혁신함으로써 비용은 줄이고 생산성은 높이는 방식을 말한다. 오늘날 이러한 성장 자원의 대표적 사례로는 중국의 환경 기술과 아프리카의 금융 서비스를 들 수 있다. 선진국 세계에 속해 있는 많은 기업은 근시안적으로 새로운 대외 사업 기회의 원천으로 신흥시장을 무시하면서 전 세계 시장에서 스스로 활동 무대를 제한해버린다.

우리가 기존 전기통신회사를 대상으로 실시한 사례 연구에서도 확인되었듯, 잘못 조율된 인센티브와 제한된 시각이 얽혀 있는 문제인 경우도 있다. 이 회사는 새로운 데이터 커뮤니케이션 사업을 개발하기 위해 애쓰고 있었다. 회사의 임원들 중 한 명은 새로운 데이터 사업과 주력 음성 사업 출신 엔지니어들 사이에 일어난 갈등을 이렇게 설명했다.

"대부분의 연구 자금은 장기간 주력 사업에 속하는 회로 기술 개발에 투자되었다. 하지만 인터넷 개발이 이런 투자 논리에 문제를 제기하고 있다. 주요 문제는 우리가 똑똑한 네트워크로 이동하고 있는 지금 대부분의 엔지니어가 쓰고 있는 바깥세상을 보지 못하게 막는 지적 눈가리개다. 우리 엔지니어들은 회로 기술 분야를 벗어나 이렇게 새로 생긴 사업 환경에 적응하기가 힘들다."

다수의 기존 기업도 성장하는 사업 영역에 적절한 자원을 확보할 때 이와 유사한 문제에 직면한다. 컴퓨터 전문업체인 IBM은 1980년대와 1990년대에 툭하면 새로운 기술과 시장 기회를 놓쳤다. IBM이 어떻게 해서 29개의 새로운 기술과 사업으로부터 가치를 찾아내는 데 실패했는지를 문서화해놓은 내부 보고서를 보면, 실패 원인이 다음과 같이 지적되어 있다.

- 실행의 효율성과 단기 결과에 대한 과도한 집착
- 현재 시장과 기존 제품에 집중
- 성숙 사업에 적용되는 것과 같은 업무 과정과 성과측정지표perfor-mance metrics를 사용해 성장 기회를 판단하려는 경향

이런 태도들은 성숙한 시장에서 효과적이었지만, 새로운 사업을 물색하고 개발할 수 있는 IBM의 능력에 제한을 가했다. 이 문제는 한 임원이 우리에게 말해준 1980년대와 1990년대에 회사 전반에 퍼져 있던 '우리가 최고로 잘한다'라는 생각을 강조하는 분위기 때문에 더욱 악화되었다. IBM은 오랫동안 대부분의 개발을 내부적으

성장하는 기업의 비밀

로 처리했다. 이것이 IBM을 그저 그런 컴퓨터 회사들 중 하나로 전락하게 만든 요인이다. 1990년대 초반에 상당히 고전한 IBM은 자원 확보 선택 경로를 확대한 후에야(실험적 사업을 창조하고 관리하는 방법을 배우면서) 비로소 다시 앞서나갈 수 있었다. IBM은 내부 제품 개발을 지속하면서(실제로는 신제품과 사업 출범 능력을 되살렸다), 자원 기반 확대를 위한 핵심 수단으로 라이선스 계약·제휴·인수 노력을 적극적으로 추진했다.

외부 자원 확보 기술 부족

많은 기업은 외부 자원 확보 기회를 찾아내는 데 필요한 기술을 개발하지 않는다. 전통적으로 자생적 성장에 집중해온 기업들은 대외 자원 추구와 개발에 능숙하지 않다.

예를 들어 우리의 연구 결과, 전기통신 기업 임원들 중 48퍼센트는 단순히 외부 파트너로부터 배우는 데 필요한 기술이 부족해서 외부보다 내부 개발 방식을 활용하고 있다고 대답했다. 조사에 참여한 기업들 중 불과 30퍼센트만 계약이나 제휴나 인수를 통해 제3자의 자원을 체계적으로 조사하고 평가해본 적이 있었다. 한 전기통신회사의 임원은 외부 자원을 추구하고 확보하기 위해 개발해놓은 원칙이 부족해서 내부 개발에 지나칠 정도로 의존해왔다고 털어놓았다.

당신의 내부 자원은 적합한가

내부 개발의 맹점을 해결할 수 있는 주요 무기는 내부 자원이 자원 격차를 메우는 데 얼마나 적절한지 냉정하게 평가해보는 것이다. 새로운 자원을 키워보기로 한 기업들은 그들의 내부 역량이 자원 격차를 시의적절하고 효율적인 비용으로 메울 수 있다고 생각한다. 하지만 기업들이 기술 노하우만 강조하는 것처럼 종종 편향된 평가 기준에만 집착하기 때문에 자원의 적합성을 평가하기가 까다롭다. 자원의 적합성은 기술 지식, 시장 출시 능력, 조직 시스템과 가치 등 회사가 갖고 있는 광범위한 범위의 자산과 관련되어 있다.

이런 자원의 적합성이란 다차원적인 개념은 많은 음영지대를 만든다. 몇몇 기업 개발팀장은 어떤 확실한 동인이 있어서 그들이 내부 개발보다 외부 자원 확보를 선택하게 되는 일은 드물다고 알려주었다. 그럼에도 불구하고 그들은 궁극적으로 목표 자원과 비교하여 자사의 지식 기반과 조직의 장단점을 평가하면서 음영지대들 속에서 구체적인 결정을 내려야 한다.

내부 자원이 얼마나 적절한지 평가하려면 두 가지 차원에서 따져봐야 한다.([그림 2-1] 참조) 지식의 적합성은 기존 지식 기반이 기존 자원이 가진 강점뿐만 아니라 목표 자원과 얼마나 잘 어울리는지, 즉 새로운 자원과 기존 자원의 성공적인 '조화compatibility'를 말한다. 조직의 적합성은 기존 시스템 및 가치와 목표 자원 개발에 필요한 시

그림 2-1   내부 개발 대 외부 자원 확보

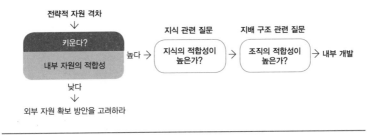

스템 및 가치의 조화를 말한다. 많은 임원들이 지식의 적합성이 중요
하다고 인정하지만, 조직의 적합성을 신중하게 따져보는 임원은 극
소수다.

우리가 연구한 대부분의 기존 전기통신 기업들은 새로운 데이터
커뮤니케이션 사업 개발에 필요한 전문 기술을 갖고 있었지만, 그들
의 조직적 맥락(구조, 인센티브, 문화적 가치, 통제 시스템)이 새로운 자원 개
발에 얼마나 방해가 되는지를 알지 못했다.

지식 관련 질문 : 목표 자원이 당신의 현재 지식 기반에 적합한가?

기업의 기능적 역량들(R&D, 마케팅 기술, 생산 과정 등)이 목표 자원을 빠
르고 효과적으로 창조할 수 있는 기반을 제공하는지를 평가해야 한
다. 지식의 적합성은 내부 자원과 목표 자원의 긴밀함 정도 및 다른
기업들 대비 갖고 있는 강점과 관련되어 있다.

자원의 긴밀함 정도

제일 먼저 기존 지식 기반과 목표 자원 사이의 긴밀함을 평가해야 한다. 긴밀함이 클 때 기업은 보통 내부적으로 목표 자원을 개발할 수 있다. 반대로 목표 자원이 기존 지식 기반과 밀접하게 부합하지 않을 때는 외부로 눈을 돌려야 한다. 충분한 긴밀함과 내부의 지원 역량이 없을 경우 목표 자원의 내부 개발이 매우 까다로워질 수 있기 때문이다.

자생적 성장을 도모한다는 것이 종종 기존 직원들을 훈련시키면서 적절한 배경을 가진 다른 직원들을 채용하고 통합시킨다는 의미도 된다. 목표 자원이 기존 자원과 다를 때 훈련이 힘들어진다. 직원들이 새로운 지식을 흡수하고, 보유 기술을 수정하고, 새로운 네트워크 형성을 통해 낯선 정보를 추구해야 하기 때문이다. 우리가 인터뷰한 임원은 아무리 동기부여가 잘된 직원들에게도 이런 일들을 하기 어렵다는 사실을 강조했다.

"전기통신 업계의 전통적인 '음성' 기술 분야에서 일했던 관리자는 새로운 데이터 커뮤니케이션 기술 개발을 위해서 기꺼이 자원과 시간을 투자하려고 할 때조차 여전히 엉뚱한 생각을 할 것이다. 그가 이전에 음성 기술 분야에서 성공해서 관리자가 되었기 때문이다. 그가 개인적으로 쌓아온 인맥도 그런 분야에서 알아온 사람들이다."

이 말의 의미는, 그러한 관리자가 데이터 사업에서 외부에서 영입한 사람과 같은 수준의 성과를 낼 수 있을 정도가 되기까지 고생할 수 있다는 뜻이다. 임원은 "그런 사람들은 항상 데이터 세계에서 활동해왔고, 신생 기업을 세워보았고, 시장과 참가자들을 잘 아는 사람에 비해 데이터 사업을 효과적으로 경영할 수 없을 것이다"라고 덧붙였다.

마찬가지로 내부 프로젝트를 지원해줄 수 있는 외부 인재들을 평가한 다음 훈련시키기도 까다롭다. 한 임원은 "우리는 우리가 소비재 기업으로부터 데려온 마케팅 직원들이 전기통신 사업의 복잡함을 이해하지 못한다는 걸 깨달았다. 그 직원들은 이전까지 늘 팔았던 소비재를 파는 게 아니었다. 그리고 우리는 전기통신 시장에서 그들에게 마케팅 방법을 가르쳐줄 수 있을 만큼 마케팅 분야를 알지 못했다"라고 말했다.

일류 인쇄매체 회사의 디지털 혁신팀장은 우리에게 그의 회사는 인수 대상 제품들이 회사의 핵심 제품과 비슷하고, 회사가 공략 대상 분야에 어울리는 전문 지식과 규모를 갖고 있을 때 자생적 성장을 더 선호한다고 말해주었다. 하지만 온라인 제품들이 등장하면서 회사는 디지털 자원과 과거 물려받은 자원 사이에 현격한 격차가 있다는 사실을 깨닫고, 이런 격차는 즉각적인 제휴와 인수를 통해서만 메울 수 있음을 깨달았다. 회사는 일단 외부 자원을 확보한 후 상호 훈련과 신규 채용을 혼합해서 디지털 기술을 업그레이드하기 위한 내부 노력을 통해 외부 자원을 보강했다.

자원이 가진 강점

목표 자원 영역에서 당신이 가진 강점을 평가해보는 것도 중요하다. 다른 회사들을 상대하거나 혹은 그들을 뛰어넘을 수 있을까? 경쟁사든 잠재적인 자원 공급업체든 간에 다른 기업들보다 더 빠르고, 더 저렴하고, 더 높은 품질을 자랑하는 필요한 자원을 개발할 수 있을까? 필요한 자원이 기존 지식 기반과 밀접하게 관련되어 있더라도 당신의 회사가 경쟁사와 신생 혁신기업들에 비해 뒤처져 있을 경우 경쟁력 있게 성공적인 자원을 개발할 수는 없다.

한 세계적인 소비재 회사의 임원은 수준 높은 내부 기술조차 가끔 불충분한 것으로 드러날 때가 있다고 경고했다.

"이때 기존 자원을 어떻게 확대하고 적응시킬 수 있는가뿐만 아니라 그것을 새로운 역량을 키우는 용도로 전환시키는 데 필요한 시간, 노력, 에너지, 투자가 단순한 자원 확보에 비해 더 힘들지를 따져봐야 한다. 새로운 세분시장market segment으로 진출할 때 관련 역량과 인접 제품 영역에 있는 자원만으로 충분하지 않을 수 있다."

내부 자원 기반이 불완전하거나 시대에 뒤처져 있을 경우 동료 기업들의 자원에 비해 취약할 수 있다. 지속적인 투자 부족이나 점진적인 지식 기반의 붕괴 또는 갑작스러운 목표 자원 영역의 변화가 모두 내부 자원 부족을 야기할 수 있다. 그럴 경우 보다 급진적인 외부 자원 확보 방안을 추구해야 할지 모른다. 이때는 최첨단 기술을 추구하고, 고객 인지도를 높이고, 목표 영역에서 브랜드의 가시성을

성장하는 기업의 비밀

키우는 데 필요한 마케팅 기술 같은 지원 시스템과 역량도 강화해야 한다.

유럽에 있는 일류 전기통신 기업(이 회사는 데이터 사업 개발 속도를 단축하기 위해 미국의 데이터 네트워킹 회사 세 곳을 인수했다)의 기업 개발팀장은 중대한 변화의 도전들을 지적했다.

"우리는 데이터 환경을 이해하는 데 뒤처졌다. 따라서 좋은 기술을 확보하고 완전한 데이터 기술을 얻기 위해 여러 차례 인수전에 뛰어들어야 했다. 또한 시장을 잘 알고, 항상 데이터 분야에서 활동해왔고, 네트워크 지식을 갖고 있으며, 찾아야 할 유형의 사람들을 알고 있는 사람들과도 힘을 합쳐야 했다."

이때도 마찬가지로 당신이 가진 내부 자원의 강점을 과대평가하기 쉽다. 따라서 적절한 경쟁사들을 사려 깊게 벤치마킹해야 한다. 심지어 전통적인 산업의 경계 밖에서 활동 중인 기업들도 살펴봐야 한다. 대외 검토 후보로 당신 업계를 교란시킬 가능성이 높은 중요한 성과를 거둔 기업들도 대상이다. 예를 들어 클라우드 컴퓨팅cloud computing(인터넷상의 서버를 통해 데이터 저장, 네트워크, 콘텐츠 사용 등 IT 관련 서비스를 한번에 사용할 수 있는 컴퓨팅 환경) 판매 기업들은 현재 컴퓨팅 업계의 전통적인 하드웨어와 소프트웨어 분야에서 활동하는 기업들에게 정확히 들어맞는 기술적 발전과 사업 모델 혁신들을 낳고 있다.

지배 구조 관련 질문 : 목표 자원이 현재 조직에 적합한가?

기업들은 적절한 전문적·상업적 기술을 소유하고 있는 내부 프로젝트를 시작할 때도 종종 고전한다. 이런 프로젝트들은 기존 조직 내에서 상당한 갈등을 야기했기 때문에 궁극적으로 실패할 운명에 놓인 것들이다. 새로운 내부 자원은 당신의 기업 조직의 업무 처리 과정에 정확히 들어맞아야 한다. 그렇지 않으면 과거의 관행, 문화, 업무 과정과 이해관계가 있는 거의 모든 사람에 의해 거부될 것이다. 특히 목표 자원이 현재 자원을 진부하게 만들 위험성이 높을 때 가장 강력한 저항이 일어난다.

현재 시스템과의 적합성

우리가 인터뷰한 임원들 중 대다수는 필요한 역량이 조직에 약간의 변화만 일으킨다면 내부 개발이 최상의 옵션이라고 생각했다. 이와 반대로 조직 모델이 목표 자원과 조율되지 않는 기업은 기존에 갖고 있는 것을 쓰려고 애쓰기보다 외부 시스템 확보를 검토해야 한다. 이런 기업은 그러면 외부 자원과 관련 시스템을 더 쉽게 통합할 것이다. 특히 시장의 압박 때문에 시급하고, 직원들과 다른 이해관계자들의 개입 동기가 클 때 더욱더 그러하다.

예를 들어 인도의 IT 컨설팅 회사인 인포시스Infosys는 건강관리 분야 서비스를 제공하기 시작하면서 새로운 소프트웨어 기술 라이선스 계약을 체결했다. 새로운 서비스에 기존 사업에서 사용되는 것과

성장하는 기업의 비밀

유사한 전문 기술이 요구되었지만 인포시스는 외부 자원 확보의 길을 택했다. 건강관리 컨설팅을 하기 위해 이전과 상당히 다른 조직 구조가 필요했기 때문이다. 인포시스는 라이선스 계약 체결을 통해 곧바로 새로운 세분시장에서 존재감을 과시했다. 아울러 이 회사는 기존 제품을 수정하려 했을 경우 생길 게 분명했던 조직 내 갈등도 피할 수 있었다.

기업들은 조직적 차원에서 요구조건이 다른 새로운 세분시장으로 진입하면서 기존 판매 채널과 브랜드에 혼란을 주고 싶지 않을 경우에도 외부 자원 확보를 통해 도움을 받을 수 있다. 예를 들어 미국의 유나이티드 테크놀로지스 그룹United Technologies Group 산하 법인인 캐리어Carrier는 유럽의 핵심 프리미엄 시장을 겨냥하여 친환경 냉방 시스템 개발을 결심했을 때 내부 개발에 집중했다. 하지만 캐리어는 나머지 시장을 공략하기 위해 저가 냉방 시스템 개발을 계획할 때는 외부로 눈을 돌려 그 시장에 맞는 보다 일반적인 기술을 확보했다. 2009년에 캐리어는 그에 맞는 기술을 갖고 있고, 이미 저가 시장을 공략하고 있던 스웨덴 제조업체인 그린앤쿨Green&Cool을 인수했다. 분명 캐리어는 저가부터 고가에 이르는 모든 제품군 개발을 위해 내부 기술을 이용할 수 있었지만, 새로운 세분시장을 실험하는 동안 핵심 프리미엄 시장을 지키면서 잠식과 채널 갈등 때문에 생길 수 있는 조직 내 갈등을 피하기 위해 애썼다.

그럼에도 불구하고 항상 갈등을 피하려고만 할 필요는 없다. 때로는 정면 돌파가 최선이다. 실제로 내부 갈등은 더 강력한 자원을 키우고, 낡은 모델에 갇히지 않게 도와주는 유용한 통찰을 야기할 수 있다. 이런 불협화음을 피할 수 있는 한 내부 갈등은 외부 자원 공급원들이 주지 못하는 혜택을 생산할 수 있다. 그렇지만 신중하게 기회를 포착해야 한다. 아무리 생산적인 갈등이라도 관리하는 데 시간과 노력이 필요하다.

내부 경쟁

우리가 만나본 임원들, 특히 오래된 기술과 사업 모델에 거금을 투자해온 기업에서 일하는 임원들은 새로운 자원 개발을 거부했다. 왜 그랬을까? 내부 경쟁을 피하고, 기존 자원의 가치를 지킴으로써 사적 권력을 유지하고 싶었기 때문이다. 전기통신 산업에서 음성 네트워킹 기업들은 데이터 네트워킹 거래 상대에게 권력을 넘겨주는 걸 극도로 꺼려했다. 우리가 실시한 조사에 참여한 전기통신 기업 임원들 중 한 사람은 "어떤 기업들에서는 이런 내부 경쟁 때문에 데이터 기술 부문의 투자와 자원 할당이 연기되거나 제한되었다"고 말했다.

미디어 기업들도 기존 인쇄매체 기술을 디지털 기술로 전환하려고 할 때 종종 내부 저항에 직면했다. 인쇄와 온라인 뉴스 편집실을 통합한 한 미디어 기업 임원은 우리에게 인쇄 뉴스 출신 기자들은 온라인 기사에서 자신의 이름을 빼버렸다고 말했다. 그들은 온라인 기사가 품질, 신뢰성, 정교함 면에서 수준이 떨어지며, 그들이 갖고 있는 전통적인 기술에 위협을 가한다고 생각했기 때문이란 것이다. 인쇄와 디지털 뉴스 사업부들 사이의 문화적·경쟁적 차원의 갈등은 전체 조직으로 기술을 골고루 확산시키지 못하게 했다.

목표 역량이 기업의 기존 역량과 경쟁하거나 대체할 경우 갈등이 가장 고조된다. 이론상 목표 역량은 조직의 기존 역량과 가까워 보일지 모른다. 하지만 기존 직원들은 기득권을 유지하기 위해 새로운 역량을 개발·활용하기를 거부할지 모른다. 새로운 역량이 겉보기에 과거의 역량을 밀어내고 주목과 가치를 얻게 될 때 이러한 현상이 가장 자주 일어난다. 어떤 업계에서나 기득권을 가진 자들은 새로운 활동에 자원을 개방하고 할당하는 걸 늦추려고 애쓸 것이다. 여러 부문이 동시에 참여하는 협력은 시간, 관심, 자원, 통제 경쟁 때문에 방해를 받을 것이다.

기업이 새로운 자원, 특히 일부 이해관계자들의 생계를 위협하는 자원을 개발할 수 있기 전에 이러한 가장 도전적이고 해로울 수 있는 내부 장애물들을 극복해야 한다. 그러려면 기업은 현장에서 기존 조직의 문화나 가치나 작업 습관을 바꾸고, 최근 채용한 직원들의 새로운 작업 스타일을 통합해야 할지 모른다.

최근 다니던 컴퓨터 회사를 떠나 다른 업계의 신생 기업으로 이직한 임원은 우리에게 그 신생 기업이 외부인을 끌어모아 통합하는 데 서툴렀다고 말했다. 그는 그것을 회사의 기술 수준을 높이는 걸 막는 중대한 장애물로 간주했다.

"나는 마케팅 조직을 키워달라는 부탁을 받고 임원으로 스카우트되었다. 회사 경영진이 내게 원하는 일을 감안해보았을 때 나는 회사에 완벽하게 적합한 사람이었다. 하지만 나는 정말로 획기적인 성과를 거두었다고 자평하지는 않는다. 회사 안에는 중대한 장애물이 존재했다! (중략) 나는 항상 이방인인 것처럼 느꼈다. 내가 어떤 일을 시도하려고 할 때 고위 경영진으로부터 전폭적인 지지를 받았어도 나는 항상 (누군가와) 싸워야 했다."

기득권을 가진 내부 팀들은 경쟁을 싫어하고, 기득권을 지키려고 애쓴다. 그들보다 낮은 직급에서 효과적인 변화를 이룰 수 없을 경우 조직 전반에 걸쳐 성공적인 변화를 기대하지 못할 것이다. 당신이 내부 문화가 경쟁적인 내부 프로젝트들만 수용하게 만들 수 있다면 분명 당신에겐 이로울 것이다. 하지만 그럴 수 없다면 시간, 돈, 경쟁 기회를 낭비하게 된다. 지금 얘기하겠지만, 내부의 반대를 줄일 수 있는 방법이 외부 자원을 찾는 것일 때도 있다.

실행할 때 부딪히는 도전들

당신 회사가 신규 프로젝트를 쉽게 추진하기 위해 외부 가용 자원을 확보할 수 있을 만큼 운이 좋을 수도 있다. 하지만 새로운 내부 프로젝트를 추진하기 전에 현재의 인적 자원과 재정 자원의 지정을 해제해야 할 것이다. 신규 프로젝트는 일반적으로 기존 활동들을 교란시킨다. 신규 프로젝트에 최적의 사업부와 인력이 이미 막중한 부담을

성장하는 기업의 비밀

지고 있다면 그들이 추진 중인 그 중요한 일을 중도에 포기하지 않게 만들 방법도 찾아봐야 한다.

새로운 프로젝트를 맡기 위해 우선순위가 낮은 프로젝트들을 중단할 수 있는지 생각해보라. 대부분의 기업에선 한때 중요했던 많은 프로젝트가 마감 시한이 지났는데도 계속 추진된다. 어떤 프로젝트는 아예 없어지고, 과거 내부 전문 지식을 통해서 경쟁우위를 확보했지만 이후로 전략적인 이점을 일부 상실한 프로젝트는 외부 서비스 제공업체들로 이양될 수도 있다. 과거의 우선순위에 의해 구속될 필요는 없다. 신중하게 인력 분류를 해보면, 기존 프로젝트에서 벗어나게 해주었을 때 새로 추진하는 프로젝트를 가장 생산적으로 추진할 수 인재들을 찾아낼 수 있다. 예를 들어 많은 제약회사가 생명공학과 치료용 제품 같은 신생 고부가가치 영역을 자체 개발하는 데 집중하기 위해 더 오래된 생산과 개발 활동을 매각했다.

적절한 내부 인력을 찾아내어 서로 연결시킨 다음 그들이 다양하게 활동하도록 관리하는 문제에도 집중하라. 다양한 사업부에 소속된 프로젝트 참여자들이 깔끔하게 협력할 것이라는 가정은 금물이다. 그들의 활동을 적극적으로 관리하고 조율해야 한다. 예를 들어 효과적인 협력을 이끌어내려면 인센티브를 조정해야 할 수도 있다. 우리 조사에 참여한 전기통신 기업 임원들 중 40퍼센트만 그들 기업이 다른 사업부들과 최고의 관행과 역량을 공유하도록 인센티브를 조정해 적극적인 내부 네트워킹을 권했다고 밝혔다. 기업들 중 3분의 1 정도만 사업부 간 순환 업무가 이루어졌고, 적극적인 내부 고용 시장이 존재했다. 그리고 3분의 1만 내부 자원을 다른 직원이나 사업부도 쉽게 쓸 수 있다는 사실을 알고 있었다.

기업들은 이러한 도전들을 해결하기 위해 몇 가지 방법을 활용해왔다. 미국의 제약회사 존슨앤드존슨Johnson&Johnson은 내부 벤처 그룹을 창조해서 보다 효율적인 자원의 흐름과 혁신을 추구했다. 이 그룹이 맡은 역할은 200개가 넘는 산하 자회사들 사이에서 R&D와 상업화 프로젝트 협력을 촉진하는 것이었다. 그리고 우리가 조사했던 한 일류 출판사가 디지털 전환을 추구할 때 출판사 전략본부가 사업부들 사이의 자원 연결을 강조하면서 전사적 차원의 혁신을 제고하는 역할을 맡았다.

자원 확보 전략의 의미

아무리 노력해도 방해가 되지 않는 내부 프로젝트팀을 소집하는 데 실패할 경우 외부 자원 확보 방안들을 검토하기 시작해야 한다. [그림 2-2]는 자원 확보 경로를 따라서 생기는 여러 가지 결론을 요약해놓은 것이다.

지식과 지배 구조를 묻는 질문들에 대한 대답은 목표 자원을 내부적으로 개발할지, 아니면 외부에서 개발할지를 결정하는 데 유용할

성장하는 기업의 비밀

그림 2-2 내부 자원의 적합성과 자원 확보 방안들

지배 구조 관련 질문 :
목표 자원 확보에 조직의 적합성은?

		높다	낮다
지식 관련 질문 : 목표 자원 확보에 지식의 적합성은?	높다	내부 자원의 적합성 : 높다 긴밀히 연결된 프로젝트 내부 개발	내부 자원의 적합성 : 보통 부적합 프로젝트 외부 자원 확보 방안 검토 대안 : 내부 탐색 환경 검토
	낮다	내부 자원의 적합성 : 보통 자원이 부족한 프로젝트 외부 자원 확보 방안 검토 대안 : 내부 탐색 환경 검토	내부 자원의 적합성 : 낮다 무관한 프로젝트 외부 자원 확보 방안 검토

것이다. 목표 자원이 기존 자원과 조직에 적합할 때 내부 개발이 가장 적절하다. 우리는 그것을 '긴밀히 연결된close-knit' 프로젝트라고 부른다. 내부 자원과 조직의 적합성의 다른 조합에서 일반적으로 외부 자원에 대한 1차 검색을 실시해보면 도움을 받을 것이다. 외부 자원 확보가 가능하다면, 그것은 일반적으로 목표 자원을 확보할 수 있는 보다 효과적인 수단이 된다. 잘 선택해서 적절히 관리만 한다면 외부 자원은 기업에 기존 지식의 격차와 조직의 한계를 극복할 수 있는 학습 기회를 제공해준다.

[그림 2-2]의 왼쪽 상단과 오른쪽 하단의 칸들은 단순한 사례에 해당하는 반면 다른 두 칸은 좀 더 복잡하지만 내부 역량을 키울 수 있는 기회를 제공해준다. 네 가지 사례를 모두 살펴보기로 하자.

긴밀히 연결된 프로젝트

긴밀히 연결된 프로젝트의 경우 자원의 적합성이 두 축(기존 지식 기반과 조직의 적합성)에서 높다. 예를 들어 일라이 릴리는 우울증 치료제인 프로작Prozac을 개발했을 때 썼던 기술에 살을 붙여 기존 연구소 내에서 정신분열증 치료제인 자이프렉사Zyprexa를 개발했다. 회사는 이 신약의 개발과 임상실험 단계에서 모두 중추신경계 치료에서 기존의 기술 전문 지식을 활용했기 때문에 자원의 적합성은 높았다. 신약이 기존 제품들과 유사한 시장에서 팔렸고, 두 약의 규제와 마케팅 절차도 비슷했고, 유사한 평가 기술을 사용했기 때문에 조직의 적합성도 높았다.

무관한 프로젝트

이런 프로젝트는 대외 자원 확보의 직접적인 동기가 된다. 당신의 적절한 지식 기반이 취약하고, 프로젝트가 내부 분열을 일으킬 때 그런 동기가 생긴다. 무관한 프로젝트는 항상 대외 자원 확보를 필요로 할지 모른다. 하지만 목표 자원이 전략적으로 중요하다면, 시간이 갈수록 자원 기반과 조직의 적합성을 보강하기 위해 외부 경험을 최대한 활용할 수 있다.

사실상 많은 관련이 없는 프로젝트들이 학습 기회를 제공한다. 예를 들어 제약회사 애보트 래보라토리스Abbot Laboratories는 최근에 인도 제약 사업 확대를 결정했다. 이 회사는 이에 필요한 마케팅과 규

성장하는 기업의 비밀

제 시스템을 내부적으로 개발하지 않기로 결정했다. 애보트가 북미와 유럽 등지에서 쌓아온 경험을 바탕으로 전 세계적으로 두 분야에 강점이 있었지만, 인도 시장에서 약을 개발하고 마케팅하는 방법을 알지 못했다. 인도 시장은 선진시장이나 중국 같은 신흥시장에서 개발된 것과 아주 다른 마케팅, 규제 시스템, 인센티브 등이 필요했기 때문에 조직의 적합성이 낮았다. 결과적으로 애보트는 인도의 '제네릭 브랜드generic brand(상표 등록에 의해 보호되지 않는 일반적인 상품으로, 제조부터 포장까지 최소 비용을 투자하는 브랜드)' 기업을 인수했다. 이로써 애보트는 즉각적으로 시장에 진입할 수 있었고, 제네릭 브랜드 사업에 대해 배우면서 전 세계적인 지식 기반과 조직 역량을 강화하는 데 도움이 될 것으로 기대했다.

부적합 프로젝트

이와 같은 프로젝트는 아주 적절한 내부 지식을 확보해놓고 있지만 목표 자원은 조직의 맥락과 잘 어울리지 않는다. 그런 경우 처음에는 대외적으로 간단한 대안을 찾아보는 게 타당할 때가 있다.

대외적으로 해결책을 구하기가 쉽지 않다면 내부 개발 방법을 바꿔보는 방안을 다시 한 번 고려해보라. 즉 내부 탐색 환경을 만들면 내부 개발을 가로막는 조직의 장애물들을 피하는 데 효과적일 수 있다. 이런 접근법을 통해서 기업들은 내부 조직의 맥락 속에서 새로운 자원으로 실험하고, 회사의 지배적인 문화와 다른 압력의 간섭을 받지 않게 할 수 있다. 1990년대 후반에 스웨덴 회사 텔리아Telia 는 주류 조직의 변방에서 IP 전화IP telephony(전화망과 같은 회선 교환망 대신에 인터넷과 구내 정보 통신망LAN 같은 데이터 패킷망을 통해 음성 통화를 하는 것)를 개발하기 위해 텔리아 라이트Telia Light라는 벤처 회사를 세웠다.(내부 탐색 환경에 대한 더 많은 사례는 다음 섹션에 나온다)

대외 자원이 지금 당장 필요로 하는 자원 요건에 적합하더라도 이런 방법을 병행해 추진하는 방안을 고려해야 할지 모른다. 대외 관계는 적절한 기회가 생겼을 때 새로 개발된 내부 자원을 가로막는 조직의 장애물을 줄이는 데 유용할 수 있다. 예를 들어 VoIP('Voice over Internet Protocol'의 약자로, 인터넷 전화 또는 음성 패킷망이라고 한다) 사업 개발을 원했던 대부분의 기존 전기통신 기업들은 대외 자원으로 눈을 돌렸다. 이들은 기득권을 해치고 지식 기반과 문화와 조직 내 갈등의 씨앗을 뿌릴 수 있는 내부 역량을 개발하려고 하지 않았다. 따라서 대외로 눈을 돌리는 것이 다양한 기술을 가진 최소한의 인재를 육성하면서 목표 역량을 빌리거나 사는 방법이 될 수 있다. 시간이 지나면서 이런 기술과 전문 지식이 조직 전반에 걸쳐 문화적 변화의 기운을 불어넣는다.

자원이 부족한 프로젝트

이런 프로젝트는 지식 기반이 취약하지만 통상적인 운영과 문화적 가치에 대한 조직의 적합성은 높은 편이다. 자원이 부족한 프로젝트

성장하는 기업의 비밀

는 초기에 대외 검색을 해보는 것이 타당하다. 빌리거나 사서 대외 자원을 확보할 수 있다면 당장 부족한 자원을 충족시킬 수 있고, 새로운 기능적 기술을 배우고 신속히 통합할 수 있다. 당신이 조화로운 조직을 갖고 있다면 향후에 내부적으로 개발할 수 있도록 조직에 지식을 들여오기가 용이해질 것이다.

반도체 기업 AMD는 그래픽 프로세서를 회사의 핵심 컴퓨터 프로세서와 통합시키고자 했을 때 처음에 내부 개발 프로젝트를 검토했다. 이 프로젝트는 AMD의 조직적 맥락과 가치에 100퍼센트 부합하는 것이었다. 하지만 AMD에 필요한 기술 및 마케팅 기법은 회사의 기존 지식 기반과 상당한 차이가 있었다. AMD는 외부로 눈을 돌려 이 분야에서 강력한 입지를 구축하고 있던 캐나다 그래픽 프로세서 회사인 ATI 테크놀로지ATI Technologies를 인수했다. AMD는 ATI를 AMD 그래픽스 프로덕츠 그룹AMD Graphics Products Group에 통합시켰다. 이렇게 내부 역량을 키우자 AMD는 그래픽 프로세서 제품에서 ATI 브랜드를 떼어버렸다.

최근 들어 일부 기업은 전통적인 내부 역량 강화 방안에서 벗어나 현재와 미래 고객들로부터 통찰을 얻는 방법을 배우고 있다. 덴마크 장난감 제조업체인 레고LEGO는 리드 유저들 lead users(시장 트렌드를 선도하는 사용자)에게 제품을 공동으로 개발해줄 것을 권유함으로써 일종의 공개 혁신 형식을 추구하고 있다. 인터넷 비즈니스 회사인 이노센티브InnoCentive는 이보다 더 광범위한 차원의 외부 이해관계자들이 참여하는 공개 혁신 사례다. 2006년 이후 (그리고 그보다 앞서 몇 년 동안은 일라이 릴리의 일부로서) 이노센티브는 P&G와 NASE(미국 간질연구협회) 같은 고객들을 20만 곳이 넘는 '해결사들solvers' 명단에 넣어 그들에게 크라우드소싱crowd sourcing(인터넷을 통해 아이디어를 얻고, 이를 기업 활동에 활용하는 방식)을 도입하는 데 힘을 보태달라고 요청했다. 이노센티브는 고객의 기준에 가장 적합한 해결책을 찾아내는 해결사들에게 현금으로 보상해준다. 대외에서 확실히 맞는 자원을 구할 수 없을 때 대중을 통해 필요한 자원을 구할 수 있을지도 모른다.

내부 탐색 환경

획기적인 내부 변화를 위한 중요 경로

앞서 논의했듯이 기업에 목표 자원을 개발하기 위한 기술이나 조직이 부족할 때 내부 탐색 환경이 유망한 프로젝트를 둘러싼 불확실성을 해결하고, 심지어 획기적인 해결책을 찾아내는 데 유용한 정보를 생성해줄 수 있다. 그러한 환경 속에서 사람들은 자신이 현재 하는 것과 극단적으로 다른 프로젝트를 실험할 수 있거나, 혹은 주류 조직 밖에서 새로운 자원 개발에 필요한 독립 사업부가 만들어진다. 내부 탐색 환경에서는 소규모 스컹크 워크 프로젝트와 대규모 준자율적

성장하는 기업의 비밀

semi-autonomous 사업부가 모두 참가한다. 이러한 탐색 환경은 대외에서 전략적으로 중요한 자원을 구할 수 없을 경우에 적절하다.

한 유럽 기업의 온라인 사업부 총괄관리자는 우리에게 이렇게 말했다.

"고용시장이나 다른 기업들로부터 새로운 자원을 확보할 수 없을 때는 내부적으로 실험한다. 우리는 실험하다가 실패하면서 배운다. 매우 느슨한 틀 속에서 기존 관행들을 수정하면서 스스로 전략을 개발한다."

내부 탐색 환경은 부적합 프로젝트에 특히 유용하다. 조직 내 긴장감 때문에 목표 자원을 창조하는 데 적절한 내부 지식 활용이 여의치 않기 때문이다. 두 가지 내부 탐색 방법을 살펴보기로 하자.

스컹크 워크는 활동적 운영 시스템 내에서 소규모로 진행되는 프로젝트다. 이러한 프로젝트는 일반적으로 새로운 재화, 용역, 작업 과정, 사업 모델, 혹은 기타 혁신을 창조하기 위해 함께 모여 실험하는 한 명 또는 여러 명의 사람들로 이루어져 있다. 스컹크 워크 프로젝트는 조직원들의 전임 업무에 덧붙여 수행된다. 어떤 프로젝트는 다른 기업의 레이더에 걸리지 않기 위해 비공식적으로 밤과 주말에만 추진되고 다른 프로젝트로부터 자원을 전용하는 경우도 있는 반면 어떤 프로젝트는 회사의 공식적인 기술 전략에서 중추적인 역할을 한다.

스컹크 워크 프로젝트는 다양한 차원에서 실패와 성공을 맛보았다. 1960년대 초반 감자칩 브랜드인 프리토레이Frito-Lay의 임원인 아치 웨스트Arch West는 신제품 라인을 연구하고자 다른 예산을 전용한 것으로 알려졌다. 그렇게 나온 것이 도리토스Doritos인데, 당시 회사 내 다른 임원들은 이런 변형된 옥수수칩에 대해서 웨스트만큼 관심을 보이지 않았다. 스컹크 워크의 창조적 가능성을 인정한 기업들 중에 직원들에게 자기주도적인 실험에 일정 시간을 투자하라고 적극적으로 권유하는 곳의 숫자가 점점 더 늘어나고 있다. 승인을 받았건 아니면 몰래 추진되었건 간에 스컹크 워크는 실패를 쉽게 봉합할 수 있고, 가능성 있는 프로젝트에 투자를 확대할 수 있는 소규모 탐색들을 허용한다.

일본에 있는 GE의 요카가와 메디컬 시스템Yokagawa Medical System 합작벤처에서 일하는 엔지니어들은 1980년대에 다른 프로젝트들로부터 예산과 시간을 빼내어 모바일 자기공명영상MRI, Magnetic Resonance Imaging 시스템을 만들었다. 미국 경영진은 이런 시스템 개발에 전혀 관심이 없었지만, 엔지니어들이 이 시스템을 공개하자 회사는 그들을 해고하기는커녕 중요한 혁신으로 받아들였다. 이 모바일 시스템은 GE 제품 라인에서 중요한 부분으로 자리 잡았고, 모바일 이미징 분야의 경쟁사인 디아소닉스Diasonics를 MRI 시장에서 몰아냈다.

기술 전략의 공식적 일부로서 스컹크 워크가 성공한 사례는 다음과 같다.

- 3M은 현재 하고 있는 일의 연장선상에서 혁신을 탐색해보라고 오랫동안 권장해왔다. 이런 관행은 회사가 계속해서 제품 라인을 갱신할 수 있게 해준다.

- 구글은 직원들에게 근무시간의 20퍼센트를 독립적 아이디어를 찾는 데 투자하라고 권한다. 구글은 지메일, 구글 뉴스, 오르컷Orkut(소셜 네트워크 서비스), 애드센스AdSense(광고 프로그램) 서비스를 포함해 신제품들 중 절반 이상이 이런 스컹크 워크 시간을 통해 나오는 것으로 추산한다.

- 정유회사 셸Shell이 내세우는 '게임 체인저Game Changer'라는 혁신 모델은 직원들에게 정규 근무시간에서 일부를 할애하여 셸의 기존 사업에 파괴적인 변화를 불러일으킬 수 있는 프로젝트 연구에 투자하라고 권한다. 이런 프로젝트로는 새로운 추출 기술부터 새로운 대양 시추 기술을 거쳐 석유 기반 사업 모델을 획기적으로 바꿔줄 수소 연료 전지hydrogen fuel cell 유통 모델에 이르기까지 다양하다. 프로젝트가 성공할 경우 회사는 그들을 핵심 사업에 통합시킨다. 프로젝트가 성공을 거두고 큰 시장을 창출할 때 셸은 완전히 새로운 벤처 사업부를 만들지 결정할 수 있다.

준자율적 사업부는 기업이 기존 사업부로부터 자원을 끌어낼 수 있는 권한을 위임받은 별도 운영 사업부로 만드는 대규모 벤처 기업이다. 공식·비공식적 방법으로 모두 운영할 수 있는 스컹크 워크와 달리 준자율적 사업부는 공식적인 권리를 요구한다. 그들은 핵심 사업과 동떨어진 실험을 용인해준다는 점에서 스컹크 워크와 유사하다. 이러한 자유는 기업의 기존 활동과 압력이 아주 비전통적인 방법에 의존하는 혁신 노력을 제약할 수 있는 위험을 제한한다. 준자율적 사업부가 실패할 경우 그들은 문을 닫거나 매각 대상이 되기 쉽다. 반면에 성공할 경우 회사 내로 통합될 수 있다. 때로는 그들의 성공이 상당한 의미가 있기 때문에 회사가 나아갈 방향을 바꿔놓는다.

새로운 모험을 여러 가지 위협으로부터 보호해준다는 점에서 준자율적 사업부는 과감하게 모험을 감행할 수 있다. 우리는 새로운 자원을 개발할 때 내부적으로 사회적 갈등을 겪은 기존 기업들이 준자율적 사업부를 활용하는 모습을 목격해왔다. 예를 들어 한 유럽 기업은 미국에서 데이터 사업부를 세우기로 결정했는데, 미국에서 회사가 찾고 있는 새로운 인재들을 끌어들이고 매력적인 기업 환경(자국 시장보다 후한 보상안 등)을 접하기가 더 쉽기 때문이었다. 최고위 경영진만 스톡옵션을 받는 자국에서 그런 식으로 인재 확보에 나섰다면, 직원들 및 노조와 갈등을 겪었을 것이다. 이 미국 자회사는 회사의 나머지 부분에서 벗어나 있기 때문에 모회사의 이름조차 쓰지 않았다.

휴렛팩커드(이하 HP)가 1970년대에 PC용 레이저와 잉크젯 프린터를 실험하기로 결정했을 때 프린터 기술 기반을 갖추고 있는 몇몇 기업의 인수를 고려했다. HP는 인수 대상들을 면밀히 평가한 뒤 그들이 갖고 있는 기술의 강점 대비 인수 가격이 너무 비싸다는 결론을 내렸다. 하지만 HP는 내부적으로 새로운 프린터 회사를 세우고 싶지 않았다. 그랬다면 프린터의 사업 모델이 기존 사업 모델과 크게 충돌했을 것이다. 즉 새로운 디자인 일정표와 기준이 관례적인 신규 프로젝트 자원 평가 및 제공 방법과 충돌을 일으키고, 프린터 판매 채널은 HP의 소형 컴퓨터 판매 채널과 상당히 달랐을 것이다.

아주 간단히 말해서 PC 프린터 사업은 본격적으로 착수되기도 전에 기존 사업부에 의해 뭉개져버렸을지도 모른다. 따라서 HP는 본사가 있는 캘리포니아로부터 멀리 떨어져 있는 아이다호와 워싱턴주에 준자율적 사업부를 설립했다.

HP는 이 신규 사업부가 완전히 혼자서 돌아가게 내버려두지는 않았다. HP는 신규 사업부의 경영을 영향력 면에서 둘째가라면 서러워할 임원에게 맡겼다. 이 임원은 이사회에 직접 보고했고, 사업부가 성장하는 데 필요한 자원을 확보할 수 있는 권한을 가졌다. 신규 사업부는 신형 프린터 설계에 필요한 전자공학과 조립에 관련된 기술을 일부 보유했지만, 다른 핵심 자원(무엇보다도 토너 기술)은 부족했다. 따라서 토너 기술에서 세계 1위 업체인 일본의 캐논Canon과 집중적으로 제휴해나가기로 결정했다. 프린터 사업이 성공을 거두자 HP는 프린터를 중심으로 사업을 재편했고, 과거 핵심 사업이었던 과학 기기 사업을 매각했다.

IBM도 새로운 PC 사업을 출범시키기 위해 뉴욕 본사와 멀리 떨어져 있는 플로리다에 준자율적 사업부를 세웠다. 이 회사는 전자공학과 조립 면에서 뛰어난 기술을 확보하고 있는 등 강력한 자원을 갖고 있었다. 이런 기술은 IBM이 경쟁사보다 효과적으로 새로운 유형의 컴퓨터를 개발하게 해줄 수 있었다. 하지만 조직의 적합성은 낮은 편이었다. IBM은 '육중한' 메인프레임 컴퓨터를 주로 기업체에 팔았다. PC는 다른 사업 모델을 요구하는 소비재로 시작할 예정이었다(기업들은 1980년대 중·후반이 될 때까지 PC를 대량 구매하지 않았다). IBM의 고가 메인프레임과 비교하면 PC는 새로운 판매 채널을 요구하는 '저가' 제품이었다. 하지만 일단 PC 사업이 내부 저항을 억누를 수 있을 만큼 성공을 입증한 이상 IBM은 그것을 다시 핵심 기업 안으로 흡수했다.

또 다른 사례는 그 자체로 새로운 사업은 아니고, 새로운 사업을 개발하고 인수하기 위한 형식적 방법이다. 펩시코PepsiCo는 최근에 펩시코 뉴벤처PepsiCo New Ventures라는 준자율적 사업부를 만들었다. 이곳의 권한은 회사의 전통적인 핵심 사업에서 벗어나 고도성장 분야(주스, 시리얼 바, 저지방 낙농 제품 등 건강에 유익한 제품들)에서 성장 기회를 추구하는 것이다. 펩시코는 새로 투자한 이 사업부를 통해 획기적인 신제품이 나오기를 기대했다. 주류 조직 내에서 그러한 제품을 개발하려는 초기 시도는 실패로 끝난 적이 있었다. 자원이 부족한데다 신생 시장에 집중할 수 있는 경영진의 숫자가 한정되어 있기 때문이었다. 펩시코 뉴벤처는 신제품 기술을 보여주는 것은 물론이거니와

성장하는 기업의 비밀

목표 기업들을 물색하고, 전망이 밝은 새로운 세분시장에서 인수를 단행하는 일도 도울 것이다. 일단 이곳에서 추진하는 어떤 프로젝트라도 일정 수준의 규모에 이르면, 독자 기업으로 변신하거나 기존 기업으로 통합된다.

다른 고위험 또는 투기적 프로젝트와 마찬가지로 준자율적 사업부가 추진하는 프로젝트도 가끔 큰 손해를 입히면서 실패로 끝날 수 있다. 제너럴모터스(이하 GM)는 1980년대에 새로운 자동차 조립·판매 방법을 실험하기 위해 새턴Saturn 자동차 사업부를 만들었다. 이 사업부는 처음에 디자인 품질과 시장의 적응성 면에서 성공을 거두었다. 하지만 전통적인 이해관계자들(회사의 경영진, 대표, 딜러들, 납품업자들)로부터 들어오는 강력한 내·외부의 압력은 새턴의 성공적인 혁신을 핵심 기업으로 통합시키려는 GM의 노력을 방해했다. GM이 준자율적 사업부로 새턴을 출범하게 만들었던 것과 똑같은 조직의 압력이 궁극적으로는 GM이 실험을 통해 얻은 성공을 통합할 수 없게 방해했던 것이다.

강력하지만 충분히 활용되지 않는 전략

최상의 내부 탐색 환경은 기존 지식을 최대한 잘 활용하고, 새로운 자원을 창조하고, 창조한 자원을 통제할 수 있게 만들어준다. 때로 이러한 환경 속에서 탐색 작업을 계약·제휴·인수를 통해 보강할 수도 있다. 내부 탐색 환경이 선별적·효과적으로 활용된다면 새로운 자원 확보에 필요한 내부 지원을 키우면서 부족한 지식 문제를 극복하는 데 유용할 것이다.

일부 내부 탐색 환경을 만들려는 노력이 실패하고, 성공적인 준자율적 사업부들을 통합하기 힘들더라도(종종 이런 사업부들은 조직 내에서 '사생아' 취급을 받는다) 우리는 그들이 가진 가능성을 무시하는 기업이 그토록 많은 이유를 알다가도 모르겠다. 그들은 전통적인 조직적 압력에 의해 묵살될 수 있는 혁신 문화를 육성하는 데 아주 효과적일 수 있기 때문이다. 전기통신 기업들을 상대로 실시한 연구에 참여한 임원들 중 3분의 1 정도만 어떤 형식으로든 내부 탐색 환경을 이용해보았다고 말했다. 그 정도만 되어도 많은 편일 수 있다. 하지만 1990년대와 2000년대에는 구식과 신식 모델들이 충돌하면서 시끄러운 내부 갈등을 초래한 '파괴적disruptive' 기술 변화가 넘쳐났다. 성공적으로 혁신할 수 있는(그리고 내부에서 부는 역풍으로부터 혁신을 지킬 수 있는) 시간이 있었다면 그때가 바로 그런 시간이었다.

실제로 많은 기업은 내부 탐색 환경 옵션을 충분히 활용하지 못한다. 리더들이 스컹크 워크와 준자율적 사업부를 관리하기가 너무 어려울 것이라고 지레 짐작해버리거나, 기업 내에 더 낮은 직급의 운영 인력에게 전략적 통제권을 넘겨주기가 두렵기 때문이다. 분명 기업은 핵심 활동들로부터 전용될 수 있는 시간과 예산에 대한 한도를 정해놓는 식으로 탐색 환경을 신중하게 관리해야 한다. 하지만 획기적인 혁신으로부터 얻을 수 있는 성과를 거부해서는 안 된다. HP의

성장하는 기업의 비밀

프린터 사업 시작 이후의 성공(이 사업은 HP를 수십 년 동안 변화시켰다)은 내부 탐색 환경 모델이 없었다면 사실상 불가능했을 것이다. 소규모 성공조차도 제품 라인과 서비스를 성공적으로 확대해줄 수 있다. 내부 탐색 환경은 호응과 자원이 모두 없음에도 불구하고 전략적 차원의 성공 가능성이 높은 혼성적 내부 개발을 추진할 수 있는, 장기적으로 기대할 수 있는 기회를 제공한다.

평가 도구와 요약

[표 2-1]에 나온 질문들은 이번 장의 핵심적인 생각과 관련되어 있다. 이들 질문은 현재 지식 기반과 조직이 자원 격차를 메우는 데 적절한지 판단할 수 있게 도와줄 것이다. 선택한 경로가 이러한 현재 자원들의 성격과 일치하지 않는다면 당신은 자신이 내놓은 대답을 보고 깜짝 놀랄지도 모른다.

당신이 내놓는 대답이 대부분 긍정적이라면(예를 들어 목표 자원이 당신의 기존 지식 기반과 조직에 모두 부합하다면) 내부 개발을 고려해봐야 한다. 하지만 대답이 대부분 부정적이라면 매우 도전적일 가능성이 높은 내부 개발 과정에 착수하기 전에 외부 자원 확보 옵션을 검토해야 한다.

물론 내부와 외부 자원 확보 방법들 사이에서의 선택이 일회성 결

[표 2-1] 내부 자원의 적합성

지식 관련 질문 : 목표 자원에 대한 지식의 적합성		아니다	그렇다
자원의 긴밀함	우리의 기존 지식 기반과 기술과 목표 자원의 관계가 긴밀한가?		
	우리가 목표 자원 보강에 필요한 보완적 자원에 접근해야 하거나 접근할 수 있을까?		
	우리가 목표 자원 개발에 필요한 사람들을 훈련시키거나 채용할 수 있을까?		
자원의 강점	우리가 다른 기업들보다 저렴하거나 더 높은 품질의 목표 자원을 개발할 수 있을까?		
	우리가 다른 기업들보다 빨리 목표 자원을 개발할 수 있을까?		
지배 구조 관련 질문 : 목표 자원에 대한 조직의 적합성			
현재 시스템과의 적합성	목표 자원이 현재 우리의 인센티브와 문화 시스템에 적합한가?		
	목표 자원과 우리의 기존 자원 사이에서 문화적 격차가 생길 위험성이 낮은가?		
내부 경쟁	목표 자원이 심각한 충돌 없이 우리의 기존 자원과 공존할 수 있을까?		
실행상의 도전들	우리에게 여분의 자원이 있는가, 아니면 우리가 내부적으로 목표 자원을 개발하기 위해 자원을 자유롭게 풀어놓을 수 있는가?		
	우리가 새로운 자원 개발 프로젝트 실행을 돕기 위해 내부 자원들을 연결하고 조율할 수 있을까?		

목표 자원에 대한 지식과 조직의 적합성을 묻는 위의 질문에 답해보라. 대답이 대부분 긍정적이라면, 내부 개발(키우기 방식)을 검토해보라. 반대로 대답이 대부분 부정적이라면 외부 자원 확보 옵션을 검토해보라.

정으로 끝나지는 않는다. 똑똑한 기업들은 새로운 사업을 키우면서 정기적으로 이들 질문에 대답해본다. 미국의 종합가전 기업인 제너럴 일렉트릭General Electric, GE이 CT 스캐너 사업에 진입했을 때 보유 기술을 보완하기 위해 초기 진입 기업과 기술 라이선스 계약을 체결했다. GE는 보유하고 있는 기존의 방사선 촬영 기술로 새로운 시장에서 성공하기 힘들다고 판단했다. GE는 라이선스 계약을 통해 지식 기반을 확대한 뒤 엄청나게 성공한 CT 장비의 내부 개발을 지속했다.

많은 임원들은 계속 실행할 수 있다면 어떤 내부 프로젝트도 효과적으로 만들 수 있다고 믿는다. 그렇기에 직원들에게 더 열심히 오랫동안 일하도록 압박을 가한다. 우리는 종종 필요한 자원이 조직의 지식 기반을 훨씬 더 뛰어넘거나, 아니면 상당한 조직 혁신이 수반되는 복잡한 내부 프로젝트를 리더들이 관리할 수 있게 도와주는 최첨단 기술을 추천해달라는 부탁을 받는다. 물론 내부 프로젝트들을 조율하고 관리하고, 또 궁극적으로 통합하는 데 효과적인 기술은 많다. 하지만 그런 기술들이 잘못 선택된 경로의 성공을 도와줄 수는 없다. 그런 많은 기술은 키우기 방식에 부적합하다. 이때 근본적으로 중요한 문제는 실행이 아니라 선택의 조화에 있다. 즉 실행 기술들이 합리적으로 성공할 가능성이 있도록 프로젝트에 잘 들어맞는 자원 확보 방식을 골라야 한다.

기업이 적절한 내부 지식 기반과 조직의 적합성을 확보해놓고 있을 때는 내부 개발이 가장 적절하다. 이 두 가지 요인이 합쳐져서 긴밀히 연결된 프로젝트를 창조할 수 있다. 다만 이때 내부 노력이 필요한 인재와 재정 자원에 의해 뒷받침되어야 한다. 내부 지식 기반이 없거나 목표 자원과 당신 조직 사이에 궁합이 잘 맞지 않는다면 외부에서 자원을 찾아봐야 한다.

사실상 추진하는 프로젝트가 내부 개발을 까다롭게 만든다면 외부로 눈을 돌리는 것이 거의 언제나 합리적이다. 그렇지만 항상 유용한 외부 해결책이 없을 수도 있다. (당신의 목표 자원이 신생 지식 영역이나 사업 모델 안에 있을 때 이런 일이 일어날 수 있다.) 그런 경우 내부 자원 개발을 검토할 수도 있다. 특히 목표 자원이 당신 조직에 높은 잠재적 가치를 부여하는 경우라면 더욱더 그러하다. 이때는 지식이나 조직상 장애물을 피해갈 수 있는 방법으로 내부 탐색 환경을 창조하면 어떤 혜택을 얻을 수 있는지 따져봐야 한다.

이번 장에서 우리는 목표 자원을 내부에서 개발해야 하는지, 아니면 외부에서 찾아야 하는지를 결정하는 데 유용한 질문을 던지면서 자원 경로 틀의 첫 번째 단계를 집중적으로 설명해보았다. 제3장은 이 틀의 다음 단계를 설명하면서, 기본적인 외부 계약 옵션과 보다 복잡한 제휴 관계 사이에서 현명한 결정을 하도록 도와줄 것이다.

성장하는 기업의 비밀

03
CHAPTER

언제 계약을 통해
빌려야 하는가

기본 계약 대 제휴

일단 외부에서 자원을 찾아야겠다고 결정한 이상 기본 계약과 제휴와 인수 중 어떤 방식에 의존해야 할지 검토해봐야 한다. 이 세 가지 선택의 기로에 선 기업들은 보통 곧장 인수에 뛰어든다. 목표 기업에 원하는 자원이 있다면 인수를 통한 기업 소유가 경쟁우위를 확보하는 데 필수 조건이라고 생각하기 때문이다. 그러나 기본 계약이나 제휴를 통해 자원을 빌리는 것이 더 적절하거나, 심지어 뛰어난 경로로 판명날 수도 있다.

당신은 이렇게 더 적게 부담되는, 빌리는 옵션을 무시해서 위험에 빠진다. 기본 계약과 제휴가 적절히 활용되면 인수보다 더 유연한 조건과, 더 낮은 위험성과 비용으로 제3자의 자원에 접근할 수 있다.

앞서 지적했듯이 M&A는 최후의 수단으로만 추구될 수 있는, 값비싸고 많은 것이 복잡하게 얽혀 있는 전략이다. 통제의 필요성을 과도하게 강조하면서 불필요하게 기업 인수전에 뛰어들 경우 시간과 투자 자본을 낭비할 수 있다. 다양한 독립적 파트너들에게 배울 수 있는 기회를 놓쳐버림으로써 궁극적으로 핵심 자원을 되살릴 수 있는 기회도 놓쳐버릴 것이다. 이번 장에서 우리는 기본 계약과 그보다 더 복잡한 외부 자원 확보 방법 사이의 '거래trade-off'에 대해 설명할 것이다.

무엇보다 간단한 외부 옵션은 기본 계약이다. 이것은 개별 자원의 교환 조건을 자세히 설명해놓은 '제3자 간arm's length' 합의다. 기본 계약은 매매 계약을 통해 자원에 대한 구체적인 권리 또는 라이선스 계약 합의를 통해 보다 제한적인 권리를 부여받는다. 좀 더 복잡한 자원 확보 방식들(이 책의 후반에 논의할 제휴와 인수) 역시 계약 내용을 따르지만, 이번 장에서는 비교적 복잡하지 않은 조건과의 계약 관계에 대해 설명하겠다. 더 쉽게 설명하기 위해 우리는 기본 계약을 종종 '계약'이라고 줄여서 말하겠다.

당신은 좋은 계약 체결 전략을 통해 조직 전체를 인수하고 통합할 때 드는 비용이나 진행 중인 제휴 관리에 드는 어려움을 신경 쓰지 않고도 제3자로부터 원하는 자원을 자유롭게 구할 수 있다. 계약 체결 전략은 기업이 새로운 지식을 흡수할 수 있는 강력한 내부 역량과 합쳐졌을 때 가장 효과적이다.

성장하는 기업의 비밀

1990년대 초 이후로 라이선스와 기타 기본 계약은 생명과학 분야에서 핵심적인 성장 전략이 되었다. 앞서 논의했듯이 일부 제약회사는 일반적으로 현재 특히 지역 시장에서 다른 기업들의 약을 등록하고 마케팅할 수 있는 권리에 대한 라이선스 계약을 맺고 있다. 제약회사들은 또한 내부 R&D 라인을 보강하기 위해 외부 혁신기업들로부터 바람직한 화합물을 선택한다. 무엇보다도 노바티스Novartis, 글락소스미스클라인GSK, GlaxoSmithKline, 머크, 사노피-아벤티스가 상당히 적극적이었다. ('머크의 대외 전략'을 참조하라.) 외부에서 확보한 임상실험 중간 단계에 있는 예비 약은 대형 제약회사들의 전체 제품 중 최대 50퍼센트를 차지한다. 전기통신 분야의 경우 2011년에 애플, 마이크로소프트, 리서치인모션으로 이루어진 컨소시엄이 파산한 캐나다 벤더인 노텔 네트웍스Nortel Networks가 보유하고 있던 특허 6,000개를 인수하여 화제가 되었다. 이런 거래는 훨씬 더 복잡한 제휴(그리고 분명 직접 인수)와 비교해봤을 때 비용이 적게 들 수 있다.

머크의 대외 전략

약 제품군 강화를 위한 대외 자원 확보 방안 활용

제약회사 머크는 2000년대에 내부 제품군을 강화하기 위해 신약 개발에 대외 자원 의존도를 높였다. 머크의 성공은 집중적인 라이선스 계약의 가치를 조명해준다.

뛰어난 내부 약 개발 역량 때문에 오랫동안 존경을 받아온 머크는 내부 연구소에서 획기적인 제품을 꾸준히 개발해왔다. 예를 들어 콜레스테롤 치료제인 메바코Mevacor와 조코Zocor, HIV/에이즈 치료제인 에파비렌즈Efavirenz, 골다공증 치료제인 포사맥스Fosamax, 그리고 가다실Gardasil 같은 백신이다. 하지만 2002년에 머크는 임상 약들을 재평가한 뒤 새로운 문제에 부딪혔다. 그해 미국에서 머크가 개발한 신약 중 하나만 승인되었고, 다른 신약 하나는 심사 중이었다. 임상실험 단계별로 3단계와 2단계, 1단계에 있는 약의 수는 각각 일곱 개, 다섯 개, 그리고 네 개에 불과했다. (사람을 대상으로 한 임상실험에서 가장 낮은 단계가 1단계다.) 임상실험 단계에 있는 약들이 있다는 사실이 소기업에게는 강력한 성장 기반이 될 수 있지만, 머크처럼 매출이 수십억 달러인 세계 일류 기업에게는 턱없이 부족했다. 특히 그중 일부는 임상실험을 통과하지 못할 수도 있었다.

이에 머크는 그동안 중점적으로 추진해온 내부 개발을 재고해보기 시작했다. 2002년 출시 예정인 신약들 중 두 개를 제외하고 모든 약이 머크의 내부 연구소에서 개발되었다. 내부 개발에 집중 투자하기로 원칙을 정해놓았지만 신약 후보의 수를 늘리기 위해 머크는 외부 자원 의존도를 높이기로 결정했다. 그 결과, 2006년이 되자 머크의 제품 종류가 크게 늘어났다. 28개(다섯 개는 외부 개발)가 임상실험 1단계였고, 18개(여섯 개는 외부 개발)는 2단계, 네 개(한 개는 외부 개발)는 3단계, 그리고 다섯 개(한 개는 외부 개발)는 식품의약국FDA, Food and Drug Administration이 검토 중이었다. 분명 머크는 내부적으로도 개발 열기를 고조시켜왔다. 하지만 전체적으로 머크는 내부 개발을 보충하기 위해 10여 개가 넘는 라이선스와 외부 기회를

성장하는 기업의 비밀

찾아냈다.

머크의 라이선스 계약 전략의 특징은 두 가지였다. 첫째, 각 라이선스 계약은 회사의 기존 기술 기반 밖에 있으면서 특히 암, 정신 질환, 그리고 심혈관 치료제처럼 기존 제품 라인을 보강할 수 있는 제품들이 대상이었다. 둘째, 약 개발업체들과 맺은 라이선스 계약은 모두 집중적인 공동 개발 계약으로 협상되었다. 이러한 관계는 내부 프로젝트를 강화해주었고, 라이선스 중 일부는 머크에 인수되었다.

머크는 라이선스 계약을 내부 개발과 다른 형태의 자원 확보를 위한 대안이라기보다는 강력한 보완 수단으로 활용하는 전략을 써서 성공을 거두었다. 내부 연구소에도 거액을 계속 투자하면서, 2006년보다 2011년에 R&D 분야에 대한 투자를 크게 늘렸다. 하지만 어떤 산업에서도 내부 프로젝트에만 의지해 경쟁적 도전에 대응하는 기업은 거의 없다. 따라서 외부 자원을 개발함으로써 내부 기술과 역량을 보강하고 풍성하게 만들 수 있는 능력을 개발해야 한다.

노텔의 계약은 표준이 아닌 예외에 해당한다. 우리가 권유하는 외부 자원 확보 선택 방법은 간단하다. 절대적으로 그 어떤 것도 통하지 않는 경우를 대비해 가장 통합하기 쉽고 돈이 많이 드는 외부 자원 확보 방식을 아껴두라는 것이다. 기술 라이선스 계약처럼 여건상 더 간단한 계약이 적합할 때 굳이 더 복잡한 방식을 택할 이유는 없다. 한 전기통신 기업 임원이 우리에게 알려준 대로 "가능하다면 기본 계약이나 일회성 거래처럼 돈이 가장 들지 않는 방식을 좇아라".

자원 파트너와의 관계에 드는 비용은 관계의 강도에 따라서 올라간다. 그러한 비용은 단순한 금융비용 차원을 훨씬 더 뛰어넘는다. 파트너와의 관계가 깊어지면 종종 그 관계에 시간과 관심을 투자해야 할 것이고, 그로 인해 경영진의 관심이 현재 활동에서 그 관계로 이동할 수 있다. 아울러 제휴는 기본 계약에 비해 지적재산권 상실(자원 유출과 복제를 통해서)이라는 훨씬 더 큰 위험을 수반할 수 있다.

기본 계약과 제휴는 자원을 빌리는 두 가지 형식이다. 기본 계약의 사례로는 다른 기업과의 기술이나 제품 사용 라이선스 계약 체결, 다른 기업의 독점 자산 사용 대가로 사용료 지불 합의, 제품 판매 권한 라이선스를 다른 기업에 팔기 등이 있다. 특히 맨 마지막 사례의 경우 자원을 쓸 수 있는 전권(사실상 라이선스를 100퍼센트 구입)에 대한 라이선스를, 또는 특정 제품이나 시장 등 비교적 간단한 비상사태에만 쓰게 하는 라이선스를 팔 수 있다.

가장 간단한 형식의 기본 계약은 수동적인 관계다. 원청업체contractor는 하청업체contractee에 지적 사용권 이용 허가를 준 이상 다른 일을 할 필요가 없다. 원청업체는 계약금, 사용료, 그리고 기타 정해진 금액을 받으면 된다. 하청업체는 합의 서명 당시에 존재하는 기술만 확실히 이용할 수 있다.

반면에 전략적 제휴는 훨씬 더 적극적인 빌리기 형식이다. 전략적 제휴는 보통 라이선스와 다른 계약들이 관련되지만, 이런 계약들보

성장하는 기업의 비밀

다 훨씬 더 넓은 차원으로 확대된다. 예를 들어 공동 개발 제휴의 경우 제휴 참여 당사자들은 제휴 목적인 지적재산권을 추가로 공동 개발하기로 합의한다. 따라서 라이선스를 주는 쪽은 이런 합의가 없을 때 받을 수 없는 '제품 허가 및 판매에 따른 기술료milestone payment' 와 사용료를 받을 자격이 있다.

자원 추구 기업들은 기본 계약에 유리한 조건을 파악해야 한다. 계약을 맺기 어려울 수도 있다. 많은 임원들은 계약을 처음 만나는 남녀의 소개팅에 비유하기도 한다. 기업들은 대외적으로 확보 가능한 자원이나 자원의 진정한 시장 가치 또는 다른 납품업체들로부터 긴밀한 관계에 있는 자원을 확보할 수 있는 전망 등에 대한 지식이 거의 없을 수 있기 때문에 새로운 자원 확보를 위해 계약을 맺을 때 정밀실사를 해야 한다. 그럼에도 불구하고 이 방법은 종종 관리 가능하며 다양한 혜택을 줄 수 있다.

아직까지 많은 문제가 남아 있지만 선진국의 세계적인 기업들이 역사적으로 기본 라이선스 계약상 합의를 꺼려온 신흥시장에서조차 특허, 저작권, 그리고 마케팅 독점권에 적용되는 지적재산 관련법의 집행 빈도가 높아지고 있다. 그러한 보호 조치로부터 수혜를 입을 수 있는 독점 기술과 시장 전문 지식을 개발하는 현지 기업이 늘어나면서 이런 변화가 더 두드러지고 있다. 변화가 자리를 잡으면서 많은 신흥시장에서 보다 확신을 갖고 자원 계약이 체결되고 있는 중이다.

이번 장에서는 어떤 경우에 계약으로 자원을 확보하는 것이 유리한지 또는 불리한지를 설명할 것이다. 우선 기업 경영진이 계약을 자주 체결하지 못하게 막는 인지적 및 행동상의 편향을 살펴보기로 하자.

기업들이 기본 계약을 간과하는 이유

많은 기업이 계약상 합의에 대해서는 전혀 생각해보지 않고 곧바로 제휴나 인수에 뛰어드는 이유는 무엇일까? 우리가 지금까지 실시한 연구와 쌓아온 경험을 토대로 내린 결론은 경영진이 보여주는 몇 가지 맹점 때문이다. 즉 경영진이 통제에 집착하고, M&A를 간단한 전략적 방법으로 오용하고, 계약 합의 내에서 생길 수 있는 갈등을 과장하고, 이전 계약의 실패로부터 잘못된 교훈을 이끌어내기 때문이다.

통제에 대한 집착

기업은 자원 파트너를 통제하고 경쟁사들을 배제하려는 욕구에 집착할 때 복잡한 자원 확보 방식에 뛰어든다. 기업은 라이선스 계약을 체결하면 지나치게 많은 수익과 지적재산권을 포기할 수밖에 없게 될 거라고 믿는다. 특히 역사적으로 내부 개발을 강조하기 때문에 통제를 기정사실로 간주하는 많은 기업은 실제 필요한 전략적 통제를 과대평가한다. 그 결과 높은 수익을 안겨주는 제3자와의 관계 체결 기회를 놓치고 만다.

기업들은 특정 상품의 라이선스 계약 등과 같은 방법으로 수익 흐름을 공유할 때 인수 기업을 중시하고 통합 비용 등 M&A에 수반되는 비용을 지불할 때보다 훨씬 더 많은 돈이 들 거라고 오해하는 경향이 있다. 외부 자원을 철저히 이용하는 법을 배운 기업은 라이선스 계약을 무시하고, 본능적으로 인수만 추구하는 기업에 비해 유리하다.

캐나다 항공기 제조업체인 봄바디어Bombardier는 가끔 중·단거리용 여객기 가격을 책정할 때 브라질 항공기 제조업체인 엠브라에르Embraer와 경쟁하느라 애를 먹었다. 역사적으로 봄바디어가 엠브라에르보다 일반 부품 납품 계약조차 체결하려는 의지가 약했기 때문이다. 봄바디어는 내부적으로 부품을 개발·생산할 때나 부품 납품업체를 인수할 때 드는 비용 중 하나를 과소평가하곤 했다. 이렇게 간과해버린 대체 부품 계약에 드는 비용(부품 생산 시설 개편 비용, 복잡한 내부 프로젝트 관리 비용, 인수 통합 프로그램 관리 비용 등)이 예상되는 혜택을 훨씬 상회할 수 있다. 제2장에서 지적한 대로 많은 북미 자동차 회사들은 훨씬 더 낮은 비용과 좋은 품질의 부품을 생산할 수 있는 외부 업체와 납품 계약을 체결하기보다 내부적으로 부품을 개발·생산하며 봄바디어와 비슷한 함정에 빠졌다.

지름길 찾기

통제에 혈안이 된 기업 임원들은 M&A의 유혹에 빠져들어, 그것을 쉽게 해결책을 찾는 지름길로 간주해버린다. 분명 심사숙고 끝에 제대로 실행한 인수는 기업을 단번에 경쟁사들보다 몇 년 더 앞서가게 만들어준다. 뿐만 아니라 자원 납품업체를 통제할 수 있다.

하지만 인수가 실패로 끝나기도 한다. 민첩성이 요구되는 급변하는 환경에서 M&A는 더딘 대응 방식이 될 수 있다. 인수는 기업을 둔하게 만들어버려서 궁극적으로 필요 자원의 변화에 대응하고, 적절히 성장을 추구하는 능력을 제한해버릴 수 있다.

어떤 은행들은 보험 상품 판매를 통해 수익 확대 전략을 추구해왔다. 은행은 고객들과 정기적으로 접촉한다. 고객들과의 온·오프라인 접촉은 은행에 다양한 보험 상품과 서비스를 교차판매cross-sell(금융회사가 자체 개발한 상품에만 의존하지 않고 다른 금융회사가 개발한 상품까지 판매하는 적극적인 판매 방식)할 수 있는 기회를 열어준다. 많은 은행이 M&A를 통해 보험 시장에서 신속하게 요구되는 제품 개발 역량과 규모를 키우고 있다. 하지만 그들 중에 성공한 사례를 찾아보기 힘들다. 실제로 미국의 상업은행인 씨티그룹Citigroup과 네덜란드 투자금융회사인 ING를 비롯해 많은 은행이 최근 들어 보험 사업을 매각하고 있다.

이러한 실패는 계약 및 합작벤처의 관계에 대한 관심을 다시 일깨워주었다. 이런 관계에서 보험은 복잡한 전문 상품으로 간주된다. 은행은 이런 관계를 통해 제3자나 은행과 지분을 절반씩 나누고, 은행이 선택한 보험 파트너 기업이 만든 보험 상품을 판매한다. 일반적으로 보험회사는 리스크 관리에 대한 책임을 지고, 은행은 고객들에게

성장하는 기업의 비밀

보험 상품을 판매하는 책임을 진다. 이 둘은 보험 상품 홍보와 교차 판매에 협력할 수도 있으며, 그로 인한 수익과 이윤 또는 손실을 공유한다.

미국의 인터넷 서점 아마존Amazon.com과 장난감 전문업체인 토이저러스Toys "R" Us의 제휴는 기업이 유혹적인 지름길만 찾을 때 겪는 문제를 보여주는 또 다른 사례다. 2000년에 두 회사는 온라인 장난감 판매 산업을 공동 개발하기 위해 손을 잡았다. 아마존은 양사의 관계를 장난감 사업에 대해 배우고, 이 사업을 온라인 환경에 맞추게 만들 수 있는 기회로 간주했다. 반면 토이저러스는 양사의 관계를 단순하게 생각했다. 토이저러스는 기존 장난감과 어린이 제품 사업에서 신규 판매 채널을 확보하고, 경쟁사들을 전자상거래 시장에서 물리칠 수 있는 지름길을 찾고 있었다.

아마존은 제휴를 통해 토이저러스보다 훨씬 더 많은 것을 얻었다. 양사의 관계는 아마존에 온라인 사업을 확장할 수 있는 플랫폼을 제공해주었지만, 그로 인해 토이저러스는 부지불식간에 경쟁사를 만들어버렸다. 2004년 토이저러스는 아마존이 자사와의 관계를 통해 배운 것을 이용, 경쟁 상품 라인을 인수한 다음 다른 판매자들이 아마존 사이트에서 장난감과 아기 용품을 판매할 수 있게 했다고 주장하면서 아마존을 고소했다. 이 소송은 2009년 아마존이 토이저러스에 5,100만 달러를 지불하는 것으로 끝났는데, 토이저러스 입장에서 이 금액은 경쟁사가 강력한 시장 입지를 확보할 수 있게 도와준 대가로 치러야 할 기회비용보다 훨씬 적었다.

당시 상황을 되돌아보면, 토이저러스는 지름길만 찾으려 하다가 필수 자원에 가해질 수 있는 위협을 간과했다. 토이저러스 입장에서는 아마존에 지식 유출을 야기한 심도 깊은 제휴보다 기본적인 계약을 추구하는 것이 훨씬 더 나았을 것이다. 더 간단한 계약을 체결했다면 토이저러스는 아마존에 자원 확보와 제품 관리에 관한 지식을 유출하지 않으면서 판로상 자체 활동에 집중할 수 있었을 것이다. 토이저러스가 궁극적으로 아마존과의 관계가 보다 전략적 성격을 띠게 되었다는 사실을 깨달았다면 온라인 사업에 참여하여 강력한 입지를 구축할 수 있는 제휴로 움직일 수 있었다. 기본 계약 합의는 기업들 간 관계가 기본적인 상호작용만 요구할 때 지식 손실과 조직의 피해를 입지 않게 도와준다.

갈등의 과대평가

제3자로부터 별도의 자원 확보를 시도했을 때 빚어질 수 있는 마찰을 우려한 많은 기업 임원들은 정보와 보호가 부족한 상황에서 계약 시장에 뛰어드는 모험을 경계한다. (단기적으로라도 그런 마찰과 비용을 피할 수 있는 한 가지 극단적인 전략은 자유롭게 도용 가능한 '합법적으로 보호되지 않는legally unprotected' 자원을 물색하는 것이다. '공짜 자원'을 참조하라.)

물론 마찰이 생기기도 한다. 자원 시장이 존재하지 않거나 초기 형

성장하는 기업의 비밀

공짜 자원

모방의 비용과 혜택

수상쩍은 느낌을 주기도 하는 '임자 없는 자원이 있는 땅' 같은 곳에는 특허나 상표 등록 혹은 법적 보호가 되지 않는 자원들이 존재한다. 그러한 자원들은 창조자나 소유자에게 허락을 받을 필요가 없거나 자동적으로 보호받지 못하는 상태이기 때문에 모방·수정·이용할 수 있다. 법적 보호를 받지 않는 자원을 찾았을 때는 당신의 니즈needs와 전략에 맞게 모방하고 살을 붙일 수 있기를 기대할지도 모른다.

그럼에도 불구하고 무엇보다 정당하게 모방하라. 주의할 점이 많기 때문이다. 자칫하면 파트너와 경쟁사들처럼 허술한 법적 맹점을 유리하게 이용하고 싶다는 유혹에 빠질 수 있다. 기업들이 그러한 기회주의적 행동을 통해 얻게 되는 단기적인 이익이 장기적으로 불이익을 초래할 수도 있다. 당신이 파트너로 삼고 싶은 기업들이 계약상 합의나 협력을 거절하는 경우가 그러하다. 강력한 파트너로 명성을 쌓으려면 법의 해석과 상관없이 당신의 활동을 잘 관리해야 한다.

성 단계에 머물 수도 있다. 계약 파트너는 자기들만의 이익을 위해 기회주의적으로 행동하고(특히 합의가 기본 계약을 통해 모든 비상 상황에 효과적으로 대처할 수 있을 만큼 지나치게 복잡하지 않을 때) 기업이 결과적으로 외부 파트너를 신뢰하길 꺼려하는 경우라면 특히 더 그러하다. 실제로 하청업체에게는 원청업체가 팔고 있는 것이나 라이선스 계약을 맺은 자원이 다른 지역이나 제품 시장에서 가질 수 있는 가치에 대

한 명확한 지식이 결여되어 있을 수도 있다. 정보가 부족하거나 판매자들을 찾기 힘들 경우 파트너 물색에 드는 비용이 상승한다.

일단 기업이 유력한 파트너를 찾아냈더라도 파트너가 반드시 보유 자원을 팔거나 라이선스 계약을 맺어줄 필요는 없다. 그보다 파트너는 그런 자원으로부터 얻는 수익을 자신이 가져가는 방안을 추구할지도 모른다. 그러지 않고 파트너가 다른 거래 옵션이 회사 이해관계자들에게 더 높은 혜택을 제공해줄 거라고 믿는다면 계약을 통해 자원을 매각하려고 하지 않을 수도 있다. 자원을 파는 기업 입장에서는 기업 전체와 묶어서 보유 자원을 팔려고 할지도 모른다(매수 기업이 바라는 자원이 쉽게 분리될 수 있을 때조차). 2011년 여름, 구글의 모토로라 핸드세트 특허 포트폴리오 라이선스 계약 제안은 결국 모토로라 모빌리티Motorola Mobility라는 전체 사업부를 인수하는 결과로 이어졌다. 구글의 이 인수에는 모토로라의 적극적인 주주들의 압력도 일부 작용했다. 그들은 라이선스 계약보다 매각을 통해 더 즉각적으로 많은 이익을 얻을 수 있을 거라고 기대했다.

라이선스 계약상 합의를 통해 마찰이 생길 수도 있지만, 기업들은 종종 예상되는 저항의 강도를 과대평가한 나머지 효과적으로 라이선스 계약을 활용할 기회를 놓쳐버린다. 어떤 기업들은 외부 자원과 파트너의 체계적인 조사와 평가를 통해 시장의 마찰을 극복한다. 이때 그들은 자원이 개발되는 동안 잠재적인 파트너들과의 연대를 공고히 한다. 인텔과 네트워크 장비 전문업체인 시스코Cisco와 영국의 제약회사 아스트라제네카AstraZeneca 같은 기존 기업에서는 기업의 특정 부문이 조사를 담당한다. 기업이 대외 자원 환경을 체계적으로 조사하면 잠재적 파트너 후보군의 선택의 폭을 더 늘릴 수 있다. 또한 자원을 이전할 때 얼마나 많은 도움을 받아야 하는지도 더 잘 이해할 수 있다. 그러한 통찰은 다시 계약 합의 때 반영될 수 있다. (우리는 자원을 물색하는 기업들은 자원 조사와 병행해 목표 자원 영역에서 내부 역량을 강화하라고 권유한다. 기본 지식에 대한 자신감이 높을수록 계약상 마찰을 극복하거나 피하는 데 도움이 된다.)

아울러 기본 계약조차 예상치 못한 문제가 생겼을 때 조정할 수 있다. 예를 들어 캐나다 정부 소유 항공사인 캐나다에어Canadair는 1950년대에 미국 항공기 제조회사인 노스 아메리칸 애비에이션North American Aviation과 미국의 항공우주장비 및 방위장치 제작업체인 록히드 마틴Lockheed Martin과 각각 F-86 사브레Sabre와 P-80기 및 T-33기 라이선스 제공 계약을 체결했다. 캐나다에어는 처음에 라이선스 기술을 사용하는 데 애를 먹었지만 두 회사의 전문 지식과 자체 내부 기술을 이용해 매우 큰 성공을 거둔 상업적 프로젝트를 개발했다.

이전 실패의 그릇된 해석

기업 임원들은 가끔 기업이 잘못된 환경에서 계약 방식을 이용할 때 맹점을 드러낸다. 일단 실패하면 그들은 잘못된 교훈을 배운다. 적합하지 않은 경로 때문에 실패했다는 사실을 인정하기보다 기본 계약을 아예 거들떠보려 하지 않는다. 이런 문제의 합리적인 해결책은 계약 활용 시점과 기피 시점을 배우는 것이지, 잠재적으로 가치가 있을 수도 있는 자원 확보 방식을 아예 배제해버리는 것이 아니다.

분명 기업들이 제휴에 더 적합한 환경에서 기본 계약에 의존하려고 할 때 중요한 문제들이 발생할 수 있다. 우리가 조사한 결과에 따르면, 복잡한 새로운 프로젝트 해결을 위해 라이선스 계약에 의존하는 항공우주 기업들은 일반적으로 미래에 내부적으로 후속 프로젝트를 개발할 때 고생한다. 라이선스 계약에 들어 있지 않은 기초 지식이 전반적으로 부족하기 때문은 아니다. 제약회사들은 제품의 기초적인 분자 구조를 평가하는 데 필요한 내부 전문 지식을 갖고 있지 않을 때 라이선스 계약을 맺은 제품(이들 제품은 지속적·확산적 개발에 필요한 플랫폼 역할을 할 수도 있다)을 키우는 데 애를 먹는다. 포드는 초기 스포츠 유틸리티 차량SUV, Sport-Utility Vehicle 디자인과 1990년대에 그런 SUV에 장착 라이선스를 준 파이어스톤Firestone 타이어의 부조화로 고생했다. 그로 인해 자동차의 주행 안정성에 영향을 미치면서 몇 차례 전복 사고를 일으킨 원인이 되었다. 기업들끼리 더 긴밀하게 제휴했다면 SUV와 타이어의 조화도 더 커졌을 것이다.

그럼에도 불구하고 계약의 잠재적인 문제점들을 과대평가하고 보다 복잡한 대외 관계의 비용을 과소평가해버리기 쉽다. 완벽하게 실행 가능한 옵션을 무작정 폐기해버려서는 안 된다. 필요한 자원들이 계약상 합의를 통해 거래 가능한지, 혹은 보다 복잡한 거래 양식을

그림 3-1 기본 계약 대 제휴

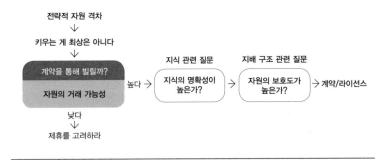

요구하는지 면밀히 따져보라. [그림 3-1]에 이때 필요한 결정에서 밟아나가야 할 단계를 정리해놓았다.

목표 자원이 거래 가능한가

계약상 합의를 통해 자원을 확보하는 기업들은 목표 자원을 효과적으로 거래할 수 있다고 가정한다. 이때 목표 자원이 어떻게 거래 가능한지를 평가하는 것이 중요하다. 거래 가능성을 평가한다는 건, 필요한 것이 무엇인지 명확히 정의하고 계약이 각 파트너의 자원 가치를 보호해줄 것이라고 결정할 수 있다는 의미다. 예를 들어 기존 제약회사는 보통 임상실험이 끝난 약에 대한 지역 라이선스 계약을 협상하면서 다른 기업이 제약회사가 없는 국가에서 약을 팔 수 있도록 허락한다. 그런 경우 기술적 성격이 잘 이해되었고, 시장 성격이 분명히 규정되었고, 약의 판매와 이용 조건이 확실하고, 잠재 시장 규모와 적절한 사용요율을 정확히 추산할 수 있기 때문에 거래 가능하다고 말할 수 있다. 거래 당사자들이 약의 현재와 미래 가치를 모두 이해한다고 확신하면 높은 자원의 명확성high resource clarity을 확보한 것이며, 보유한 자원의 가치를 보호할 수 있는 합리적인 기회를 갖게 되었다고 말할 수 있다. 두 가지 조건이 모두 충족되었을 때 자원은 거래 가능하다.

거래 가능성이 정확한 과학에 따라 결정되지는 않는다. 기업들은 자원 이전을 지원해주는 데 필요한 공급자와의 관계에 별 관심을 두지 않은 채 자원 자체에만 제한적으로 집중하곤 한다. 라이선스 계약 같은 계약상 합의가 완전히 수동적으로 이루어지는 경우는 드물다. 그런 합의 도출에는 일반적으로 상호 이해와 함께 시간이 흐르면서 조건이 변할 때 잘 적응할 수 있는 능력이 요구된다. 기업들마다 겉으로는 긴밀한 관계가 있어 보이는 자원 활용을 위해 협상할 때 저마다 다른 문제를 접할 수도 있다. 목표 자원 영역을 잘 알고 있거나 확실한 계약 체결 경험이 있는 기업은 그런 지식이나 경험이 덜한 기업들보다 더 적은 장애물을 만날 것이다.

지식 관련 질문 : 목표 자원을 명확하게 정의할 수 있는가?

기본 계약은 목표 자원을 명확하게 정의할 수 있을 때 효과적이다. 계약 당사자들은 ①자원의 현재 성격, ②자원의 미래 가치, ③자원

교류에 필요한 실효성 있는 관계 유형이라는 세 가지 요소를 공통적으로 이해하고 있어야 한다. 자원의 명확성은 파트너들이 투명한 합의를 체결한 후 효과적으로 관리할 수 있게 해준다.

목표 자원의 현재 성격

자원이 명확할 때 특허와 다른 독점권에 대한 계약이 효력을 발휘한다. 예를 들어 제약회사들은 특정한 치료 목적을 위해서 정해진 지역 내에서 약을 팔 수 있는 권리에 대한 라이선스 계약을 빈번하게 체결한다.

미국의 제약회사 브리스톨마이어스 스퀍Bristol-Myers Squib이 콜레스테롤 저하제인 스타틴statin 시장에 진입하려고 했을 때 일본 제약회사인 산쿄Sankyo로부터 미국 내 프라바콜Pravachol 판매권에 대한 라이선스를 사왔다. 프라바콜은 임상실험에서 성공을 거둔 상태였고, 시장은 범위와 규모 면에서 명확히 정의되어 있었으며, 화학적 실체에 대한 재산권도 분명했다. 이런 조건들이 결합되면서 자원을 거래 가능하게 만들었다. 따라서 양사가 다년 판매 계약 협상에 나선 건 당연했다.

모든 특허가 그렇게 확실한 형식을 갖출 수 있는 건 아니다. 전기통신 분야에서는 특허가 반드시 명확히 정의된 재산권은 아니다. 예를 들어 스마트폰은 음성, 데이터, 동영상 수신에 필요한 하드웨어와 소프트웨어가 결합된 IT 기술의 총체다. 그러한 복잡한 기술을 만들어내려면 개발 활동들 사이에서 적극적인 조율이 필요하다. 또한 수천 건의 특허권 시비에 노출될 수 있다.

계약 당사자 중 한쪽이 다른 쪽보다 특정 자원의 가치에 대해 더 많은 지식을 갖고 있을 때 자원의 명확성을 가로막는 장애물이 생겨날 수 있다. 예를 들어 특정 약이 임상실험의 설계와 비용에 영향을 주는 과민반응을 일으킬 수 있을지 모른다. 그런데 특허의 기초가 되는 기본 기술을 개발한 기업은 잠재적 파트너들보다 이 기술에 대해 훨씬 더 많이 알고 있다. 따라서 파트너들은 상대적으로 불리한 상황이며, 결과적으로 계약 협상을 주저할지도 모른다. 독일 자동차 및 산업용 기술 회사인 보시Bosch는 일본의 자동차 및 부품 제조업체인 덴소Denso로부터 에어컨 기술을 확보하기 위해 기본 계약을 활용하는 방안을 검토했지만 덴소가 목표 자원의 가치에 대해 훨씬 더 깊은 지식을 갖고 있었기 때문에 계약 협상을 하지 않기로 결정했다. 지식의 현격한 격차는 전문 자원에서 가장 흔하게 발견되며, 낯익은 자원이나 당사자들이 비슷한 경험을 갖고 있는 자원에서는 적게 발견된다.

목표 자원의 미래 가치

자원의 가치는 여러 가지 요인으로 변동성이 심하다. 자원의 미래 가치에 대한 공통된 이해가 있을 때 계약이 최고의 효과를 낸다. 합의를 맺을 때는 결제 흐름, 해지권, 그리고 만일의 사태에 대비한 조건

성장하는 기업의 비밀

을 정해놓아야 한다. 간혹 시장이나 기술의 발전이 매우 불확실해서 새로운 자원의 미래 가치를 파악하기 힘들 때 계약 당사자들은 처음에는 계약 조건 합의에, 나중에는 서로 만족스럽게 계약 조건대로 시행하는 데 애를 먹을 것이다. 이처럼 불확실성이 큰 상황에서는 계약 조건이 모호해질 수 있다.

이런 종류의 모호함은 많은 맥락에서 일어난다. 예전에 스웨덴의 제약회사인 아스트라Astra와 머크는 미국에서 아스트라의 항抗궤양성 치료제인 프릴로섹Prilosec을 출시하기 위해 라이선스 계약을 타진했다. 양사는 곧바로 임상실험 확대와 미국 시장에 맞는 새로운 의약품 마케팅 모델 개발이 전제되어야 하는 등 양사의 합의가 얼마나 복잡해질 수 있는지를 깨달았다. 이와 관련된 다양한 불확실성의 금액을 계산해 라이선스 계약에 반영하기가 힘들다는 것을 깨달은 양사는 제휴 계약을 체결했다. 마찬가지로 현재 신흥시장에서 일어나고 있는 건강보험 시장의 발달 상황도 매우 불확실하다. 선진국과 신흥국에서 활동하는 보험사들은 모두 시장에 통하는 간단한 합의조건조차 예측하기가 불가능할 정도는 아니더라도 상당히 어렵다는 것을 깨달았다. 그래서 지금까지 그들은 극도로 짧은 계약 합의만 해오고 있을 뿐이다. 2000년대 초반에 미국과 중국의 가전 전문업체인 월풀Whirlpool과 하이얼海尔, Haier은 상대 국가의 시장 확대를 위한 라이선스 계약 합의에 실패했다. 시장의 발전 경로를 예측하기가 힘들었기 때문이다. 결국 월풀은 하이신커룽Hisense-Kelon과의 제휴를 통해 중국 시장 공략에 나섰다.

자원 파트너와의 작업 관계

목표 자원의 거래와 통합이 계약 당사자들 사이에 포괄적인 조율을 요구할 때 조건을 둘러싼 합의가 어려워질 수 있다. 우리가 인터뷰한 전기통신 기업의 임원들은 인수 기업이 파트너와 계속해서 긴밀하게 협력해야 할 때 기본 계약을 피해야 한다고 강조했다. 임원들 중 3분의 2는 그러한 환경에서 제휴나 인수를 선택했다. 어떤 것을 선택할지는 필요한 협력 수준에 따라 달랐다. 당사자들 사이의 지식 이전이 직원들 사이의 긴밀한 협력, 지속적인 정보 공유, 제품 개발과 마케팅 같은 다양한 회사 내 기능들 차원에서의 조율이 요구될 때 복잡한 학습의 필요성은 커진다.

따라서 당신과 자원 파트너 사이에서 어떤 작업 관계가 필요한지 찾아내기 위해 다음과 같은 질문에 답해보라.

- 계약서에 자원이나 자원 이전만 명시되어야 하는가? 보완적인 마케팅이나 지원이 필요할까?

- 계약 협상 후 직접 최신 정보를 확보할 수 있을까? 아니면 파트너들에게 계속해서 도움을 받아야 하는가?

- 파트너와 교류하면서 효과적인 지식 이전을 담당할 내부 인력이 있는가? 아니면 자원이 당신의 현재 지식 기반 밖에 있을 경우 자원 이

전을 도와줄 외부 전문가들이 필요할까?

- 자원 파트너가 효과적으로 자원을 이전할 수 있게 도와줄 정보를 편집할 수 있는 시간과 인력이 있는가?
- 핵심 이해관계자들이 지역적으로 분산되어 있을 때 생길 수 있는 추가 비용과 마찰 문제를 해결할 수 있을까?

목표 자원이 당신의 기존 지식 기반에 가까울수록 자원, 자원의 미래 가치, 그리고 자원 이전을 도와주는 데 필요한 작업 관계를 정의하기가 더 쉬워질 것이다. 이러한 이해는 계약 파트너로서 당신의 적합성을 높여준다. 한 전기통신회사 임원이 말했듯이 "공개시장에서 성공적으로 기술을 확보하는 효과적이고 매력적인 매수자가 되려면 내부 역량이 최대한 방해가 되지 않게 만들어야 한다".

목표 자원을 파악하고, 조사하고, 가치를 확인한 이상(그리고 계약이 체결되었다면) 자원 제공업체와 당신 회사의 향후 관계가 현재 조직에 잘 들어맞게 내부 지식을 활용해야 한다.

지배 구조 관련 질문 : 자원의 가치를 보호할 수 있을까?

본래 자원의 명확성만으로 기본 계약을 지원해줄 수는 없다. 또한 상호작용 대상 자원(당신의 자원뿐만 아니라 확보하려고 접촉하는 자원)의 가치를 보호해야 한다. 계약에 현재 합의를 통해 도출된 현재와 미래의 어떤 자원에 대해서건 특허와 저작권 관련 조건을 명시하고, 현재와 미래의 수익 흐름 몫을 규정하고, 계약 종료 조건을 확인하고, 목표 자원 사용에 대한 다른 많은 요인을 정리해놓을 수 있다. 하지만 그러한 법적 장치가 종종 실효성을 갖지 못한다. 파트너의 기회주의, 자원 유출, 허술한 계약 실행 기술이 합의 당사자들을 위험에 빠뜨릴 수도 있다.

파트너의 기회주의

계약은 당사자들이 계약상 권리를 실행할 때만 유효하다. 계약의 가치를 의미 있게 보호하려면 명확성, 신뢰, 법과 관련된 세 가지 조건이 충족되어야 한다. 즉 자원이 명확히 정의되어 있어야 하고, 예상치 못한 기회가 생겨도 부정한 이득을 취하지 않는 신뢰할 만한 파트너가 있어야 하고, 계약 조건을 둘러싼 분쟁이 생겼을 때 효과적으로 중재할 수 있는 법적 보호 장치가 마련되어야 한다.

당신이 조건을 만드는 데 얼마나 많은 공을 들였든 간에 어떤 계약도 미래에 일어날 만일의 사태를 모두 명시해놓을 수는 없다. 정기적으로 계약 협상과 관리를 담당하는 한 임원의 말처럼 "어떤 계약이든 모두 불완전하다". 기업의 투명성이 높아지고 있지만 사법제도의 강도가 제각각인 신흥시장에서 팽창할 때 계약 문제를 둘러싼 개인이나 기업의 법적 조치가 불가능한 경우도 생긴다. 예를 들어 인도에서는 계약 분쟁 판결이 내려지기까지 몇 년이 소요되기도 한다. 때문에 인도에서는 계약 협상을 하려는 마음이 생기지 않는다.

매도자와 매수자 모두 보호를 받아야 한다. 매도자는 매수자에게 이전하려는 자원이나 지식의 가치를 보호할 수 있기를 바란다. 그러지 못할 경우 매도자는 계약을 거부하거나 높은 가격을 요구함으로써 합의를 무산시킬 수 있다. 매수자 입장에서는 계약된 자원의 이전 차원에서 벗어나 매도자 쪽에서 지원팀을 파견해주는 방안까지 포함해 계약의 가치를 평가한다. 이런 절차는 매수자에게 전략적으로 중요한 사업의 부분까지 공개할 수밖에 없게 만들기도 한다. 자원의 가치를 확실히 보호받지 못할 경우 매수자는 계약 체결을 꺼릴 것이다.

이러한 보호 문제를 둘러싼 우려는 많은 분야에서 생긴다. 일부 임원들은 기성 기술을 사려고 할 때 특허와 지적재산권 관련 문제를 자주 접한다고 말했다. 많은 임원들은 기술 거래를 둘러싼 무형적 측면을 통제할 수 없을까 걱정한다. 이런 통제가 여의치 않을 경우 기술 제공자에게 의존할 수밖에 없게 될지도 모른다. 전기통신 분야에서 일하는 한 임원은 "우리는 기성 기술을 살 때 특허 문제를 꼼꼼히 따져본다. 기술을 통제할 수 있어야 하고 지적재산권도 가져야 한다"라고 말했다. 이처럼 구체적인 재산권 요구로 계약 가격이 상승할 수도 있지만, 그로 인해 향후 수익 흐름을 더 확실히 통제할 수 있다.

기본적인 지적재산권을 떠나 다른 기업들이 사용할 수 있게 해주는 기술 라이선스 계약을 체결(특히 초기 개발 단계에 있는 기술의 경우)할 경우 피허락자(라이선스licensee 계약에서 허락자licensor에 대응하는 한쪽의 당사자로서 허락자로부터 그가 소지하는 특허권, 상표권, 저작권 등을 행사하는 권한을 부여받은 자)가 신제품 개발에 실패하면 허락자의 신분이 노출될 수도 있다. 허락자의 궁극적인 성공(기업 보호, 미래 가치 평판 차원에서의 성공)은 피허락자가 라이선스 계약이 체결된 기술을 개발할 수 있느냐에 달려 있다. 따라서 허락자는 피허락자가 필요한 투자를 하고, 자원 개발에 적극적으로 나서고 있음을 확인받고 싶어 한다. 생명공학기업들은 초기 개발 단계에 있는 약을 파는 경우가 있다. 그렇게 함으로써 대형 제약회사들의 강력한 자원과 기술 덕에 약이 규제 당국의 승인을 받게 되리라고 기대한다. 반면에 제약회사들이 신약 개발 프로젝트에 관심이 없고 투자를 등한시한다면 라이선스 계약이 체결된 약은 실패할 가능성이 높다. 허락자는 결코 그런 결과를 원치 않는다. 더구나 문제의 약이 허락자가 추진 중인 프로젝트에서 상당한 비중을 차지하는 경우 허락자가 입는 피해는 클 수밖에 없다.

자원 유출

우리가 인터뷰한 임원들은 계약상의 거래 도중 파트너 때문에 바가지를 쓸 위험성도 높지만, 통제되지 않고 거래가 이루어질 경우 파트너가 지적재산권 중 일부를 차지할 가능성도 있다고 우려했다. 한 임원은 자기 회사의 경우 계약이 종료되면 자원 제공자가 고객을 빼앗아가 경쟁자로 변할까봐 크게 걱정하고 있다고 귀띔해주었다.

자원을 파는 파트너들도 비슷한 걱정을 한다. 점점 더 많은 정보를 확보하게 되는 매수자는 필요한 역량을 흡수함으로써 향후 거래 때

성장하는 기업의 비밀

매도자로부터 얻을 수 있는 가치가 줄어들 수 있다. 한 기술 매도자는 자신은 구체적인 매뉴얼을 제공해주지 않으려 한다고 말해주었다. 매수자들이 그의 기술과 지식을 계속 필요로 해주기를 바라기 때문이라는 것이다. 항공우주 산업에서도 일부 원래 허락자의 하청업자들은 피허락자에게 나간 그들의 기술에 대한 구체적인 내용 공개를 거부했다. 그러한 소극적 태도는 향후 피허락자가 되려는 쪽의 사기를 꺾고, 자원 계약 시장을 위축시킨다.

독립적 매도자들은 제품의 맞춤화를 거부할지도 모른다. 예를 들어 남아프리카공화국에서 활동하고 있는 몇몇 향후 전기통신 서비스 납품업체는 MTN 같은 전기통신 기업에게만 맞는 소프트웨어를 개발하려고 하지 않는다. 그들이 오랫동안 소프트웨어를 개발·수정하느라 들인 돈을 회수할 수 없을까 걱정하기 때문이다.

계약 실행 기술

끝으로 당신은 목표 자원에 대한 계약 체결을 실행할 수 있는 능력을 평가해봐야 한다. 이때 고려해야 할 것은 법적 지식을 동원할 수 있느냐다. 중소기업에는 이것이 외부 변호사를 고용할 수 있느냐의 의미가 된다. 대기업은 관심 분야에 적절한 기술을 갖고 있는 강력한 내부 법무팀을 두고 있다. 하지만 대기업도 전통적인 전문 지식의 범위 밖에서 계약이 실패할 경우 외부의 조언을 구해야 한다. 마찬가지로 기업들은 컨설턴트를 영입해야 할 수도 있다. 그 첫 번째 목적은 다른 제도적 환경에 있는 파트너들과 신뢰 관계를 구축하는 데 도움을 받기 위해서이고, 두 번째 목적은 향후 기술 지원, 관리의 필요성, 계약 연한을 둘러싼 문화를 초월한 이해와 관련된 지식 흐름 관리에 도움을 받기 위해서이다.

허술한 계약 실행 기술은 치명적인 결과를 초래하면서 협상 과정 중에 상호 관계를 해치고, 부실한 계약 조건을 야기할 수 있다. 그로 인한 부정적인 결과는 계약 체결 후 시간이 지나면서 감지된다. 계약 기간 동안 지식이 효과적으로 흐를 거라고 단순 가정할 수는 없다. 미리 구체적인 관계에 맞춘 지식 관리 절차를 마련해두지 않을 경우 이전 지식이 쉽게 줄어들 수 있다. 따라서 회사 법무팀은 자원 영역에 대한 통찰력을 확보하고 있어야 한다. 그래야만 혹시 있을지도 모를 이전이나 관계 문제를 예상하여 계약서를 작성할 수 있다. 이런 준비는 과거에 함께 작업해본 적이 없는 자원 파트너를 상대할 때 특히 더 중요하다.

파트너로부터 배워야 할 것이 많을수록 상호 관계가 더 튼튼해져야 한다. 파트너 회사 직원들과의 관계뿐만 아니라 회사 내 사람들과의 관계도 모두 포함된다. 전기통신 기업 임원들을 상대로 실시한 조사에서 응답자들 중 55퍼센트는 자신의 회사가 외부 역량과 기존 역량을 통합하는 과정에서 내부적으로 홍역을 치렀다고 밝혔다. 직원들이 '신규 자원이 자기 쪽에 투자되지 않는다'는 이유로 거부했기 때문이다.

성장하는 기업의 비밀

성공을 가로막는 또 다른 장애물은 파트너에게 과거 라이선스 계약을 맺어본 경험이 거의 또는 전혀 없거나, 자원 이전을 도와줄 사람이 부족할 때 생길 수 있다. 파트너의 숙련된 직원들로부터 관심을 받을 수 있다는 확신이 있어야 한다. 지원이 필요하다면(그리고 라이선스 계약 체결 기록이 거의 없는 파트너를 상대해본 적이 없다면) 그 계약이 최상의 경로인지 재고해보고 싶을지도 모른다. 당신이나 파트너에게 계약 실행 기술이 부족하다면 기본 계약의 조건과 여건에 더 적게 의지하는 외부 기회를 찾아보는 것도 좋은 방법이다.

자원 확보 전략의 의미

[그림 3-2]는 자원 경로 틀의 계약 부분을 정리해놓은 것이다. 지식과 지배 구조 관련 질문에 대답해보면 목표 자원 확보를 위해 계약 체결 또는 그보다 복잡한 제휴와 인수 옵션들 중 무엇을 고려할지 결정하는 데 유용할 것이다.

이 그림은 자원의 명확성과 보호에 해당되는 네 가지 조합을 보여주는데, 효과적인 자원 거래 가능성을 잘 보여주고 있다. 이 4단계는 아래에 설명해놓은 네 가지 자원 확보 옵션을 암시한다. 제2장에 나온 내부 개발 경로와 마찬가지로 왼쪽 상단과 오른쪽 하단의 옵션은 오른쪽 상단과 왼쪽 하단의 옵션보다 단순하다.

그림 3-2 | 자원의 거래 가능성과 자원 확보 옵션

지배 구조 관련 질문 : 자원의 보호는?

		높다	낮다
지식 관련 질문 : 자원의 명확성은?	높다	자원의 거래 가능성 : 높다 모듈식 합의 계약	자원의 거래 가능성 : 보통 보호받지 못하는 합의 제휴를 고려하라 대안 : 복잡한 계약을 고려하라
	낮다	자원의 거래 가능성 : 보통 부대 합의 제휴를 고려하라 대안 : 복잡한 계약을 고려하라	자원의 거래 가능성 : 낮다 연합이 요구되는 합의 제휴를 고려하라

모듈식 합의

자원의 가치와 요구되는 지원 관계를 명확하게 알고, 어느 쪽 파트너도 보호를 받지 않은 채 계약 합의에 나서지 않을 때가 가장 적절한 계약 체결 시점이다. 우리는 자원의 명확성과 가치의 보호 정도가 높은 상황을 모듈식 합의modular agreement라고 부른다. 사실 모듈식 합의는 흔하게 일어난다. 예를 들어 지난 20년 동안 일라이 릴리는 화합물, 제품, 전달 기술과 기기, 개발과 생산 공정, 소프트웨어, 지역 시장에 대한 권리를 주는 계약들로 이루어진 200회가 넘는 라이선스 계약 합의를 체결했다.

연합이 요구되는 합의

현재나 미래의 자원을 설명하고 보호하기 어렵다면 제3자 간 거래에 필요한 의미 있는 계약서를 쓰기가 불가능할지도 모른다. 그런 경우 제휴나 좀 더 복잡한 '조직 간interorganizational' 관계가 거의 언제나 목표 자원 확보에 더 나은 옵션이 된다. 그렇지 않을 경우 위험을 각오할 준비를 하라! 예를 들어 2007년 방위산업 통합 솔루션 전문업체인 레이시언Raytheon의 법무팀은 영국 국경 지역 감시용 IT 시스템 개발을 위해 다섯 개 기업과 계약에 기초한 파트너십을 체결했다. 6억 5,000만 파운드에 이르는 '신뢰받는 국경Trusted Borders'이라는 프로젝트는 파트너들 사이에 약속이나 기술 교류 방법이 불확실했고 구체적으로 정해지지도 않았다. 이후 3년 동안 이 프로젝트는 심각한 조율 문제에 직면했고, 유효한 결과물을 생산해내는 데 실패했다. 2010년 영국 정부는 결국 이 프로젝트를 중단했다.

보호받지 못하는 합의

자원의 명확성이 높은데도 자원 가치를 보호할 수 있는 방법이 제한적일 때 종종 기본 계약이 실패한다. 심지어 분명 신뢰할 수 있는 파트너들도 계약 기간 동안 서로 계약 조건을 재해석하게 되는 여러 가지 새로운 요구와 기회를 접하게 된다. 이런 일은 특히 계약 조건을 강제로 적용하기 힘들거나 새로운 인사들이 조건을 명확히 이해하지 못할 때 위험하다. 예를 들어 몇몇 미국의 온라인 서비스 회사는 불행하게도 모호한 언어 때문에 계약의 재해석 여지가 충분하다는 사실을 깨닫고 그들의 소프트웨어 제공업체들이 장기 계약이 되리라고 믿었던 계약에서 발을 빼왔다.

역사적으로 중국과 인도 등 신흥시장에 진출해 있는 서양의 다국적기업들은 현지 기업과 계약서에 서명한 뒤 자원 보호 문제에 직면해왔다. 해당 자원이 계약서에 명확히 정의되었고 구체적으로 보호되는 가치를 지녔지만, 일부 자원이 현지 파트너들의 계열사로 흘러들어갔기 때문에 계약이 강제할 수 있는 범위와 허락자의 통제 범위를 모두 벗어났다.

그러한 계약 위반 사례가 생기더라도 현지 법원의 중재 노력이 실패하거나 혹은 무의미할 정도로 많은 시간이 걸린다. 앞서 지적했듯이 이러한 우려가 계속해서 확인되고 있지만, 많은 신흥시장의 상권이 성장하면서 합법적인 소유권 보호에 대한 관심도 커지게 되었다. 따라서 신흥시장에서 현지 기업들과 맺는 계약은 자원 보호에 대한 사례별 평가를 요구한다.

자원 보호가 최우선순위이고 기본 계약이 당신을 보호해주지 못한다면 제휴나 인수를 고려해보라. 그에 앞서 좀 더 엄격한 계약 체결 방안으로 복잡한 계약 체결 여부를 조사해보고 싶을지도 모른다.

이런 복잡한 계약은 계약 기간에 생길지도 모르는 만일의 사태를 명시해둔다. 이런 계약에는 일반적으로 파트너들이 고의로 속이거나 부진한 모습을 보이는 경우 감수해야 할 심각한 피해를 정해놓은 조항인 담보조건hostage terms이 포함되어 있다. 담보조건에 해당하는 범위는 벌금 문구부터 당사자들의 상호 투자를 요구하는 상호 지분 투자 및 부수적인 시장 합의까지 다양하다. 특히 후자의 두 방법은 한쪽에 피해를 주는 것이 다른 쪽에도 피해를 준다는 점에서 계약 당사자들 간에 신뢰를 유지하고자 하는 강력한 인센티브로 작용한다. 지분이 기업의 실수입에 대한 권리를 만들어준다는 점에서 일반적으로 사용되는 담보조건 형태인 지분 투자는 상호 기여도를 평가하기 힘든 당사자들에게 적합할 수도 있다.

시카고 상업거래소CME, Chicago Mercantile Exchange를 소유하고 있는 CME 그룹과 브라질 상업선물거래소Brazilian Mercantile&Futures Exchange 는 담보계약을 맺은 사례다. 2007년 거래 상품을 공동 마케팅하기 시작한 양사는 약 10퍼센트씩 공동 지분 투자를 했다. 상품 개발 활동에 관한 계약 조건이 비교적 분명했지만 양사는 개발 중인 상품의 소유권을 정확히 명시할 수 없을까봐 걱정했다. 이와 마찬가지로 시스코는 파트너들의 기회주의적 행동으로부터 스스로를 보호하고, 진행 중인 개발과 자원 이전 활동의 조율을 지원할 수 있는 권리를 제공하기 위해 많은 제휴 중에서 소수 주주 지분minority equity을 유지하기도 한다.

부대 합의

재산권이 명확하지만 파트너들의 자원이 복잡하게 얽혀 있으면 부대 합의interwoven agreement가 이루어지기도 한다. 자원 보호 능력을 갖고 있어도 기본 계약은 자원 거래에 대한 제한적인 가이드라인만 제시해준다. 두 곳 이상의 기업이 신제품(신약, 소프트웨어 등) 개발에 함께 투입될 수 있는 명확히 정의된 자원에 기여하는 공동 개발 활동에서 으레 복잡한 상황이 생기게 마련이다. 신제품의 특징과 그에 따르는 기초 기술이 처음에는 불분명하더라도 결국에는 공동 개발 과정 중에 확실히 드러난다. 따라서 당사자들은 자원이 어떻게 진화할지 예측할 수 없을 때 제3자 간 거래를 규정해놓는 기본 계약서를 작성하기가 까다롭다.

부대 프로젝트는 통상적으로 기본 계약보다 인수나 제휴를 유발함으로써 기초 자원을 확보하고, 그것을 신제품 개발에 지속적으로 활용하고 관리하는 데 효과적인 방법이다. 예를 들어 지멘스는 처음에 전기통신 산업에서 확장이 필요했던 디지털 기술 권한의 라이선스 계약 체결을 고려했다. 하지만 곧바로 필요한 자원을 갖고 있는 소규모 기업들과 협상할 만큼 자사가 기술이나 시장 기회를 이해하지 못하고 있다는 결론을 내렸다. 지멘스는 계약서상으로 스스로를 보호할 수 있다는 사실을 알았지만(지멘스가 향후 파트너들보다 훨씬 덩치가 컸기 때문에) 기본 계약을 통해서 기술 흐름을 효과적으로 관리할 수 있는 능력을 보유하고 있는지 의심했다. 따라서 시간이 지나면서 애플리케이션과 다른 신기술이 발전하자 지멘스는 공동 개발과 시장 실험에 자유롭게 참가할 몇몇 소규모 디지털 기술 회사를 인수했다.

하지만 부대 프로젝트에서 곧장 제휴와 인수를 고려하기 전에 자

성장하는 기업의 비밀

원의 명확성 부족 문제를 해결하는 차원에서 복잡한 계약에 핵심적인 만일의 사태를 명시해놓을 수 있는지 확인하라. 복잡한 계약을 하다가 가끔 예상치 못한 자원 개발 이슈와 관련된 만일의 사태를 찾아낼 수 있다. 그런 사태에 대한 계약 조건은 자원의 가치나 시장의 성공 가능성에 영향을 줄 미래 상황과 연관될 수 있다. 예를 들어 계약이 불확실한 미래의 가치를 명확히 정리해주면서 몇 차례에 걸쳐 제품 허가 및 판매에 따른 기술료를 줄 수 있을지 모른다. 그런 조건은 제약 분야 라이선스 계약, 응용 주문형 직접회로ASIC, Application-Specific Integrated Circuits(사용자가 특정 용도의 반도체를 주문하면 반도체 업체가 그에 맞춰 설계하고 제작해주는 기술), 그리고 엔터테인먼트 산업 개발 프로젝트 등에서 흔히 목격된다. 예를 들어 소설을 영화화하기로 결정했고, 중요 단계를 거치면서 영화 제작 프로젝트의 실현 가능성이 높을 때 통상적으로 소설가는 흥행 성적에 따라 러닝 개런티를 받기로 계약할 수 있다. 하지만 현실적으로 그러한 프로젝트의 향후 경로를 예측하기 힘들고, 영화 제작이 결정된 책들 중에서 실제 영화로 제작되는 경우는 극소수다.

보호받지 못하는 합의에 대한 담보조건이나 부대 관계에서 주요한 만일의 사태가 무엇이건 간에 복잡한 계약이 완벽한 보호나 명확한 지식을 제공해주지는 못한다. 하지만 당사자들이 많은 지식을 토대로 하는 신뢰할 만한 관계 기반을 갖고 있으면 중단된 계약을 되살릴 수도 있다.

동시에 복잡한 계약에는 자원이 필요한 구체적인 맥락에 적합한 강력한 계약 체결 기술이 요구된다. 당신은 특별한 관계에 맞는 조건을 찾아내고 협상할 수 있어야 한다. 그보다 더 중요한 것은 계약서에 서명한 뒤 당신과 파트너가 계약 조건을 따르고 있는지 확인하고, 예상치 못한 사건이 터질 경우 합리적으로 조건을 수정할 수 있도록 상호 관계를 주시하는 것이다.

평가 도구와 요약

[표 3-1]에 나와 있는 질문들은 목표 자원 확보를 위해 언제 기본 계약을 맺어도 되고, 언제 맺으면 안 되는지를 판단하는 데 유용할 것이다. 이들 질문에 대한 대답이 대부분 긍정적이라면 목표 자원은 계약 합의를 통해 명확히 정의되고 성공적으로 보호될 수 있다. 반대로 대부분의 대답이 부정적이라면 제휴나 인수 등 다른 대외 자원 확보 옵션을 검토해봐야 한다. 물론 파트너십을 통해 계약 합의 내용을 보강하거나 파트너들 사이의 이해관계를 좀 더 안전하게 조정하는 차원에서 일부 지분을 취득하기로 결정할 수도 있다.

기본 계약은 내부 개발과 다른 자원 확보 방식을 보완해주는 중요 기능을 수행한다. 하지만 낯선 기술과 시장을 신속히 통합하기 위해 기본 계약에 의지하려는 기업들은 여러 가지 자원 확보 방식을 통합

[표 3-1] 자원의 거래 가능성

지식 관련 질문 : 자원의 명확성		아니다	그렇다
자원의 성격	우리가 필요한 자원의 특성을 명확히 정의할 수 있을까?		
	우리가 목표 자원을 그것이 처한 조직의 맥락organizational context에서 분리 가능할까?		
자원의 미래 가치	우리가 자원의 미래 가치를 정확히 정의할 수 있을까?		
관계 지원	우리가 파트너로부터 제한적인 도움과 배움만 필요할까?		
지식과의 거리	우리가 목표 자원 분야에서 내부 기술과 지식을 갖고 있는가?		
지배 구조 관련 질문 : 자원 보호			
파트너의 기회주의	우리가 예상치 못한 사건이 터졌을 때 잠재적 파트너가 공정하게 행동하리라 믿을 수 있을까?		
	파트너와 갈등이 발생할 경우 적절한 사법제도가 우리의 이익을 보호해줄까?		
자원 유출	우리가 계약 도중 유출되지 않기를 바라는 독점 지식을 파트너가 배우지 못하게 만들 수 있을까?		
	잠재적 파트너가 계약 도중 우리에게 유출되지 않기를 바라는 지식을 보호할 수 있을까?		
계약 실행 기술	우리와 파트너가 계약 관계 관리에 필요한 강력한 기술과 적절한 내부 인력을 보유하고 있을까?		

목표 자원의 명확성과 보호 가능성을 묻는 질문에 각각 답하라. 대부분의 대답이 긍정적이라면 계약 합의를 생각해보라(빌리는 방식). 대부분의 대답이 부정적이라면 제휴나 인수 같은 외부 자원 확보 옵션을 고려해보라.

함으로써 최선의 효과를 낼 것이다. 예를 들어 유리섬유 생산업체인 오웬스 코닝Owens Corning은 풍차 날개 생산업체에 판매하려는 혁신적인 재료들을 토대로 내부 기술과 라이선스 계약을 체결한 기술을 혼용했다. 우리가 전기통신 기업 임원들을 상대로 실시한 조사에서 기본 계약을 통해 새로운 자원을 인수한 기업들 중 62퍼센트는 자원 관련 배경이 있는 사람들을 채용했다. 따라서 이들 기업은 자력으로 내부 기술을 키우는 데 계약을 활용했다.

계약이 잘못된 환경에서 사용될 경우 심각한 위험을 수반하지만 자원의 투명성을 확보하고, 자원을 보호할 수 있을 때는 강력한 도구가 된다. 계약직 직원, 라이선스 계약, 외부 하청업체로부터의 자원 임대, 혹은 다른 종류의 기본 계약을 통해 확보한 빌리는 자원은 새로운 시장과 기술에 신속히 접근하게 해준다. 생산성이 떨어지는 직원과 자산을 짊어지고 감으로써 생기는 비용을 털어낼 때 그런 자원의 효과는 더욱 커진다. 변동성이 큰 환경에서 제3자 간 합의는 상황과 자원의 요구 상황이 바뀔 때 기업이 신속히 확장하고 계약하는 유연성을 발휘할 수 있게 해주기도 한다.

04
CHAPTER

언제 제휴를 통해
빌려야 하는가

제휴 대 인수

제3자 간 계약으로도 필요한 자원이 충족되지 않는다면 좀 더 복잡한 대외 관계를 고려해봐야 한다. 이번 장에서는 제휴와 전면적인 인수 사이에서 내리는 결정을 중점적으로 다루려고 한다. 제휴는 비교적 간단한 제휴(R&D와 마케팅 파트너십)부터 상당히 복잡할 수 있는 제휴(독립적인 합작벤처)까지 그 형태가 다양할 수 있다. 결과적으로 제휴를 지배하는 합의도 간단한 합의부터 복잡한 합의까지 스펙트럼에 걸쳐서 퍼져 있는데, 맨 위쪽에는 다단계 계약, 상호 투자, 복잡한 권리 협약 등이 자리한다. 하지만 어떤 제휴에서나 독립적인 당사자들이 특정 기간 동안 공동 활동에 자원을 집중하는 지속적인 상호작용이 일어난다.

가장 간단한 형태의 계약에서 자원은 '제공업체로부터 수령업체'라는 한 가지 방향으로 이전된다. 한편 제휴에서는 다양한 당사자들 사이에 고도로 협력적인 자원과 활동의 조합이 가능하다. 이상적인 제휴는 모든 당사자에게 혜택을 준다. 예를 들어 약 25년 전에 월가Wall街 기업들(대부분 유사한 목적을 위해 경쟁하던 기업들)로 이루어진 컨소시엄이 업계 최초로 전자상거래가 가능한 공동 네트워크 개발 협력에 합의했다. 이와 같은 제휴는 모든 참가자에게 엄청난 가치를 가진 자원을 창조해줄 것을 약속했기 때문에 기업들은 라이벌 의식을 버리고 컨소시엄에 참가했다. 기업들 사이의 기본 계약이라면 이처럼 혁신적인 거래 네트워크 개발에 필요한 조율이 힘들었을 것이다.

따라서 제휴 협상은 직접적인 경쟁사, 보완적 자원을 가진 기업, 그리고 정부 기관, 학술 기관, 기술 개발업체, 서비스 제공업체 등과 같은 다른 조직들 사이에서 가능하다. 기업은 제휴를 통해 불확실한 시장 상황에서 위험을 공유하고, 제휴 참가업체들 각각의 독점적인 권리 보호를 도와주며, 질서 정연한 틀 안에서 현재 추진 중이지만 종종 복잡하기도 한 상호작용을 촉진할 수 있다. 제휴로 지식 기반이 파트너에게 노출될 위험성이 있지만 적극적인 협력은 종종 폭넓고 확실한 보호와 인센티브 배분 방법(제3장에 나오는 계약에 대한 설명처럼)을 제공함으로써 제3자 간 합의보다 훨씬 더 안정적이다. 제휴는 당사자별로 비교적 적은 사람들과 조직 단위들이 공동 활동에 협력해야 할 때 가장 효과적이다. 그래야 파트너들의 인센티브를 조정하기

성장하는 기업의 비밀

도 더 쉬워질지 모른다.

반면 전략적 자원의 확보와 개발을 위해 강력한 공동 상호작용이 요구될 경우 보통 인수를 고려하는 게 더 효과적이다. 인수는 자원 확보 후 그것을 이용해 거둔 성공의 가치를 유지할 수 있게 해준다. 다시 한 번 말하지만, 인수에 대한 우리의 메시지는 간단하다. M&A는 가장 복잡한 자원 확보 옵션이므로 자원 제공업체를 100퍼센트 소유하는 게 정말로 가치 있을 경우를 위해서 남겨둬라.

제휴는 역설적이다. 인수보다 비용이 적게 들고, 더 융통성 있게 추진할 수 있다는 점에서 매력적이다. 실제로 제휴는 신생 자원 격차를 메우거나 기업이 낯선 원거리에 존재하는 역량들에 접근할 수 있는, 위험성이 낮은 방식으로 알려져 있다. 반면 임원들은 현재의 제휴 당사자들 사이에 경쟁 관계인 공통부분으로 인해 나중에 치열한 경쟁 구도가 형성될까 걱정한다. 그래서 많은 임원들이 제휴를 기피한다. 특히 과거에 제휴 실패를 경험해본 기업이 제휴가 갖고 있는 한계 때문에 실패했다고 오판하고 있는 경우 반사적으로 제휴나 그밖의 다른 방식을 꺼려하는 태도가 고착화될 수 있다.

이런 제휴의 역설에 덧붙여 보통 단기간에 끝나버리는 관계는 제휴의 장점이자 단점이다. 제휴가 지속되는 동안 기업은 장기적인 관계, 책임, 직접 소유에 대한 약속이 없어도 제한적으로 인수가 주는 자원 확대의 혜택을 누린다. 단기적 관계는 또한 다양한 종류의 남용과 불신을 초래할 수 있고, 그로 인한 피해가 반드시 합의조건으로 모두 통제할 수 있는 건 아니다. 제휴 당사자는 제휴가 끝난 뒤 한참 시간이 지나고 나서까지 피해를 입었는지조차 모를 수 있다.

제휴는 반드시 참가자들 사이에서 일정 수준의 신뢰를 요구한다. 하지만 신뢰만으로 완전한 준수를 보장받을 수는 없다. 로널드 레이건Ronald Reagan 전 미국 대통령은 소련과의 미사일 협정 체결 당시 "신뢰하되 검증하라Trust, but verify"라고 말했다. 기업이 미사일에 대한 제휴를 체결하는 경우는 드물지만 어쨌든 주의를 기울이고 적극적으로 관리되어야 한다. 인센티브, 중요 사건, 그리고 종료 협약을 미리 정해놓은 구조에 의해 뒷받침되어야 한다.

제휴는 참가자들의 예상보다 더 복잡하게 흐르기도 한다. 새로 생긴 복잡함은 시간이 지날수록 성공적으로 관리하기 힘들게 만든다. 분석가들 중에는 제휴 파트너들의 목표 성취 차원에서 보았을 때 제휴의 성공 확률이 50퍼센트도 되지 않는다고 주장하는 이들도 있다. 우리 조사에 참여한 임원들 중 무려 80퍼센트는 제휴와 관련된 배타성, 통제, 그리고 자원 보호 문제에 대해 우려했다. 3분의 2 이상의 임원은 차별화된 특징과 독자적 자원을 지키고 싶을 때 제휴보다 M&A를 선택한다고 말했다. 기존 전기통신 기업에서 일하는 임원들은 아주 부정적인 표현을 써가며 제휴의 가치를 폄하했다. 한 임원은 제휴를 "지식 공유보다 핵심 역량을 쇼핑하게 되는" 결함이 있는 접근법이라고 불렀다. 일류 유럽계 전기통신 기업의 임원은 "사람들은 종종 '경쟁자들이 우리를 속이고 있다. 우리는 경쟁자들이 우리 사업을 넘보게 만들었다'라고 생각한다"고 말했다.

임원들이 제휴 효과를 의심하는 이유

제휴가 항상 적절하진 않지만, 많은 기업이 잘못된 이유로 그 효과를 의심한다. 제휴의 성과를 공유하고 통제하기를 거부하는 독단적인 태도에서 그 원인을 찾을 수 있다.

성과 공유 꺼리기

기업들은 기업 활동의 성과를 공유하고 싶지 않아서 제휴를 기피한다. 한 출판사 임원은 우리에게 "합작벤처는 새로운 서비스에 필요한 자원 개발 위험도 줄여주지만 보상받을 몫도 줄여준다"라며 제휴에 대한 복잡한 심경을 털어놓았다. 이런 관점에는 두 가지 문제가 있다. 첫째, 제휴가 본래 다른 자원 확보 방식보다 덜 위험하지 않다. 둘째, 제휴 기업들의 공동 노력으로 이룬 위대한 성과에 대한 보상을 공유하는 것이 잘못된 자원 확보 방식을 선택함으로써 생기는 실패로 얻게 된 보잘것없는 보상을 독식하는 것보다 훨씬 더 낫다. 다시 말해 조금이라도 있는 게 없는 것보다 낫다.

분명히 말하지만 경우에 따라 제휴에 드는 비용이 제휴를 추구하면서 생기게 되는 기회의 가치를 뛰어넘기도 한다(이런 경우에는 다시 협상하거나 제휴를 포기해야 한다). 어떤 경우에는 기회가 한쪽 당사자에게만 전략적으로 매우 큰 가치를 선사하기 때문에 인수를 통해 필요한 자원을 인수를 통해 통제하고 보호해야 한다.

통제력 공유 꺼리기

임원들, 기업 개발 담당자들, 경영진 등 기업 내 많은 사람들은 제휴로 인해 기업 전략 통제권과 그들 자신의 개인적 영향력을 잃게 될까 두려워 제휴를 강력하게 거부할 것이다. 또 어떤 사람들은 제휴가 외부인들에게 자원을 '포기하는 것'이라고 생각하고 제휴를 꺼려함으로써 그들 기업이 남들보다 앞서 첨단 기술 자원을 창조하기 위해 우수한 제3자와 종종 협력해야 한다는 사실을 깨닫지 못한다.

제휴 파트너들 사이의 긴밀한 협력 도중에 중복 경쟁의 우려가 커질 수 있다. 많은 임원들은 핵심 역량을 기꺼이 외부에 노출시킴으로써 파트너들 사이에서 '학습 경쟁'이 벌어질 위험이 커질까봐 그런 노출을 무조건 반직관적이라고 생각한다. 우리가 인터뷰한 임원들, 특히 그중에서 제휴 경험이 제한적이었던 임원들은 조금이라도 문호를 개방하는 걸 꺼려했다. 조사에 참여한 전기통신 기업 임원들 중 불과 30퍼센트만 제휴 파트너들로부터 새로운 역량을 흡수해본 경험이 있다고 믿었다. 그리고 제휴 파트너들과 직무 순환과 정보 공유를 권해본 임원들은 18퍼센트에 그쳤다.

제휴로 인해 통제력을 잃을까 두려워하는 임원들은 핵심 영역이 제휴 대상에 포함될 때 제휴를 특히 더 꺼려한다. 제휴가 단기적으로 끝나 자원 유출이 초래될 가능성이 있으므로 제휴는 비핵심 자원 확보에만 적합하다는 결론을 내릴 수도 있다. 하지만 제휴 기회에 대해 좀 더 균형 있고 포괄적인 시각을 가져보라. 제휴는 당신이 스스로 개발하거나 다른 곳에서 확보할 수 없는 자원을 가진 세계 일류 파트너들과 손을 맞잡을 수 있을 때 특히 고도로 전략적인 자원을 개발하는 효과적인 수단이 될 수 있다. 아울러 자원의 전략적 가치는 급변하는 환경에서 갑자기 바뀔 수 있다. 어느 날 전략적 용도로 쓸 수 있는 자원을 개발하는, 모든 실체를 통제하는 전략 같은 건 있을 수 없다.

물론 어느 시점이 되면 기업 경영진은 전략의 중요성을 강변해야 한다. 제휴가 미래를 위한 올바른 길이라면 경영진은 사람들의 편견과 두려움을 진정시키기 위해 당근과 채찍을 함께 사용해야 한다. 당신이 기업의 전체적인 전략에 맞춰 필요한 자원을 물색한다면 경영진의 지원을 더 쉽게 받을 것이다.

실패한 제휴 역사로 인해서 생겼건, 아니면 통제권을 유지하려는 강력하고 본질적인 바람 때문에 생겼건 간에 이런 태도는 기업이 중요한 가치를 선사하는 제휴를 기피하게 만들 수 있다. 예를 들어 남아시아와 동남아시아 및 사하라 사막 이남 아프리카에서 활동하는 많은 기업은 숙련된 인재, 고객, 정치적 관계, 납품망, 그리고 부족한 핵심 자원을 포함해서 제한적 자원에 대한 통제력을 잃게 될까봐 제휴를 거부한다.

한편 제휴로 인해 통제력을 잃을지 모른다는 우려는, 신흥시장처럼 새로운 자원 창조에 파트너십이 특히 중요한 역할을 하는 자원이 제한된 환경에서 특히 더 크다. 그런 우려가 생긴 곳에서 신중하게 목표를 정해 추진한 제휴는 상당한 가치를 창조했다. 남아프리카공화국의 전기통신회사인 MTN 셀룰러MTN Cellular와 스탠다드 은행Standard Bank은 제휴를 꺼려하는 회사 내 분위기를 극복하고 고객들이 휴대전화로 자금을 이체할 수 있게 해주는 MTN 머니서비스MTN Money Service를 개발하는 강력한 파트너십을 창조했다. 이 파트너십은 양사의 시장과 서비스 범위를 확대해주면서 양사에 전략적 승리를 안겨주었다.

이번 장의 나머지 부분은 제휴나 인수 중 무엇을 통해 특정 자원을 확보할지 결정할 때 자원 경로 틀을 사용하는 데 도움이 될 것이

그림 4-1 제휴 대 인수

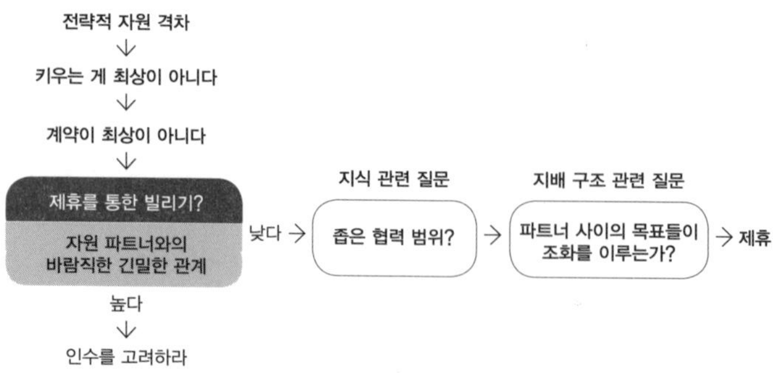

성장하는 기업의 비밀

다. [그림 4-1]에 나와 있듯 제휴 사용 시점을 결정할 때 던져야 하는 핵심적인 질문은 목표 자원이 전략적이나 일반적 차원에서 가치를 갖느냐보다 파트너와 취할 행동이 집중적이면서 각 파트너의 목표에 영합하는지에 관한 것이다. 그런 경우 직접적인 인수를 제외하고는 자력으로 실행했을 때보다 훨씬 더 큰 가치를 창조하고 성공의 가치를 유지할 수 있다.

자원 파트너와 얼마나 가까워져야 하는가

제휴와 인수 중에서 선택할 때는 파트너의 협력 참여 정도를 알아봐야 한다. 파트너가 깊숙이 참여하는 경우 당신에게 통제력이 필요할지 모른다(이런 통제력은 인수를 통해서만 얻을 가능성이 상당히 높다). 당신이 좀 더 집중적으로 초점을 맞추고 파트너로부터 제한적인 협력만 기대한다면 제휴를 고려해보라. 협력은 제한된 활동 공간과 단순한 패턴이 요구될 때 좁은 범위 내에서 초점이 맞춰진다.

협력 범위가 제한적이고 파트너와 당신의 목표가 조화를 이루면 파트너가 광범위하게 개입할 필요성은 낮아진다. 반대로 협력 범위가 광범위하거나 당신과 파트너의 목표가 상호 조화를 이루지 않는다면 파트너가 훨씬 더 강도 높게 개입해야 한다. 파트너의 강력한 개입 필요성은 통합의 필요성도 높여준다. 그런 경우 당신은 제휴보다 M&A를 더 심사숙고해봐야 한다.

지식 관련 질문 : 협력 범위가 얼마나 제한적인가?

제휴 범위가 제한적일 때 제휴가 성공할 확률이 가장 높다. 범위가 커질수록 제휴 효과를 거둘 가능성이 낮아진다. 협력 범위가 커지면 비용은 늘어난다. 전기통신 기업 임원들을 대상으로 실시한 조사에서 제휴에 참여해본 적이 있는 임원들 중 65퍼센트는 파트너와 높은 비용과 협력 문제 때문에 긴장해본 적이 있다고 밝혔다. 기업들은 제한된 협력 범위 내에서만 제휴함으로써 긴장 발생 가능성을 줄일 때 성공 확률이 가장 높았다.

제한된 활동 범위

제휴에 제한된 숫자의 기능과 활동(R&D, 생산, 마케팅, 정규 직원들 중 일부)만 관련되고 각 특정 기능 내에 속한 사람들만 참여한다면 훨씬 더 관리하기 쉬울 것이다. 접촉 지점을 줄이는 것도 R&D, 계획, 직원 수, 협력 활동에 대한 중복 투자를 피할 수 있어 제휴에 수반되는 직간접 비용 통제에 도움이 된다. 결과를 신뢰할 만큼 예측할 수 없더라도 영역을 명확히 정의한다면 협력도 고려할 만하다. 현재 많은 제약회사는 제3의 연구와 제조 기관들과의 협력적 관계를 통해 임상실험과 생산의 일부를 외부에 맡기고 있다.

반면 제휴에 파트너 조직의 많은 면이 개입되면 협력 비용 세산은 복잡해진다. 전략적으로 중요한 자원 개발 프로젝트에서 자원 통제력과 보호 관련 문제 때문에 인수를 더 나은 선택(인수에 드는 비용에도 불구하고)이 되게 만들 만큼 비용이 상승할 수 있다. 예를 들어 다양한 쓰임새와 효과가 있는 약들은 극도로 생산하기 복잡할 수 있다. 그런 경우 독점적 지식 노출 문제도 있지만 협력에 많은 비용이 들기 때문에 약의 생산을 외부에 맡기는 게 더 위험하다. 따라서 약을 생산할 수 있는 내부 역량이 부족한 제약회사는 생산업체를 인수함으로써 도움을 받을 수도 있다.

간단한 협력 패턴

협력이 쉬운 제휴가 관리하기도 쉽다. 어떤 제휴는 한 파트너가 R&D를, 다른 파트너가 상용화를 맡는 '수직적 공급 합의vertical supply agreement' 구조로 진행된다. 이런 모델에서 자원은 한 파트너의 아웃풋output이 다른 파트너의 활동에 필요한 인풋input이 되는 식으로 순차적으로 조율된다. 따라서 파트너들은 각자 별도로 맡은 과제를 전문적으로 수행하면서, 협력을 단순하면서도 가끔은 이전비용만 들게 만든다. 이러한 제휴에서 각 파트너는 다른 파트너의 자원에 접근하지만, 어떤 파트너가 갖고 있는 지식도 다른 파트너에게 100퍼센트 이전되지는 않는다. 예를 들어 GE와 프랑스 국영 항공업체인 스넥마Snecma는 1974년부터 CFM이라는 항공기 엔진 합작벤처를 놀라울 정도로 오랫동안 유지했다. CFM 제휴가 이렇게 장기간 지속된 것은 양 파트너의 독립적인 활동 때문이다. 양사가 각각 고도로 전문화된 행동에 전념하기 때문에 그들이 세운 합작벤처는 다른 영역에서 기술과 마케팅 활동을 조율할 때만 접촉하면 된다.

지배 구조 관련 질문 : 우리 목표가 파트너의 목표와 조화를 이루는가?

두 번째로 고려해야 할 문제는 당신과 잠재적 파트너가 조화를 이루는 목표를 갖고 있느냐다. 제휴를 통제하는 문제에서 협력, 경쟁, 그리고 궁극적인 종료는 모두 중요한 도전이다. 파트너들이 전략적 목표를 일치시키지 않을 때, 즉 상대에게 피해를 주더라도 자기만 최대한 단기적 이익을 얻으려 할 때 제휴는 실패할 가능성이 높다. 중복되는 경쟁 영역이 제한적이고, 파트너들이 각각 의미 있는 자원을 기부하고, 대칭적인 학습 기회를 즐기고, 제휴 기간 동안 관리하는 데 필요한 기술을 갖고 있을 때 목표가 조화를 이루는 경향을 보인다.

낮은 경쟁 영역 중복 정도

현재와 가까운 미래의 시장 여건상 중복되는 경쟁 영역이 적을 때 파트너들 사이의 목표를 가장 조율하기 쉽다. 경쟁이 심화되면 파트너들은 '협력적 경쟁collaborative competition'이라는 모순적 상태의 균형을 잡기 위해 복잡하면서 100퍼센트 신뢰하기 힘든 관계를 관리할 수밖에 없는 처지가 된다.

지나치게 많은 중복 때문에 생기는 문제는, 각 파트너가 상대에게

성장하는 기업의 비밀

누적되는 혜택을 경쟁력의 침해로 간주하는 것이다. 앞서 설명했던 아스트라와 머크의 합작벤처는 경쟁 영역이 거의 중복되지 않았다. 아스트라는 미국 시장으로의 확장을 모색하지 않고 있었다. 다만 자사의 제품 혁신과 머크의 규제 및 마케팅 기술 사이에서 시너지 효과를 노렸을 뿐이다. 그리고 앞서 언급한 월가의 전자 거래 컨소시엄이 극렬한 라이벌들 간에 맺은 파트너십이었지만 이 프로젝트가 공유한 목표들은 독점적 가치를 거의 또는 전혀 위험에 빠뜨리지 않았다. 즉 컨소시엄은 모든 배를 뜨게 만드는 밀물 같은 효과를 냈다.

하지만 항상 그렇지는 않다. 포르투갈에 세운 합작벤처 오토유로파Autoeuropa를 두고 일어난 포드와 폭스바겐Volkswagen 사이의 긴장은 경쟁 영역의 중복 정도가 높을 때 어떤 일이 벌어지는지 잘 보여준다. 1992년 포드와 폭스바겐은 유럽에서 신생 분야였던 미니밴을 공동 생산하여 각자의 브랜드와 네트워크를 통해 유통시키기 위해 제휴 계약을 체결했다. 양사는 제품 개발과 제조에 필요한 선행 투자를 분담할 예정이었다. 하지만 세 개의 라이벌 브랜드(이들 중 두 개는 폭스바겐 소유였다)가 있는 같은 지역 시장에서 사실상 같은 차를 팔게 되자 주로 마케팅과 공급망 전략을 둘러싸고 포드와 폭스바겐 사이에서 심각한 갈등이 유발되었다.

폭스바겐은 유럽 시장에서 강력한 브랜드 입지를 갖고 있기 때문에 높은 시장점유율을 확보할 수 있었다. 양 파트너 사이에 긴장이 높아지자 폭스바겐은 1999년에 포드와 세운 합작벤처를 인수함으로써 사실상 포드에 미니밴을 공급하는 유럽 자동차 회사로 변신했다. 변화된 역학 속에서 포드는 폭스바겐이 합작벤처의 소유권을 이용해 자사가 불리한 경쟁을 하게 만들었다고 비난했다. 실제로 폭스바겐은 제휴를 통해 시장점유율을 확대했다.

중복되는 경쟁 영역이 제한적이었다면 양사의 갈등 정도는 낮았을 것이다. 반면 르노와 일본의 닛산Nissan은 경쟁 영역이 제한적이었기 때문에(양사는 서로 다른 지역에 집중했다) 성공적인 제휴로 이어졌다.

폭스바겐과 포드 같은 제휴 사례는 상당히 많다. 대부분의 제휴가 좋지 않게 끝난다. 심지어 극단적으로 성공을 거둔 다수의 벤처들조차 한 파트너가 다른 파트너의 지분을 인수하는 식으로 끝난다. 따라서 제휴의 종료와 다른 파트너들의 지분 소유 가능성을 예상하고 신중하게 조율해야 한다. 폭스바겐과 포드처럼 많은 사례에서 일단 협력 관계가 악화되었다면 각본에 적힌 대로 질서 정연하게 제휴가 끝나지 않는다.

균형 잡힌 자원 기여

제휴는 모든 파트너가 핵심 자원을 제공할 때 가장 효과적이다. 일부 제휴는 긴밀한 관계인 자원들을 합쳐 규모의 경제(각종 생산요소의 투입량을 늘림으로써 이익이 증가하는 현상)를 실현한다. 그 대표적인 예가 1998년 일본의 자동차 제조업체인 후지중공업Funy Heavy Industries과 이스즈모터스Isuzu Motors가 미국에서 SUV를 생산하기 위해 만든 합

성장하는 기업의 비밀

작벤처 스바루-이스즈 오토모티브SIA, Subaru-Isuzu Automotive였다. 하지만 자원의 균형을 잡으려면 파트너들이 서로 크게 다르면서 보완적 성격을 띠는 자원을 제공해줘야 한다. 삼성과 코닝 사이에 오랫동안 지속된 합작벤처는 코닝의 음극선 튜브 기술과 삼성의 텔레비전 생산 지식을 합치면서 시작되었다. 이 벤처는 많은 제품 라인에서 삼성의 전문적 생산 지식과 코닝의 발전된 재료에 대한 지식이 다양한 차원에서 재결합되면서 발전했다.

마찬가지로 제휴는 중요한 활동이라는 파트너들의 공통된 인식으로부터도 수혜를 입는다. 한 파트너가 다른 파트너보다 제휴를 덜 진지하게 받아들이면 전자는 필요한 활동에 노력을 기울이지 않을 가능성이 높다. 조직 규모의 불균형이 이런 문제를 야기할 수도 있다. 규모가 큰 기업이 규모가 작은 기업이 의존하고 있는 제휴와 경쟁하는 활동을 하는 것도 무리가 아니다. 예를 들어 2011년에 제약회사 아밀린 파마수티컬Amylin Pharmaceuticals은 파트너인 일라이 릴리가 자사와 공동 마케팅을 했던 약과 경쟁할 수 있는 약을 공동 개발하기 위해 다른 제약회사와 손잡자 일라이 릴리를 고발했다.

대칭적인 학습 기회

앞서 지적했듯이 임원들은 제휴가 다른 파트너를 희생해서 한 파트너가 이득을 취하는 학습 경쟁으로 이어질까 걱정한다. 따라서 반드시 이런 위험을 평가해야 한다. 제휴로부터 예상 가능한 결과가 학습이다. 이렇게 제휴에서 학습이 예상 가능한 혜택들 중 하나라면 그 기회들도 균형이 잡혀야 한다.

신생 기업은 대형 파트너들로부터 배울 수 있는 능력이 상대적으로 부족하기 때문에 자신들이 이용당하고 있다는 느낌이 든다. 소규모 기업은 기존 파트너에게 최첨단 기술을 제공하지만 파트너의 상용화, 마케팅, 기타 조직 관리 기술(신생 기업이 성장하는 데 필요한 요소)에 접근해서 그들을 통합할 수 없을 때 좌절감을 맛본다. 대기업이 신생 기업으로부터 새로운 전문 기술을 흡수하기가 훨씬 더 쉽다.

이런 식의 거래가 처음에는 좋아 보이지만 시간이 지날수록 나빠지는 악마와의 거래 같다. 우리가 실시한 조사 결과, 업계의 신생 기업은 기존 기업과의 제휴를 통해 시장에 신속히 진입하지만 곧바로 추가적 성장을 가로막는 장애물을 만난다.

자원 파트너들이 자원을 배우고 얻는 비율은 대기업들 사이의 제휴에서도 문제가 된다. 특히 다국적기업과 현지 파트너 사이의 시장 진입을 위한 제휴 맥락에서 이런 문제가 가장 두드러진다. 다음에 나오는 '조화가 부조화로 바뀔 때'에 그러한 사례가 등장한다.

제휴 실행 기술

끝으로 제휴에 성공하려면 효과적인 제휴 실행 기술이 요구된다. 성공적인 파트너들은 신뢰할 만한 자원을 갖고 있으며, 정직하게 협상하리라 여겨질 수 있고, 제휴 기간 동안 효과적인 관계를 유지할 가

히어로와 혼다의 합작벤처

대부분의 제휴는 상호보완적 자원의 기여를 전제로 한다. 일반적으로 강력한 기술을 갖고 있는 기업은 제휴가 아닌 방법으로는 할 수 없는 시장 지식, 상업적 자원, 세분화된 고객에 접근할 수 있게 도와주는 파트너를 물색할 것이다. 하지만 일본의 자동차 제조회사 혼다Honda와 인도의 오토바이 제조회사 히어로Hero처럼 가끔은 외국 기업(이 경우에는 혼다)이 시장 지식에 접근하고, 외국 기업들을 배제하는 규제를 피하기 위해 현지 기업과 제휴한다.

제휴는 편의성의 결합에서 시작하여 주로 지역 경쟁권을 확보하려는 외국 기업에 의해 전개될 수도 있다. 물론 외국 기업은 다른 목적을 추구하면서 제휴 당사자들에게 중대한 가치를 선사할 수 있다. 하지만 속을 들여다보면 당사자들 간의 갈등이 서서히 곪아갈 수도 있다.

1984년 혼다와 히어로는 이륜 오토바이(인도 국민들의 주요 운송 수단)를 만들기 위해 히어로 혼다 모터스 리미티드Hero Honda Motors Limited라는 합작벤처를 설립했다. 인도가 외국인 투자를 유치하기 위해 여러 가지 규제를 풀기 몇 년 전에 혼다는 인도에서 사업을 하려면 현지 파트너가 필요했다. 또한 현지 시장 지식, 인정받는 현지 브랜드, 제조 자산, 그리고 유통 네트워크에 접근하기를 희망했다. 히어로는 혼다의 고성능 오토바이 엔진 제조 기술을 배우고 싶었다. 이 기술을 얻기 위해 양사는 기술 라이선스 계약 합의를 협상했다. 양사의 합작벤처인 히어로 혼다는 성공적으로 성장했고, 세계 최대 이륜 오토바이 생산업체로 부상했다.

하지만 제휴 기간 중 양사 사이에 긴장이 고조되었다. 히어로는 엔진 기술 공유를 꺼려하는 혼다 때문에 점점 더 좌절하기 시작했다. 혼다가 합작벤처에 엔진을 제공했지만 히어로는 애초부터 제휴를 통해 그러한 엔진을 설계하고 제조하는 방법을 배우고 싶어 했다. 하지만 시간이 지나면서 히어로는 기대했던 협력을 통해 학습함으로써 얻는 혜택이 상용화 및 유통 역량과 인도 시장 지식 형태로 혼다에게 돌아간다는 사실을 깨달았다. 양사는 인도로의 기술 이전과 관련해 명시적으로건 암묵적으로건 본래 합의했던 내용에 대해 이견을 보였다. 파트너십이 발전하는 상황에서 그들은 의견 일치를 위해 애썼다. 히어로는 자사가 아주 불리한 처지라고 느꼈다.

1990년대 중반에 제휴 계약을 갱신할 시점이 되자 히어로는 혼다 엔진에 지불하는 사용료에 대해 더 엄격한 조건을 내세웠다. 하지만 개선된 조건이 기술 이전과 상충된 목표를 둘러싼 긴장을 완화시켜주는 데는 별다른 효과를 거두지 못했다. 그로부터 10여 년이 지난 2004년에 혼다는 자회사 설립 계획을 발표했다. 이 자회사는 히어로 혼다의 제품과 경쟁할 예정이었다. 그런 와중에 경제개혁이 추진되자 외국 기업이 인도에서 사업하기 훨씬 더 쉬운 환경이 조성되었다. 혼다는 히어로와의 관계를 전략적 차원이 아닌 운영상 차원에서 도움이 되는 것으로 낮춰서 생각했다. 궁극적으로 양사는 합작벤처가 제휴를 맺기에 너무 복잡해졌다는 결론을 내렸다. 2011년 혼다는 합작벤처에 대한 투자 지분을 정리하기 시작했다.

당시 상황을 되돌아보았을 때 혼다는 확실한 학습 목적과 규제 개혁으로 인해 기회만 된다면 최대한 빨리 인도에서 독자 사업을 시작하려는 의도를 갖고 제휴에 착수했다. 히어로 역시 학습 목적을 갖고 있었지만, 혼다로부터 원하는 지식을 가져와 자기 것으로 만드는 데 반드시 필요한 방법을 찾아내지 못했다. 혼다는 핵심 기술을 보호하면서 현지 유통망,

공급망, 인력 관리, 그리고 다른 사업 공정을 적극적으로 배워나갔다. 반면 히어로는 보유하고 있던 독점 지식을 지켜내지 못했다. 엔지니어링 분야의 전문 지식을 흡수해 혼다에 맞먹는 내부 R&D 역량을 키우기 위해 초기에 강력했던 협상 지위를 제대로 활용하지도 못했다.

처음에는 이 제휴가 양사 모두에게 가치가 있었다. 하지만 시간이 지나면서 1차 제휴 조건은 제휴 목표가 점점 더 어긋나게 만들었다. 인도의 사업 자유화 개혁은 혼다에게 처음부터 지향했던 목표를 추구하는, 거부할 수 없는 기회를 주었다. 그것은 번영하는 인도의 오토바이 시장에서 풍부한 정보를 갖춘 독립적인 경쟁사가 되는 것이었다.

능성이 높다. 제휴 파트너들이 이러한 자질을 갖고 있는지 평가한다는 것은 당신의 기업 직원들과 파트너의 직원들 사이의 협력 작업과 화학적 융합에 대해 자신감을 갖는다는 의미다. 당신은 제휴가 영원히 지속되리라 기대하지 못할 수도 있다. 하지만 제휴는 세워둔 목표를 성취할 때까지 지속되어야 한다. 우리가 목격했듯이 제휴는 경우에 따라 수십 년간 유지되기도 한다.

완벽한 세상에 있다면 협상 가능한 파트너를 많이 만날 수 있다. 하지만 실제로는 필요한 자원을 갖고 있는 파트너가 소수(단 하나에 불과할 수도 있다)인 경우가 더 많다. 결과적으로 얼마나 많은 기업이 당신에게 지금 당장 사업을 확장하는 데 필요한 세분시장이나 기술이나 규제 관계에 대한 정보를 신속하게 제공해주겠는가? 아마도 극소수의 기업만 그렇게 해줄 가능성이 높다.

성공 가능한 옵션이 소수에 불과하더라도 성공적인 파트너십을 협상하고 키울 수 있다. 잠재적 파트너들이 당신이 그들의 자원을 사용하면 그들도 신규 세분시장과 고객 집단에 접근하거나 줄어드는 자산을 다시 키울 수 있다고 생각할 때 특히 더 그러하다. 시너지 효과가 가능한 것도 매력이다. 그런 경우 당신이 가진 인센티브와 파트너가 가진 인센티브를 더 쉽게 조정할 수 있다.

성공 가능한 파트너가 없다면 차선의 파트너와 억지로 추진하는 제휴 시도는 보유한 제휴 실행 기술이 얼마나 강력한지와 상관없이 실패로 이어질 게 분명하다. 당신은 제휴 경로를 밟아나가기 시작할 때 당연히 제휴 후보자들의 그림을 머릿속으로 그릴 것이다. 이때 각 제휴 사례마다 지식과 지배 구조 관련 질문을 던져봐야 한다. 그 대답이 성공 가능한 파트너들의 가장 바람직한 특성을 찾아내어 올바르게 결정하도록 도와줄 것이다.

제휴의 실현 가능성을 저울질할 때 미래 파트너들의 특정 배경과 편향을 고려해보라. 예를 들어 제휴 경험이 없는 기업들은 불신 가능성을 보여주는 신호에 과민반응하거나 합의를 토대로 하는 의사결정에 곧장 인내심을 잃어버릴 가능성이 높다. 경험이 없는 제휴 파트너들은 자신들이 파트너의 행동에 가할 수 있는 통제 정도를 과대평가하는 경향이 있다. 따라서 그들은 진정한 주고받기의 장기적인 가치를 간과해버릴 수도 있다. 마찬가지로 키우거나 사는 전략 중 하나에 의존해본 유서 깊은 기업들은 합의가 더 나은 결과로 이어질 가능성이 있어도 제휴 관리의 주도권을 잡는 데 더 큰 힘을 기울인다.

다양한 활동과 제휴 단계에서 제휴 실행 기술이 요구된다. 효과적인 제휴에 앞서 계획 수립부터 착수해야 한다. 누가 적절한 파트너가 될지 전망하고, 자원의 잠재적 가치를 정확히 평가하고, 명확한 합의를 협상하고, 강력한 사업 계획을 수립해야 한다. 일단 제휴가 시작되었다면 수많은 당사자들의 역할을 명확히 규정하고, 효과적으로 감시하고, 파트너들 사이에서 강력하고 지속적인 관계를 구축하고, (필연적으로 생기는) 갈등을 봉합하고, 시간이 지나면서 발전하게 되는 관계의 주요 목표에 대한 명확성을 유지해야 한다.

제휴 관리 도중에 저지르는 중대한 실수들 중 하나는 제휴를 기업의 내부 사업부처럼 취급하는 것이다(선의로 이런 취급을 하기도 한다). 금융 서비스 회사의 한 임원은 "이번 제휴 회사는 우리에게 너무나 중요하기 때문에 이것을 우리 자회사처럼 취급할 것이다"라고 말했다. 그로부터 1년 뒤 그는 파트너들이 자신의 지시를 따라주지 않는다면서 깊은 좌절감을 드러냈다. 하지만 제휴 파트너들은 전략적 자율성을 중시한다. 그들은 자신들의 임원이 기업의 내부 역학과 일치하지 않는 지시를 무시하도록 유도할 수 있는 강력한 전통과 경향과 동기를 갖고 있다. 파트너 회사의 임원들은 명령에 복종해야 경력을 쌓아나갈 수 있는 자회사의 관리자들과 전혀 다르다.

제휴 경험이 많은 기업은 새로운 제휴 맥락에 과거의 경험을 잘못 적용하는 기시감déjàvu(지금 자신에게 일어나는 일을 이전에도 경험한 것처럼 느끼는 것)에 빠질 위험성이 높다. 새 술은 새 부대에 담아야 한다. 현재 검토 중인 제휴로 인해 어떤 문제가 생길 수 있는지 알아보라. ① 제휴 조건 협상을 둘러싼 법적 다툼, ②직원들을 공유하고 지식을 전달하거나 활동을 감시하고 조정해야 하는 경영진의 임무, ③갈등 해소 과제, ④상황이 변하고 제휴가 전개되면서 지속적으로 자원 격차를 분석해야 할 필요성 등이 있다. 이러한 요인을 따져본 뒤 현재 프로젝트에 필요한 실행 기술이 부족하다고 생각한다면 지금이 기술 기반을 창조하기 위해 시간과 돈을 투자하는 게 적당한 시기인지 판단해야 한다. 그렇지 않다면 M&A를 추진(단, M&A에 대해 적절한 기술이 있다면)하는 게 더 타당할지 모른다.

또한 당신에게 특별한 목표 자원 확보라는 맥락에서 제휴를 유지하는 데 필요한 경제적 강점이 있는지 평가하라. 제휴 목표를 추구할 때 드는 직접비와 기회비용을 모두 고려해보라. 제휴에 대한 투자로 분명 다른 벤처 투자 능력이 제한된다. 인수보다 비용이 적게 드는 경우가 많지만 제휴도 가끔 수천만 또는 수억 달러의 초기 투자금 외에도 시간이 지나면서 추가 경비(점점 더 늘어날 수도 있다)가 필요하다. 따라서 제휴가 인수에 집중하는 것보다 비용이 적게 들 거라고 확신할 수는 없다.

성장하는 기업의 비밀

자원 확보 전략의 의미

[그림 4-2]에는 자원 경로 틀의 협력 과정 도중에 생기는 여러 가지 이슈가 정리되어 있다. 지식과 지배 구조 관련 질문에 답해보면 제휴와 인수 중에 어느 쪽이 자원 확보에 적합할지 결정하는 데 도움이 될 것이다.

이 그림은 목표의 조화와 협력 범위를 네 가지 차원에서 조합해놓고 있다. 이들 조합은 당신이 잠재적인 자원 파트너와 얼마나 긴밀하게 협조하고 있는지를 보여준다. 앞의 장들에서 나온 그림처럼 왼쪽 상단과 오른쪽 하단에 있는 옵션이 오른쪽 상단과 왼쪽 하단에 있는 옵션보다 더 단순하다.

그림 4-2 자원 파트너와 바라는 긴밀한 관계 및 자원 확보 옵션

지배 구조 관련 질문 :
파트너와의 목표는 얼마나 조화로운가?

	높다	낮다
좁다	자원 파트너와 바라는 긴밀함 : 낮다 **집중적이면서 조화로운 제휴** 제휴	자원 파트너와 바라는 긴밀함 : 보통 **집중적이지만 조화롭지 않은 제휴** 인수를 고려하라 대안 : 복잡한 제휴를 고려하라
넓다	자원 파트너와 바라는 긴밀함 : 보통 **조화롭지만 광범위한 제휴** 인수를 고려하라 대안 : 복잡한 제휴를 고려하라	자원 파트너와 바라는 긴밀함 : 높다 **통합이 요구되는 제휴** 인수를 고려하라

지식 관련 질문 :
협력 범위는
어떠한가?

집중적이면서 조화로운 제휴

현악 4중주 연주곡같이 집중적이면서 조화로운 제휴에는 맡은 역할을 합칠 때 각자 자신의 역할을 알고 있으며, 제한적인 접촉만 하면 되는 제한된 숫자의 사람들이 참가한다. 이때 사람들은 지휘자 없이 협력한다. 자원 통합 활동이 집중적이고 파트너들이 내세우는 목표가 조화로운 제휴는 무척 합리적이고 큰 성공으로 이어지기도 한다.

앞서 설명한 나이지리아와 우간다 및 기타 아프리카 지역에서 휴대전화 자금 이체 애플리케이션을 개발하기 위해 MTN과 스탠다드 은행이 맺은 제휴를 생각해보라. 이 제휴의 경우 전략적 성과를 거두기 위해 각 회사별로 소수의 사람들만 참여할 것을 요구했다. 마찬가지로 인도의 항공사인 킹피셔 항공Kingfisher Airlines과 제트 에어웨이 Jet Airways는 그다지 중요치 않은 시장에서 항공 경로를 통합하기 위해 손을 맞잡았다. 이 제휴(일정과 예약 조율이 포함된)를 관리하는 데는 몇 명만 필요했다. 말레이시아 항공사인 에어 아시아Air Asia와 영국 항공사인 버진 에어라인Virgin Airlines도 에어 아시아의 동남아시아 경로와 버진의 호주, 유럽, 중동 지역 등의 장거리 항로를 연결하기 위해 집중적인 제휴에 성공했다.

주요 국제 항공사의 제휴(스타 얼라이언스Star Aliance, 원월드OneWorld, 스카이팀SkyTeam의 제휴)는 파트너들 사이에 고도로 집중적인 상호작용을 통해 유지된다. 이런 상호작용은 예약과 상용 고객 프로그램을 관리하는 각자의 정보 시스템을 조정하는 방식으로 실행된다. 제휴

성장하는 기업의 비밀

사들 사이에서 다른 형태의 광범위한 통합 없이도 이로 인한 혜택을 누리게 된다. 예전에 국제 항공사들 사이에 맺었던 계약 기반 프로젝트는 이보다 훨씬 더 비효율적이었음을 명심하라. 당시 계약 모델은 참여사들의 지속적인 참여의 필요성을 제대로 뒷받침해줄 수 없었기 때문에 기업들은 정보 시스템의 조화 같은 문제에 대해 별다른 주의를 기울이지 않았다. 그로 인해 수많은 예약과 연결에 차질을 빚었고 많은 승객들로부터 원성을 들었다. 반면 오늘날의 제휴 모델은 참여 항공사들에게 전략적 성과를 안겨준다.

파트너와의 관계가 예상보다 훨씬 복잡해지는 경우 집중적인 제휴가 인수로 발전할 수도 있다. 일라이 릴리는 발기부전 치료제인 시알리스Cialis를 개발하기 위해 시애틀에 있는 ICOS와 제휴했다. 시알리스가 발기부전 시장에서 성공을 거두자 양사는 이 약의 기본 화합물로 암과 다른 질병 치료제를 개발할 수 있으리라 생각했다. 일라이 릴리는 이러한 추가 시장을 포트폴리오 성장과 밀접한 관계가 있는 부분으로 간주했고, ICOS와의 제휴를 지속하기보다 아예 회사를 인수하기로 결정했다. 그로 인해 일라이 릴리는 관련 제품의 개발과 실험에 수반되는 복잡한 활동을 관리할 수 있는 훨씬 더 건전한 토대를 마련했다.

통합이 요구되는 제휴

이러한 제휴는 각자 다른 템포에 맞춰 다른 선율을 연주하는 음악가들이 모여 음악을 만들려는 시도와 흡사하다. 인센티브 면에서 당신과 현격한 차이가 나는 파트너와 다양한 기능에 걸쳐 광범위하게 협력해야 하는 경우 성공적인 제휴를 창조하고 관리하기가 사실상 불가능하다. 그런 경우 인수로 목표 자원을 확보하기가 더 나을지도 모른다. 포드와 폭스바겐의 제휴는 실패로 끝난, 통합이 요구되는 관계의 좋은 사례다. 마찬가지로 2000년에 세계적인 증권사인 메릴린치Merrill Lynch와 HSBC 은행은 영국, 호주, 캐나다, 독일, 일본, 홍콩 고객들에게 온라인 뱅킹과 투자 서비스 제공을 목적으로 합작벤처를 설립했다. 그리고 각자 벤처의 CEO와 최고운영책임자COO, Chief Operating Officer로 일할 임원들을 보냈다. 하지만 제휴 관계에 요구되는 여러 가지 일이 제휴의 지배 구조 범위를 넘어서자 2002년 HSBC는 이 합작벤처를 인수해버렸다. 벤처의 초기 문제를 리더 역할을 맡은 사람들 탓으로 돌리기 쉬웠지만, 사실상 그런 문제는 자원 확보 경로의 선택 때문에 비롯된 것이었다.

통합이 요구되는 제휴에 착수하는 기업들은 인수로 이동함으로써 큰 성공을 거두기도 한다. 2000년대에 스페인의 산탄데르 은행Santander Bank은 광범위한 새로운 재화와 용역을 통해 세분화된 고객의 추가 공략을 목표로 남미에서 광범위하게 팽창했다. 산탄데르는 처음에 브라질과 아르헨티나 등 남미 국가 은행들과의 제휴 방안을 모색했다. 하지만 얼마 지나지 않아 독립적 실체들의 제휴 관계를 관리하기가 너무 복잡해질 수 있다는 사실을 깨달았다(조율과 화합의 문제처럼 각 제휴 당사자에게 필요한 인센티브들이 무리한 요구였을 수 있다). 이후 산탄데르는 몇몇 남미 은행을 인수해 신규 서비스 설계와 출시 거점으로 활용했다.

집중적이지만 조화롭지 않은 제휴

이러한 제휴들은 한 곳 이상의 파트너가 자신의 인센티브만 강조하다가 무너질 위험성이 있다. 계속해서 음악에 비유하자면, 많은 재능 있는 밴드의 경우 리드싱어나 기타리스트가 자신이 추구하는 목표가 밴드 전체의 성공보다 중요하다고 믿었기 때문에 실패했다. 비즈니스에서도 제휴 파트너들 중 누구라도 자신에게 필요한 것에 집착할 때 제휴 관리가 어려워진다.

2011년에 있었던 영국 석유화학 전문회사인 브리티시 페트롤륨 BP, British Petroleum과 러시아 석유회사 로즈네프트Rosneft의 석유 탐사 제휴 협상 시도는 조율되지 않은 인센티브 때문에 실패한 비교적 집중적인 제휴 사례였다. 이 경우에 러시아 에너지 분야에서 활동하던 BP의 기존 파트너인 TNK가 로즈네프트와의 제휴 계약에 반대했고, BP와의 이전 계약 조건을 통해 신규 벤처 설립을 방해했다. BP는 로즈네프트와의 새로운 관계에 TNK의 관심을 이끌어낼 방법을 찾을 수 없었다. 이런 상황에서 당신의 권리를 지키는 데 유용한 형식의 인수를 고려할 필요가 있을지도 모른다.

하지만 인센티브가 조율되지 않을 경우 인수만이 최선의 방법은 아니다. 좀 더 복잡한 제휴를 고려하고 싶을 수도 있다. 제휴가 계약에 비해 파트너의 더 적극적인 참여를 뒷받침하지만, 복잡하지 않아서 관리하기 쉬울 때 성공 확률이 높아지는 경향이 있다. 조율되지 않은 인센티브는 보통 인수로 가야 한다는 걸 알리는 위험 신호다. 하지만 그러한 제휴의 특성들이 자원에 초점을 맞췄을 때 파트너가 요구하는 인센티브들 사이의 조율 부족 문제를 성공적으로 해결할 수 있을지 모른다.

복잡한 제휴는 인센티브들을 조율하고, 신뢰감이 떨어지는 행동을 억제하기 위해 담보조건과 기타 방법을 통해 목표 주변에 생기는 여러 갈등을 해소하면서 복잡한 계약(제3장 참조)과 상당히 비슷한 기능을 한다. 복잡한 제휴는 지분 공유와 상호 라이선스 계약 같은 담보조건들 외에 감시 장치도 제공할 수 있다. 이런 장치에는 각기 제휴 파트너들 내 다양한 기능부서 출신 사람들로 이루어진 다면적 실무 그룹이 포함될 수 있다. 실무 그룹이 하는 일은 구체적인 합의의 구속을 받는다. 이 합의에는 분명하게 정의된 각 파트너의 기술과 시장 범위에 대한 접근 가능 조건 등이 명시되어 있다. 최상의 경우라도 복잡한 제휴가 완벽하게 보호해주지는 못한다. 하지만 복잡한 계약과 마찬가지로 일단 실행 불가능해 보이는 프로젝트를 소생시키는 데 도움을 줄 수는 있다. 제휴에서는 인센티브 조율을 통해 파트너들의 전략적 관심을 보호해주는 데 유용한 담보조건으로 상호 지분 보유와 통제권을 이용하는 경향이 점점 더 커지고 있다. 그러한 담보조건들은 제휴 활동의 성패가 각 파트너의 장·단기 성과에 중대한 영향을 미칠 것임을 확인해준다.

GE는 1970년대에 일본의 의료 영상 기기 시장에 진입하면서 복잡한 제휴를 협상했다. 당시 GE에게 강력한 기능적 기술이 있었지만, 일본 시장에 맞는 영상 기기를 개발하고 판매하기 위해선 기존에 없던 조직이 필요했다. 일본 시장에서 성공 가능성이 높은 내부 사업부를 만들 수 없다고 판단한(심지어 준자율적인 사업부조차) GE는 의료 영상 기기 시장에 아주 적합한 일본 기업인 요코가와 호쿠신 일렉트릭Yokogawa Hokushin Electric Corp.과 제휴했다. 양사는 제휴 관계가 발전하면서 혁신이 양사에 골고루 흘러갈 수 있도록 광범위한 통제 시스템과 기술 이전 방법에 대해 협상했다. GE는 이 제휴를 통해 배운 것을 점차 자기 것으로 만들었다. 그러다 결국 GE는 일본 현지에 적절한 조직 기술을 섭렵함으로써 일본 시장에서 1위 기업으로 부상했고, 일본의 발전된 제품을 토대로 전 세계 시장에서 경쟁했다.

그럼에도 불구하고 시간이 지나면서 제휴 관리가 어려워질 수 있다. BP와 TNK의 관계가 왜 틀어졌는지 생각해보라. 양사의 합작벤처가 매장된 석유 시추에 성공했지만 북극 유전을 개발하기 위해 로즈네프트와 제휴하려는 BP의 시도를 TNK가 방해한 것을 포함해 파트너들 사이에 지배 구조와 전략을 둘러싸고 광범위한 논쟁이 지속되었다. 이러한 긴장은 미국의 석유화학회사 엑슨모빌ExxonMobil 같은 경쟁사들에게 시장 공략 기회를 열어주었고, 엑슨모빌은 궁극적으로 로즈네프트와 손을 잡았다.

제휴 실행 기술의 강점은 복잡한 제휴에서 특히 더 중요하다. 당신에게는 역동적 환경에서 복잡한 조건을 협상하고, 주시하고, 조율할 수 있는 능력이 필요하다. 복잡한 제휴는 제휴 경험이 많은 기업에게는 성공 전략이지만, 신생 기업에게는 치명적인 결과를 안겨줄 수도 있다. 따라서 실행 기술을 꼼꼼하고 솔직하게 평가하라. 그 기술을 평가할 수 없지만, 복잡한 제휴가 매우 중요하다고 판단되면 그에 필요한 기술을 얻기 위해 투자해야 한다.

조화롭지만 광범위한 제휴

이런 제휴는 파트너들 사이의 인센티브가 잘 조율되었지만, 협력하려면 많은 접촉 지점이 필요한 경우에 추진된다. 이때 파트너들은 많은 연주자들이 상이한 악기로 각자 맡은 부분을 잘 융합해야 통일된 하모니가 만들어지는 심포니 오케스트라와 유사하다. 조화롭지만 광범위한 제휴의 경우, 폭넓은 협력 범위 내에서 파트너들은 전략적 자율성을 확보하기 위해 씨름할지도 모른다. 그러다가 생긴 관계의 단절 문제를 해결할 수 없다면 인수를 고려해봐야 한다. 하지만 인수에 뛰어들기 전에 이런 상황 역시 통합에 얽힌 문제를 완화시킬 수 있는, 보다 복잡한 제휴를 통해 도움받을 수 있음을 깨달아야 한다.

협력이 점점 더 복잡해질 때 제휴는 더 많은 구조와 통제를 요구한다. 기업들은 복잡한 제휴를 보강하기 위해 지분 투자 같은 연대

성장하는 기업의 비밀

방안을 추가로 활용하기도 한다. 자동차 회사인 르노와 닛산의 제휴는 형식적인 구조를 갖추고 맺어진 성공적인 복잡한 제휴다. 이 프랑스와 일본 기업은 현재 시장 개발과 납품망 관리 같은 분야에서 경영상 협력을 추구하고 있다. 상호 지분 보유(르노가 닛산의 지분 37퍼센트, 닛산이 르노의 지분 15퍼센트를 가지고 있다)는 각 회사가 상대에게 영향을 미칠 수 있는 행동을 할 때 인센티브가 조율될 수 있게 도와준다. 각각의 지역 시장에서 중복 영역이 거의 없다는 점은 양사가 경쟁 우려로 인한 혼란 없이 생산 활동을 조율하는 데 집중할 수 있게 해줌으로써 인센티브의 조율을 더욱 강화해준다.

인센티브의 부조화나 광범위한 파트너 간 협력과 관련된 도전을 해결하기 위해 애쓰는 복잡한 제휴는 신중하게 설계되어야 하고, 양 파트너들로부터 강력한 관심을 얻어야 한다. 기업들은 가끔 제휴를 회사 간cross-company 여러 팀으로 이뤄진 네트워크 구조로 만들려고 애쓴다. 이런 팀들은 일반적으로 파트너 조직들 사이의 다양한 기능과 수준에 걸쳐 있고, 여러 종류의 임무를 수행하며, 광범위하게 퍼져 있는 리더들에게 보고한다. 상당한 상호 학습 목표나 공동 개발 활동이 요구되는 제휴에는 종종 기업들 전반에 분산되어 있는 그러한 팀들로 이루어진 네트워크가 필요하다. 성공적인 협력에는 파트너들의 자원과 재능의 결집을 촉진하는 구조가 요구된다. 비교적 집중적인 활동에는 딱딱한 격식에 얽매이지 않는 비공식적인 대책반 task force이 적절할 수 있지만, 이처럼 보다 복잡한 상황에서는 자원을 모으고 조율하기 위한 공식적인 합작벤처가 필요할 수 있다.

공동 학습의 고전적인 사례로는 제너럴모터스(이하 GM)와 도요타 의 합작벤처인 뉴 유나이티드 모터 매뉴팩처링NUMMI, New United Motor Manufacturing Inc.이 있다. 1984년 양사는 캘리포니아 주 프리몬트 에 있는 GM의 전 생산 공장 부지에 NUMMI를 설립했다. 제휴 목 적은 각자의 브랜드로 판매할 수 있는 자동차를 생산하는 것이었다. GM은 이 합작벤처를 통해 도요타의 린 생산 방식을 배우고 싶었 고, 도요타는 북미에서 최초의 생산 기반과 함께 미국 노동시장에서 린 생산 시스템을 실험해볼 기회를 얻고 싶었다. 양사의 합작벤처는 2010년까지 자동차를 생산했다. 다만 대부분의 업계 전문가들은 도 요타가 제휴를 통해 GM보다 상대적으로 더 많은 지식을 얻었다고 판단했다. 실제로 도요타는 미국 시장에 관한 지식을 활용해 2010년 에 NUMMI 공장 일부를 매입한 전기자동차 개발업체인 테슬라 모 터스Tesla Motors와 전기자동차 개발 협력에 나섰다.

제휴의 복잡함은 거의 언제나 긴장감을 유발한다. 파트너들이 소 유 지분과 다른 지배 구조 조건(이와 관련된 초기 이견이 복잡한 제휴를 좌 초시키기도 한다)에 합의하더라도 이후에 생기는 문제들이 강력한 협 력을 요구하는 제휴 관계를 무너뜨리는 경우가 허다하다. 러시아에 서 BP가 겪은 경험이 이와 관련된 적절한 사례다. 협력 활동을 명확 히 정의할 수 없거나 인센티브 조율 능력이 걱정된다면, 복잡한 제휴 라도 효과가 없을 수 있다.

성장하는 기업의 비밀

활동 범위가 광범위하고, 필요한 협력 정도가 높을 때 아무리 복잡한 제휴라도 결과적으로 무산되면서 어떤 형식으로건 인수를 유발할 수 있다. 유럽 항공사 컨소시엄인 에어버스Airbus와 함께 4개국 파트너는 처음에 각자 전략적 자율성을 유지하기 위해 애썼다. 이들 파트너는 각자 역할을 할당했는데도 어쩔 수 없이 설계 때마다 여러 가지 심각하게 중복되는 활동을 지원하게 되었다. 이렇게 된 것은 각 파트너가 표방하는 주된 목적이 최상의 협력 벤처를 만드는 게 아니라 완전한 비행기를 제조할 수 있는 능력을 유지하는 것이었기 때문이다. 궁극적으로 파트너들의 자율성을 보존하려는 결정은 실패했다. 보잉과 강력한 경쟁을 벌여야 했던 에어버스는 파트너들의 자율성 집착으로 인해 커진 협력 비용을 감당할 수 없었다. 그러다가 마침내 2001년에 파트너들은 각자 활동을 합쳐 공식적인 합작 주식회사 EADS를 설립했다. 파트너들이 보유하고 있던 적절한 자산을 이전해 새로운 독립적인 조직을 만든 것이었다.

1990년에는 볼보와 르노가 복잡한 파트너십을 구축했다. 이후 양사는 전 세계 자동차 업계에서 훨씬 더 큰 규모를 무기로 내세울 수 있으리라고 기대했다. 하지만 제휴 범위 내에서 벌인 활동은 독립적인 협력사들이 이끌기에는 너무 복잡했다. 양사의 제휴는 곧바로 각자 자기 목적에 맞는 관계를 만들기 위한 복잡하고 무능력한 노력으로 전락했다. 1994년 양사의 제휴는 실패로 끝났고, 이를 계기로 볼보는 1999년 포드에 인수된 것으로 보인다. 르노의 경우 제휴 실패에서 얻은 교훈은 닛산과 보다 성공적인 제휴의 틀을 갖추는 데 도움을 주었다.

이러한 사례들은 제휴에 대한 우리의 핵심 주장이 옳음을 다시 한 번 확인시켜준다. 즉 조화로운 목표를 공유하는 파트너들의 집중적인 참여 속에 지식과 다른 자원 교류가 이루어져야 제휴가 최고의 효과를 낸다. 복잡한 제휴는 가끔 광범위한 차원의 협력과 조율이 되지 않은 목표로 인해 생기는 문제를 해결해주는데, 그에 따라붙는 조건은 제휴 당사자들이 강력한 실행 기술을 갖고 있어야 한다는 것이다. 파트너 조직들의 많은 부분이 개입되거나 파트너들끼리 각자 다른 전략적 욕구를 갖고 있기 때문에 협력의 필요성이 크다면 일반적으로 협력 비용과 난이도가 너무 높기 때문에 인수가 더 타당하다.

평가 도구와 요약

[표 4-1]은 필요한 자원 확보를 위해 자원 파트너와의 협력 방안을 모색할지 결정하는 데 도움을 줄 수 있다. 대답이 대부분 긍정적이라면 제휴를 고려해보라. 이때는 파트너와 집중적인 관계를 맺고 있으며, 파트너의 목표가 당신의 목표와 조화를 이루고 있다. 하지만 대답이 대부분 부정적이면 인수를 통해 파트너를 완전 통제하는 방안을 추구하는 게 나을지 검토해봐야 한다.

[표 4-1] 자원 파트너와의 바람직한 긴밀한 관계

지식 관련 질문 : 협력 범위		아니다	그렇다
활동 범위	협력에 우리 회사의 기능부서와 사람들이 소수만 참여하는가?		
	협력에 파트너 회사의 기능부서와 사람들이 소수만 참여하는가?		
협력의 복잡함	협력에 우리 회사 사람들과 파트너 사람들 사이에서 접촉 지점이 거의 없는가?		
	파트너의 기여 부분이 전문적이라 제휴를 유지하는 데 제한적인 협력만 필요한가?		
	공동 학습의 필요성이 제한적인가?		
지배 구조 관련 질문 : 파트너들 사이의 목표 조화			
경쟁 분야의 중복	우리 회사와 파트너 사이에 중복되는 경쟁 분야가 거의 없는가?		
자원 기여	우리 회사와 파트너가 핵심 자원들을 공정하게 기여할까?		
제휴의 중요성	제휴가 우리 회사와 파트너에게 전략적으로 비슷한 중요성을 띨까?		
학습 기회	제휴가 우리 회사와 파트너에게 소중한 학습 기회를 비슷하게 제공할까?		
제휴 실행 기술	우리 회사와 파트너가 시간이 지나도 제휴를 관리할 적절한 기술과 사람들을 확보하고 있을까?		

목표 자원에 대한 지식의 적합성과 조직의 적합성을 묻는 질문에 각각 답하라. 대답이 대부분 긍정적이라면 제휴(빌리는 방식)를, 대답이 대부분 부정적이라면 인수를 고려해보라.

높은 전략적 가치를 가진 매우 효과적인 도구인 제휴는 파트너들이 조화로운 목표를 가지고 제한적으로 협력에 집중할 때 특히 가치가 있다. 제3자 간 계약만으로 필요한 관계 관리를 할 수 없는 경우 제휴는 당신과 파트너가 제한적인 공유 자원을 심도 있게 개발함으로써 새로운 가치를 창조할 수 있게 도와주며, 집중적인 참여를 성공적으로 지원해줄 수 있다. 인수가 타당해 보일 수 있는 환경(인센티브를 조율하기 위해 강력한 협력이나 강력한 처방약이 요구되는 환경)에서 복잡한 제휴는 인수를 성공으로 유도할 보호 장치를 제공해준다. 하지만 궁극적으로 협력이나 인센티브 관련 문제들 중 어느 것이라도 만족하게 해결되지 않으면 제휴는 부적절하다. 그런 경우에는 인수를 고려해봐야 한다.

05
CHAPTER

언제 사야 하는가
인수 대 대안들

지금까지 우리는 인수와 관련된 비용, 위험, 복잡함에 대해서 경고했다. 인수 전략은 그보다 더 단순하면서도 일시적인 전략이 본연의 목적을 달성하지 못했을 경우에만 적절하다. 이 전략은 최후의 수단을 써야 할 때가 되었다고 판단되는 경우에 쓴다. 제3자 간 계약보다 전략적 자원에 더 포괄적으로 접근해야 하고, 제휴가 허용하는 것보다 자원에 대한 통제력이 강화되어야 할 때 필요한 전략이다. 그렇다면 어떻게 해야 할까?

우선 인수를 통해 얻고자 하는 것이 무엇인지부터 정의하라. M&A는 많은 목적에 부합할 수 있다. 당신은 M&A로 어떤 혜택을 얻어야 하는가?

긍정적인 측면에서 M&A는 강력한 경영 도구다. 자원이 풍부한 기업에 새로 부임한 리더는 인수를 통해 단기간에 강력한 인상을 심어줌으로써 자신의 입지를 다질 수 있다. 조직 구조조정의 속도를 내고, 시장 선도 기업을 따라잡고 싶은 기존 CEO라면 인수를 통해 타성을 극복하고, 신속하게 시장점유율을 끌어올릴 수 있다. 기업 내 강력한 사업부의 리더는 M&A를 통해 시장에서 경쟁우위를 유지할 수 있다.

전략적 M&A는 신속한 사업 구조조정을 가능하게 해준다. 예를 들어 인도의 자동차 회사인 타타 모터스는 제품 개발 역량을 끌어올린 뒤 주도면밀하게 계산된 세 차례의 인수를 통해 고급 세분시장으로 진출했다. 타타는 2004년과 2008년, 그리고 2010년에 각각 한국의 대우자동차, 영국의 재규어 랜드로버Jaguar Land Rover, 이탈리아의 디자인과 엔지니어링 회사인 트릴릭스Trilix의 지분을 인수했다. 기업 소프트웨어 제조회사인 오라클Oracle은 제품 라인과 서비스 역량 강화를 위해 2009년과 2011년 사이 네트워크 컴퓨팅 제품 생산업체인 선 마이크로시스템스Sun Microsystems와 소프트웨어 업체인 라이트나우 테크놀로지스RightNow Technologies를 잇달아 인수했다.

구체적인 자원 확보를 상정하고 있을 경우 인수는 원하는 재능을 가진 사람들이 부족한 문제를 해결함으로써 자생적 성장을 강화하는 데 도움을 줄 수 있다. 예를 들어 세계 에너지 산업은 만성적으로 자질이 뛰어난 엔지니어와 프로젝트 관리자 부족에 시달리고 있다.

　　　　　　　　　　　　　　　　성장하는 기업의 비밀

그러자 영국의 서비스 엔지니어링 회사인 에이멕AMEC은 최근 공략 시장 확대에 필요한 엔지니어링 기술을 얻기 위해 30차례에 걸쳐 인수를 시도했다.

부정적인 측면에서 M&A는 실패하면 값비싼 대가를 치를 수 있다. 2010년 스웨덴 제약회사인 노바티스Novartis는 2007년 실제 가치보다 100퍼센트 웃돈을 주고 인수한 영국의 생명공학 회사 노이텍 파마NeuTec Pharma를 폐쇄하기로 결정했다. 인수 당시 노이텍은 병원 감염 예방약을 개발 중이었다. 그런데 불행하게도 인수 후 9개월 만에 이 대표적 제품이 유럽 규제 당국의 승인을 얻지 못했다. 제품과 규제를 둘러싼 불확실성을 감안할 때(또한 직원 20명을 둔 노이텍 같은 기업을 규모가 훨씬 더 큰 기업으로 통합하는 문제를 둘러싼 어려움과 함께) 노바티스가 처음부터 노이텍과 신약 공동 개발을 위한 제휴에 나서는 게 더 합리적이었을지 모른다. 제휴 가능성이 없어 인수 계약을 체결할 때는 여러 가지 불확실성과 다른 도전(단계별 목표 달성 지급 방식에 의존할 때 생기는 문제 등)을 감안해야 한다.

인수 기업의 임원들은 선별적으로 인수 전략을 활용하고, 타당하지 않은 계약은 추진하지 않는 법을 배워야 한다. 우리는 많은 산업에서 활동하는 기업들과 다년간 접촉하는 동안 놀라운 패턴을 발견했다. 체계적인 기업 개발 활동을 해본 적이 없는 기업들은 종종 갑자기 임원들에게 사세 확장을 위해 M&A에 나서게 함으로써 보상해준다. 인수 외에 다른 방법으로 성장할 수 없는 경우도 있다. 하지만 인수가 부적절한 내부 역량 문제를 해결해줄 거라고 기대한다면, 전략적 지배 구조의 문제를 겪을 수 있다. 경우에 따라 어수선한 혼란을 경험하기도 한다.

자동차 업계에서 잘나가는 납품업체에 근무하는 우리 제자들 중한 명도 M&A의 기로에 서 있었다. 그가 다니던 회사가 새로 임명한 CEO는 한 세미나에 참석한 뒤, 회사를 변화시키려면 대담한 목표가 필요하고 M&A가 효과적이고 신속한 변화 도구라는 사실을 배웠다. 당시 회사는 재력이 탄탄했기 때문에 CEO는 M&A에 본격적으로 뛰어들었다. 제자는 상사인 CEO가 무작위로 인수한 기업들을 통합시키는 역할을 맡았는데, 우리에게 조언을 구했다. 우리가 어느 정도까지는 그를 도와줄 수 있었다. 하지만 이미 중대한 잘못이 저질러진 상태였다. 대부분의 인수가 부적절했고 서로 조화를 이루지도 못했다. 그로부터 1년 뒤 모기업도 혼란에 빠졌고, CEO는 시장에서 퇴출되었으며, 우리 제자는 다른 일자리를 찾아보게 되었다.

앞에서 말했듯이 제휴와 M&A는 그 경계가 흐려질 수 있다. 시간이 지나면서 어떤 제휴는 인수가 된다. 인수도 제휴가 될 수 있다. 인수한 기업을 나중에 별도의 협력 사업부로 분사할 때가 그러하다. 일부 목표 기업들은 인수 기업 내에서 자율성을 유지하고, 새로운 모기업 내에서 독립 사업부로 기능한다. 제4장에서 설명했듯이 일부 지배기업들은 제휴 파트너를 내부 자회사처럼 취급하는 실수를 범한다. 끝으로 일부 제휴는 M&A보다 더 많은 자원상 혜택을 제공해준다.

성장하는 기업의 비밀

인수는 소유권과 통제권 면에서 제휴와 근본적으로 다르다. 인수는 지배 지분을 확보하지만 제휴는 그렇지 않다. 따라서 독립적인 파트너와 할 수 있는 것보다 통합 소유권과 중앙집중식 통제가 결합된 자원을 더 많이 이용함으로써 도움을 원할 때 인수가 더 유리하다. 기업이 종종 목표 자원 영역의 투자를 늘리고, 자원 파트너들의 더 많은 개입을 필요로 할 때 기업에겐 더 많은 통제권이 필요하다. 파트너들이 공동 자산을 집중적으로 이용할 수 없더라도 제휴는 인수보다 비용이 적게 들고 융통성이 더 발휘될 수 있다. 따라서 제휴는 시장 또는 기술적 불확실성이 큰 분야에서 특히 더 매력적이다.

인수와 제휴 과정에도 차이가 있다. 제휴는 보통 상호보완적 목적을 가진 두 파트너의 협상에 의해 이루어진다. 반면 M&A에는 종종 다양한 입찰자가 참여하며 비용 절감, 시장 영향력 확대, 지역 시장 진입을 비롯해 보다 복잡한 목적을 충족시켜줄 수 있다. 명확히 정의된 자산과 목적을 집중적으로 노린다면 제휴가 더 좋은 방법이다.

무엇보다 인수가 당신의 욕구를 충족시켜준다고 판단되면 인수를 선택하라. 목표 기업을 인수 후 통합하려면 많은 재정과 경영 자원이 필요하기 때문에 인수는 특정 자원을 확보하는 데 권장할 만하지 않다. 기업을 인수하면 나중에 구조조정과 매각이 필요한, 중복되거나 비전략적인 자원도 함께 떠안아야 한다. 이런 구조조정과 매각에는 돈이 많이 들고 경영에도 지장을 준다. 결과적으로 인수에 과도하게 의존했다가는 통합 역량이 한계점에 이를 정도로 약해져서 전반적인 인수의 위험성이 높아진다. 그래서 까다로운 한 차례의 제휴가 무리해서 추진한 한 차례의 인수보다 선호될 수 있다.

인수는 많은 단계를 거친다. 각 단계별로 성공에 기여할 수도, 차질을 줄 수도 있다. 이 과정에서 무엇보다 힘든 건 합병 후 통합, 다시 말해 인수 후 합쳐진 자원으로부터 가치를 창조해내는 일이다. M&A 경험이 있는 기업들조차 모든 인수 계약 때마다 이런 가치를 창조하기 위한 퍼즐 조각 맞추기에 골몰한다. 새로운 인수 때마다 상대해야 하는 자원, 사람, 가치가 다르다. 이번 통합 도전이 지난번과 무엇이 다른지 공부하고, 배우고, 계획을 세우는 방법 외에 반복해서 쓸 수 있는 견본 같은 건 없다. 이런 면에서 합병 후 통합은 조립 라인 자동화보다 훨씬 더 '건별job-shop'로 창의성이 요구된다. 다만, 그러다가 반복해서 사용 가능한 최고의 관행을 개발해낼 수도 있다.

합병 후 통합의 핵심은 인수한 자원 중 무엇을 유지하고, 무엇을 매각할지 결정하는 것이다. 새로운 조직에서 쓸모없는 자원 매각 원칙을 세워놓지 않으면 과도한 짐을 떠안고 갈 위험성이 높다. 확실하게 찾아낸, 몇 가지 높은 가치를 가진 자원을 통제하기 위해 인수를 할 때 특히 위험하다. 이때 인수 기업은 기존 조직이 와해되고 필요한 자원의 가치를 창조한 사람들을 불안에 떨지 않게 만들기 위해 매각을 연기하면서 자원을 신속히 활용하는 데 집중하려고 할지도 모른다. 그러다가 사용하지도 않는 자원 인수로 웃돈을 지불하는 사태를 겪기도 한다.

성장하는 기업의 비밀

반면 기업들은 과도한 유휴 역량을 제거함으로써 목표 기업이 온전한 형태를 갖추게 만들 수 있다고 믿으면서 자원을 구조조정하고 통합하려고 너무 서두를 수 있다. 기업들은 목표 기업의 핵심 자원을 최대한 활용하면서 자산을 매각·분리하고, 직원 수를 줄이고, 일부 사업을 정리할 수 있다. 그런데 이때 처음에 지방으로 보였던 것이 나중에 보니 뼈와 근육으로 드러나는 것 같은 문제가 생길 수 있다. 우리가 1990년대에 미국과 유럽 제조업 분야에서 250차례의 인수 사례를 대상으로 실시한 대규모 조사 프로그램에 따르면 R&D, 제조, 마케팅, 영업 분야에서 목표 기업이 보유한 자원은 인수 기업이 보유한 자원에 비해 축소될 가능성이 3~5배 더 높았다. 장기적인 측면에서 그런 식의 공격적인 축소는 소중한 역량의 손실로 이어질 수 있다.

통합 과정 지도를 분명하게 그리고, 양사 핵심 인재들의 동기를 유지할 수 있어야 그런 실수를 저지르지 않는다. 과도한 중앙집중식 통제는 인수 기업과 목표 기업의 협력 관계를 해치면서 통합 자원의 가치를 파괴할 수 있다. 반대로 지나치게 적은 통제는 가치 창조 기회의 상실로 이어진다. 적절히 통합할 수 없다면 제휴나 부분적 인수 같은 통합적 성격이 약한 옵션들을 재고해보라. 왜 경영진이 우리가 강조하고 있는 것과 같은 분석을 하지 않은 채 서둘러 M&A에 뛰어드는지 알아보자.

경영진이 서둘러 M&A에 뛰어드는 이유

비즈니스 업계에는 "M&A는 가치보다 뉴스거리를 더 많이 만든다" 라는 말이 있다. 몇몇 연구 결과를 보면, M&A 중 70퍼센트는 본래의 목적을 성취하지 못한다. 이들 연구에 협상과 실행이 특히 더 어려운 대형 인수가 상대적으로 많이 포함되어 있지만, 어떤 인수든 실패할 확률이 높다. 다른 많은 연구 결과처럼 우리도 인수가 평균적으로 인수 기업 주주들에게 손해를 끼친다는 사실을 알아냈다. 우리가 조사한 전기통신 기업 임원들 중 27퍼센트만 목표 기업의 역량에 들어 있는 가치를 추출해냈다고 밝혔다. 많은 기업은 인수로 성장 속도가 빨라지기를 기대하지만 임원들은 사리사욕, 과도한 집착, 특정 목표가 주는 유혹, 그리고 차단 전략 또는 전략적 지름길로 M&A를 활용하는 것처럼 온갖 잘못된 이유로 M&A에 눈독을 들이는 경우가 있다.

경영진의 사리사욕

사리사욕은 M&A 결정에 심각한 문제를 초래한다. 많은 연구가 인수는 경영진의 자아와 평판과 경험 축적 욕구를 충족시켜주거나, 그들의 보상과 비금전적 혜택을 올려주거나, 그들의 부진한 경영 성과를 덮어주거나, 미래 CEO 후보로 그들의 매력을 유지해주거나, 그것도 아니라면 단순히 그들의 현재 자리를 보존해준다고 지적하고

성장하는 기업의 비밀

있다. 경영진이 성장 목표를 달성하고, 유명세를 얻고 야망을 채우는 지름길로 경솔하게 인수를 선택할 때 여러 가지 문제가 일어난다. 속을 들여다보면 경영진은 실제 시너지 효과보다 규모를, 신중한 정밀 실사보다 속도를, 그리고 장기적인 가치 창조보다 단기적인 주당 순익을 강조하면서 잘못된 질문을 던지게 조장하는 인센티브 시스템 때문에 M&A를 남용한다.

경영진은 그보다 향후 인수가 경쟁사들이 쉽게 따라오지 못할 만큼 기업의 경쟁우위를 개선할 수 있을지에 집중해야 한다. 그러려면 미래의 현금 흐름을 예상함으로써 통합된 기업이 누릴 혜택을 저울질해봐야 한다(실제로 그들은 그렇게 하고 있다). 인수 가격이 예상되는 미래 가치에 부합하는지 확인하는 것이 중요하다. 불행하게도 많은 경영진은 이런 분석을 하는 동안 인수할 자원의 장기적인 가치 창조 가능성을 고려하지 못한다. 대신 그들은 단기적인 성과에 집중하면서 "이번 인수가 주당 순익과 우리의 성장률에 어떻게 영향을 미칠까?", "인수가 시장점유율 목표치를 달성하는 데 어떻게 도움이 될까?", "인수가 우리 회사 주가(그리고 내가 가진 스톡옵션의 가치)에 어떤 영향을 줄까?" 등에 관심을 갖는다.

이러한 질문들이 적절할 수도 있지만 편향된 대답을 유발하기도 한다. 기업들은 가치를 창조하거나 혹은 파괴함으로써 정해두었던 목표를 달성할 수 있기 때문이다. 이때 경영진이 가치를 파괴하기보다는 창조함으로써 목표를 달성하기 위해선 인수의 핵심 자원들(주가, 주당 순익, 시장점유율, 성장, 고객 만족도 등에 영향을 주는 자원들)이 기존 자원의 가치에 어떻게 기여하는지 반드시 조사해봐야 한다. 그들이 단기적인 성과만 보고 인수 결정을 내릴 때는 승진과 성과금과 기타 개인적인 인센티브만 노리다가 가치를 파괴할 수 있다. 기업들은 경영진에게 주는 보상이 크면 무조건 더 잘될 거라고 믿고, 비슷한 규모의 기업 CEO들이 받는 보상을 벤치마킹하려는 경향을 보이다가 돌이킬 수 없는 위험에 빠지기도 한다. 결과적으로 일부 기업은 인수 과정 중에 확실한 가치 창조보다 인수 성립에 관심이 더 많은 자문관들로부터 서둘러 인수하라는 종용을 받다가 과도한 대금을 지불하기도 한다.

과도한 집착

사리사욕을 부리지 않은 리더들조차 성장 방식으로서의 인수와 처음에 관심을 불러일으켰던 특정 목표에 모두 집착하다가 인수를 잘못 관리할 수 있다. 인수의 기본적인 역학에 휘말리기 쉽다는 의미다. 예를 들어 많은 이해관계자가 인수를 성사시키는 쪽으로 밀어붙일 것이다. 내부적으로는 M&A와 사업 개발팀이 몇 주 또는 몇 개월간 인수를 위해 애써왔고, 깊이 관여하고 있다. 대외적으로는 투자 자문과 은행 분야의 실세들이 인수를 추진하면 얻게 될 금전적 인센티브와 강력한 평판에 큰 관심을 보인다. 따라서 인수 과정 자체가 다수의 관심 확대로 이어지기 때문에 인수에 나선 기업이 발을 빼기가 어려워진다.

미국의 제약회사 보스턴 사이언티픽Boston Scientific이 2006년 심혈관 기기 제조회사인 가이던트Guidant를 인수할 때도 이런 덫에 걸렸다. 그보다 2년 전에 미국 건강관리 제품 생산회사인 존슨앤드존슨(이하 J&J)은 가이던트를 인수할 뻔했다. J&J는 몇 개월에 걸쳐 인수 기회를 호시탐탐 노렸고, 인수 금액으로 240억 달러를 제시했다. 이 금액은 J&J가 가이던트의 자원과 역량을 통합함으로써 얻을 수 있다고 믿은 가치를 평가해 산출한 것이었다. 하지만 가이던트의 주력 상품인 제세동기cardiac defibrillator(부정맥 증상을 보이는 심장에 고압전류를 극히 단시간에 통하게 함으로써 정상적인 맥박으로 회복시키는 기기)의 성능에 대한 우려가 커지자 J&J는 인수 금액을 220억 달러로 낮췄다. 이렇게 되자 J&J의 경쟁사인 보스턴 사이언티픽이 250억 달러를 제시하면서 인수전에 뛰어들었다. 그러자 나중에 제안한 인수 금액이 270억 달러로 높아졌다. 제세동기의 성능에 대한 우려 때문에 J&J는 새로 나온 인수 가격이 가이던트의 가치를 과대평가한 결과라고 믿으면서 가이던트 인수에서 물러났다. 인수전에서 보스턴이 승리했지만 오늘날 대부분의 전문가는 보스턴이 과도한 인수 대금을 지불했다고 믿고 있다. 아울러 보스턴은 가이던트의 자산 통합에 애를 먹었고, 그 과정에서 자사의 핵심 사업도 휘청거렸다.

M&A가 크게 유행하는 시기가 있다. 1990년대가 그랬다. 2000년대 중반에도 세계화, 규제 완화, 전 세계 주식시장의 활황이 M&A를

부추겼다. 경쟁사들이 인수전에 뛰어들 때 기업이 뒤에 가만히 앉아 상황을 지켜보고만 있기는 힘들다. 이때 기업 임원들도 신중해야겠다는 느낌을 받을지도 모르지만, M&A에 뛰어들지 않겠다고 고집을 부려봤자 결국 대담한 의사결정자로서 자신의 명성만 더럽히게 될 거라는 결론을 내릴 것이다. 우리는 2000년대 초반 유럽의 정밀화학 산업을 연구해본 결과 M&A에 모방 행동이 만연했음을 보여주는 강력한 증거를 찾아냈다. 경영진은 무작정 경쟁사들의 M&A 움직임을 흉내 냈고, 시장에서 과거에 비슷한 거래가 부정적인 반응을 받았다는 사실을 무시하고 그들과 비슷하게 인수 가격을 부풀렸다.

차단 전략

기업은 가끔 경쟁사들이 원하는 자원을 구하지 못하게 막으려고 인수 전략에 기댄다(보스턴 사이언티픽이 가이던트를 노린 것도 이런 동기가 일부 작동했기 때문이다). 이런 노력이 가끔 단기적인 성과를 내지만, 지속적인 가치를 창조하는 경우는 드물다. 인수 기업은 목표 기업을 통합하거나 분할할 때 비용을 발생시킬 수밖에 없다. 아울러 경쟁사들은 거의 언제나 접근이 '차단된blocked' 자원(가끔은 더 뛰어난 자원)을 확보하는 방법을 찾아낼 수 있다. 그럼에도 불구하고 우리가 조사한 전기통신 기업에서 M&A 경험이 있는 임원들 중 절반은 경쟁사의 인수를 막기 위해 자원 제공 기업을 인수한 적이 있다고 말했다.

시간적 압박

꼼꼼히 따져보고 만든 전략적 비전에 따라 움직이는 임원들조차 다른 전략이 더 효과적인데도 인수에 나서곤 한다. 기업은 시간, 경쟁, 업계 통합 차원에서 압박을 받을 때 목표 자원을 확보하고 경쟁사들보다 빨리 우위를 점하는 방법으로 인수를 고려할지 모른다. 우리가 실시한 조사에 참여한 임원들 중 63퍼센트는 시간적 압박 때문에 제휴보다 인수를 선택하게 되었다고 인정했다. 아주 간단히 말해 많은 기업이 최상의 혜택을 얻기 위해 필요한 목표 기업 통합 노력을 간과한 채 지나치게 서둘러 인수에 나선다.

하지만 인수가 신속한 해결책이 되는 경우는 드물다. 인수를 선택한 전기통신 기업 임원들 중 65퍼센트는 통합 도중에 갈등을 겪었다고 밝혔다. 보통 인수 과정에서 예상치 못한 장애물과 비용을 접하게 된다. 그리고 앞서 지적했듯이 최고의 인재들을 잔류시키기도 항상 힘들다. 그들은 좋은 조건을 제시하는 다른 기업으로 쉽게 옮길 수 있다. 아마도 그곳은 경쟁사들 중 하나일 것이다. 혼란스러운 통합 과정에서 가장 아끼는 인재들 다수가 회사를 떠날 수도 있다.

따라서 분명히 말하지만 M&A는 매우 위험한 자원 인수 전략이다. 이번 장에서는 당신이 M&A를 선택하거나 거절할 때 겪게 될 위험을 어떻게 피하면 되는지, 그리고 자원 경로 틀이 당신의 결정을 어떻게 도와줄 수 있는지 알려주겠다.

목표 기업을 통합할 수 있는가

인수가 많은 문제를 불러일으킬 수 있지만 적절한 환경에서 인수를 선택하는 기업은 중요한 경쟁우위를 확보한다. [그림 5-1]에 나와 있듯 현재 환경이 인수에 적절한지 판단할 때 던져봐야 할 핵심 질문은 목표 기업의 자원을 제대로 통합할 수 있느냐다.

통합은 인수된 기업 내부에서나, 인수 기업의 기존 사업에서나, 혹은 새로 형성된 사업 단위에서 일어날 수 있고 인수 직후 곧바로, 혹은 단계별로 점차 일어날 수도 있다. 결국 성공적인 통합은 통합 기업의 기술에 의존하는 새로운 자원을 창조한다. 새로운 자원 창조가 없다면 거의 항상 인수 가격에 바가지를 쓴 게 된다. 목표 기업이 인수 이전과 똑같이 돌아간다면, 그 기업의 지분 인수는 주식시장에서

그림 5-1 인수 대 대안

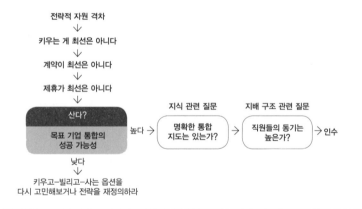

의 수동적 투자와 대동소이해진다. (다음에 나오는 '존슨앤드존슨의 사고 키우는 혼합 전략'을 참조하라.)

존슨앤드존슨의 사고 키우는 혼합 전략

창조적 재결합을 통한 혁신 역량 강화하기

존슨앤드존슨(이하 J&J)은 세계에서 가장 혁신적이면서 신뢰할 만한 기업 중 하나로 손꼽힌다. 이 회사는 소비재, 전문 의료제품, 의약품을 열정적으로 팔면서 매년 대규모 흑자를 달성한다. J&J는 정교한 자원 확보 원칙을 바탕으로 세분화된 제품과 판매 지역에 두루 일어나는 여러 가지 변화에 지속적으로 대응하고 있다. 이 원칙에 따라 J&J는 내부 개발과 인수를 능숙하게 혼용하고, 인수 후 적극적인 통합과 재편에 나선다.

우리는 1975~1997년에 J&J의 의학 분야 제품 라인과 산하 사업부의 발전 과정을 추적했다. 이 기간 동안 J&J는 87개의 독자적인 제품 라인을 선보인 88곳의 의학 분야 사업부를 운영하고 있었다. 이들 중 54곳은 인수를 통해 확보한 곳이고, 34곳은 내부적으로 만든 곳이었다. 87개의 신제품 라인 중에서 14개는 내부적으로 개발된 혁신 제품이었고, 나머지는 인수를 통해 키워나갔다. 따라서 인수는 J&J의 제품 라인 확대에 중요한 역할을 했다. 인수한 곳을 모기업으로 통합할 수 있는 회사의 능력이 인수에 큰 도움을 주었다.

J&J는 가끔 분산된 기업, 즉 여러 사업부를 사거나 키운 다음 그들이 독자적으로 제품을 팔고, 자체 전략을 고안하게 만드는 기업으로 간주된다. 하지만 J&J가 M&A를 통해 얻은 혜택은 기업을 사고, 그들이 만든 제품을 파는 차원을 훨씬 더 넘어섰다.

J&J는 거의 모든 인수 때마다 인수한 곳이건 내부적으로 개발한 곳이건 상관없이 사업부들 사이에 강력한 연대관계를 구축하면서 적극적인 통합과 재편에 나선다. 우리의 연구 결과, J&J는 사업부를 새로 만들거나 인수한 뒤 4년 내에 그중 약 3분의 2를 대대적으로 재편했다. 성공하지 못했거나 현재 추진 중인 전략에 맞지 않는 제품을 매각하고, 이전에 있던 별개의 사업부들 사이를 연결하는 다리를 놓았다. 예를 들어 J&J는 1992년에 A&O 서지컬A&O Surgical과 사이메딕스Symedix를 인수해 투석 관련 제품 라인을 선보였다. 이어 곧바로 인수한 기업을 이전에 인수한 심혈관 질환 치료 부대용품 제조업체와 통합했다.

J&J는 최대한 빨리 통합을 추진한다(단, 새로운 목표 기업에 대해 배울 시간을 갖지 않을 정도로 서두르진 않는다). 특히 J&J는 탐색적 인수를 통해 보통 목표 기업이 1년 이상 동안 준독립적으로 운영되게 허용한다. 하지만 J&J는 기존 사업부에 있던 사람들을 탐색 목표로 이동시킴으로써 학습과 정보 공유 문화를 조성한다. 기술과 시장 기회에 대한 통찰이 임계점에 달하면 회사는 적극적인 사업 재편을 시작하고, 그 결과로 준독립적인 목표 기업은 사라지기도 한다.

J&J가 심장 스텐트 개발에 성공한 것은 자원 인수, 내부 개발, 재편 전략을 혼합한 뛰어난 사례다. J&J는 1970년대 후반부터 1990년대 초반까지 10여 년에 걸쳐 심장 기술과 시장 공간에서 내부 사업을 키우면서 심장 기기 자원을 가진 여러 기업을 인수했다. 회사는 심장 영역을 탐색하는 동안 인수한 기업들의 주요 부분을 매각하는 와중에도 내부와 인수한 기업들 사이에서 직원들을 이동시켰다.

1983년 J&J는 이전에 인수한 세 기업(엑스트라코포리얼 메디컬 시스템Extracorpo-

성장하는 기업의 비밀

real Medical Systems, 배스코Vascor, 카디오 시스템Cardio Systems)을 핸콕 엑스트라코포리얼Hancock Extracorporeal이라는 새로운 영업사업부로 통합시킴으로써 새로운 심장판막과 기타 심혈관 질환 치료 부대용품을 선보였다. 1984년에는 핸콕을 J&J 카디오배스큘러J&J Cardiovascular를 세우는 토대로 활용해 심혈관 질환 치료 관련 제품을 확대하고, 더 이상 원하지 않았던 투석 치료 제품을 (박스터Baxter에) 매각했다. 그로부터 2년 뒤 J&J는 심혈관 질환 사업을 심장박동 관리 분야 선도업체인 메드트로닉Medtronic에 매각하고 심장 질환 사업 분야를 잠시 떠나 있었다.

1990년대 초 J&J는 심장 질환 시장에 재진입했다. J&J는 전문 심장 치료 회사인 메니오 케어Menio Care를 인수해 통합하면서 내부적으로 개발해 놓은 기업인 J&J 인터벤셔널 시스템J&J Interventional Systems에서 새로운 심장 보조 장비를 개발했다. 통합된 기업들은 초기 심장 스텐트 개발 기회를 노렸다. 이어 (여러 사업부 출신의 사람들이 복잡하게 뒤섞여 10년 넘게 개발한 끝에) J&J는 새로 생긴 스텐트 기술을, 1996년 혈관 질병 의료기술 장비 개발 및 생산업체인 코디스Cordis를 인수해 얻은 심장 수술에 쓰는 일회용 의료 기기인 발룬 카테터balloon catheter와 결합했다.

활동 기간 동안 다양한 기업을 아울러 창조적으로 자원을 통합할 수 있는 능력은 J&J가 주요 시장에서 수십억 달러의 수익을 올리는 밑거름이 되었다.

목표 기업을 통합하려면 통합 경로 지도를 분명하게 그리고, 인수 계약 양쪽에 속한 사람들에게 동기를 불어넣어줘야 한다. 인수를 정당화할 수 있는 명확한 통합 경로를 찾아내지 못한다면 뒷주머니에서 시너지라는 단어를 꺼내 인수 명분으로 들이대고 싶은 유혹을 느끼게 될지도 모른다. 두 종류의 자원을 통합했을 때 두 자원이 가진 가치의 개별적 합슴보다 더 많은 가치가 생산되면 시너지 효과가 생긴다고 말한다. 하지만 합병 이후 자원의 통합 방법을 제대로 이해하지 못하고 있다면 시너지 효과는 잘못된 계약에서 벗어나야겠다는 건전한 본능을 위험하게 흐려놓을 수 있는 단순한 착각에 불과해진다.

목표 기업을 현재 조직 내로 통합할 수 있는 능력이 정말로 걱정된다면 일단 한 걸음 뒤로 물러나 다시 생각해보라. 앞서 찾아낸 다른 방식들에 여러 가지 결점이 있어도 다시 한 번 옵션으로 고려해봐야 할지 모른다. 그래도 여전히 그 방식들을 실행할 수 없다면 전략을 다시 논의해야 한다.

지식 관련 질문 : 통합 지도를 명확히 그릴 수 있는가?

통합 경로마다 명확성은 서로 다르다. 인수 초기에 완전한 통합 로드맵을 정의하는 경우는 극히 드물다. 제한된 자원만 보유하고 있으며, 자원 이용 시간이 부족한 소규모 기업을 인수하는 것처럼 가장 단순한 사례에서는 인수 계획을 세우면서 동시에 통합 활동을 분명히 정해놓을 수 있다. 활발한 인수 전략을 갖고 있는 기업은 인수 계약이 마무리되기도 전에 통합 절차에 착수한다. 예를 들어 GE와 시스코

성장하는 기업의 비밀

는 잘 정의되어 있는 중소 규모 인수에 필요한 절차에 기댄다.

하지만 많은 통합이 그렇게 간단하지만은 않다. 모든 목표 기업은 독특한 특성을 갖고 있으며, 독특한 환경에서 움직인다. 고국에서 효과적인 인수 전략이 다른 나라에서는 부적절할 수 있다. 목표 기업이 인수 기업이 잘 이해하지 못하는 제품이나 세분시장에서 경쟁하는 경우도 마찬가지다. 미국에 있는 뱅크원Bank One이라는 금융 서비스 회사는 중서부 지역에서 중형 규모의 은행을 인수해 통합하는 동안 강력한 인수 기술을 개발했다. 하지만 1997년 신용카드 회사인 퍼스트 USAFirst USA 인수에 이 기술을 적용했을 때는 결과가 신통치 않았다. 퍼스트 USA 인수 계약 때 기존 인수와 다른 맥락은 뱅크원에 큰 혼란을 초래했고, 결국 2004년 J. P. 모건 체이스J. P. Morgan Chase&Co.가 뱅크원을 인수하게 된 것으로 알려졌다.

통합 관련 질문을 분석할 때 두 개 팀을 꾸려 분석하는 게 유용하다는 사실을 깨달을지 모른다. 이는 우리가 연구를 통해 목격한 기업들의 정밀실사 관행에 해당한다. 이때 한 팀은 대상 기업의 인수에 대한 긍정적인 사례를 제시하는 역할을 맡고, 다른 팀은 그에 못지않게 중요한 부정적인 사례를 제시하는 역할을 맡는다. 팀원들이 이 팀 저 팀 서로 돌아가면서 분석하게 한다. 아무도 비관론자로 고정된 이미지를 주지 못하게 하기 위해서다. 고위 경영진은 두 팀이 내놓은 사례를 평가한 뒤 최종 결정을 내린다. 추가적인 분석이 필요하지만 이 방법을 써본 기업은 매우 유용하다는 사실을 깨달았다. 이로 인해

그들은 나쁜 인수 계약을 피하고, 추진 중인 계약을 더 잘 이해하게
된다. 아울러 이 두 팀을 이용한 방법은 기업 직원들 사이에서 강력
하고, 원칙적이며, 협력적인 정신을 조장한다.

하지만 아무리 통합 분석 체계를 갖추더라도 어떤 인수 계약이건
①자원 조합의 범위, ②자원 매각의 범위, ③통합 절차 일정이라는
세 가지 면을 명확히 정해놓아야 한다.

자원 조합의 범위

통합 지도를 그릴 때 목표 기업의 어떤 자원으로 자원 격차를 메울
지 파악해놓고 있어야 한다. 어떤 경우 M&A를 위한 정밀실사로 목
표 기업의 자원 재고를 정확히 파악할 수 있다. 어떤 경우에는 계약
이 끝난 뒤, 즉 자원을 평가하기 위해 회사 간 팀을 만들어야 할 때가
되어야 상세한 정보를 수집할 수 있다.

다른 나라 기업을 인수하는 경우 자원을 평가하기가 더 어렵다. 그
런 경우에는 매우 다른 경쟁적·환경적 맥락이 개입됨으로써 투명한
평가가 제한될 수 있다. 해외에서 인수전에 뛰어든 기업은 원하는 목
표 자원의 일부 품질에 대한 핵심 정보가 부족할 수 있다. 예를 들어
몇 년 전 일본의 한 제약회사는 중간 규모의 미국 생명과학 회사를
아주 성공적으로 인수했다고 믿었다. 이 일본 회사는 다른 미국 기업
들이 그 생명과학 회사가 실시한 임상실험에 오류가 있을지 모른다
고 의심해(실제로 이 의심이 옳았던 것으로 확인되었다) 인수를 포기했다는

사실을 뒤늦게야 알았다. 마찬가지로 중국의 민영 은행인 중국민생은행China Minsheng Bank은 2007년 미국 서부 해안에서 영업 중인 한 은행의 지분을 대거 인수했는데, 이 은행이 부실채권 충당금을 극도로 축소해 알려주었다는 사실을 몰랐다. 결국 중국민생은행은 투자 지분을 상각하게 되었다.

인수 기업과 목표 기업이 협력해 정밀실사를 하더라도 정확한 자원 평가가 좀처럼 쉽지 않다. 결과적으로 임원들은 어떤 자원이 목표 기업에서는 물론이거니와 자신의 기업에서 가치를 창조하는지 이해할 수 없을 때가 있다. 자원은 종종 내외 활동의 복잡한 역학과 관련되어 있기 때문에 입맛에 맞는 특정 요소만 집중해서 살피는 건 위험할 수 있다. 자신 있게 자원을 평가할 수 없다면 더 확실하고 적절한 지식을 얻을 시간을 벌 수 있도록 초기에는 투자 규모를 줄이는 게 좋다.

유혹적인 지름길처럼 보이는 평가 방법이 있다면 주의하라. 정밀실사를 실시하기 위해 외부의 도움을 받는다면 그 제3자는 합병 자산의 잠재적 가치가 아니라 목표 기업의 현재 가치에 집중할 것임을 알고 있어야 한다. 계약의 실제 가치는 두 가지 조건에 따라 달라진다. 첫째는 목표 기업의 기술이 당신의 기존 자원을 얼마나 잘 강화하고, 확장하고, 갱신해줄 것이냐다. 둘째는 당신의 기업 자원이 목표 기업의 자원을 어떻게 증폭시켜줄 것이냐다. 따라서 재조합이 주는 혜택을 평가하려면 당신의 기업과 목표 기업의 자원뿐만 아니라 그것들이 어떻게 통합될지 철저하고 예리하게 파악하고 있어야 한다. 그러려면 당신 기업의 개발과 운영팀 직원들이 자원 평가에 깊숙이 개입해야 한다. 평가 결정은 인수 목표에 대한 절대적인 확실성을 기초로 내려야 한다. 그런 확실성이 결여될 경우 한꺼번에 여러 가지 통합을 시도하다가 어느 것 하나도 제대로 못하게 된다.

자원 추구 목적의 인수는 세 가지 목표를 가지고 추진된다. 그중 복수의 목표를 노릴 수도 있겠지만, 일반적으로 한 가지 목표만 노린다.

- 활용형 인수exploitative acquisitions는 기존 시장 내에서 기존 활동을 강화하기 위해 자원 기반에 새로운 무언가를 추가하여 핵심 영역을 강화시켜준다. 추가된 자원은 기존 시장에서 생긴 새로운 기회를 추구할 수 있게 해준다.
- 확장형 인수extension acquisitions는 기존 활동을 새로운 지역 시장으로 확장하거나 기존 시장에 팔 신제품을 개발할 수 있게 해준다.
- 탐색적 인수exploratory acquisitions는 새로운 시장 공간을 탐색할 수 있게 해준다. 즉 인수된 자산은 혁신적인 기술이나 상품 범주나 사업 모델이 될 수 있다.

이 세 가지 목표 중에서 무엇을 강조하고 싶은지 확실히 정해두면 자원 조합의 범위, 즉 유지나 매각 중 하나를 실행하기 위해 통합할 자산과 자율적으로 남겨둘 자산을 정하는 데 유용하다. 이때는 탐색

성장하는 기업의 비밀

적 인수를 통해 이런 범위를 가장 정확히 규정할 수 있다. 이후 통합을 위해선 종종 기존 자원을 모으고, M&A로 인해 중복된 기존 사업을 포함해 목표 자원 중 원하지 않는 일부를 매각해야 한다. 일반적으로 탐색적 인수를 위한 자원 조합의 범위를 규정하기가 더욱 어렵다. 탐색적 인수는 아직까지 확실히 이해하지 못하고, 너무 성급하게 현재 조직으로 통합시키려고 할 경우 파괴될 수 있는 기술을 가진 기업이 대상일 수도 있다. 확장형 인수의 통합은 자원 조합의 범위를 정하기가 특히 까다로울 수 있다. 일반적으로 인수 기업들은 관련 자원 분야에서 시장의 요구사항의 차이점이나 새로운 지역 시장에서 활동하는 데 필요한 현지 적응의 어려움을 과소평가해버린다. 확장형 인수를 추구하고 있다면 나중에 중요한 것으로 드러날 수도 있는 현지 자원을 너무 빨리 매각하지 않도록 주의해야 한다.

인터넷 전화인 스카이프Skype가 포함된 일련의 인수는 인수 기업이 통합 범위를 이해하지 못할 때 무슨 일이 일어나는지 분명하게 보여준다. 2006년 온라인 소매업체 이베이eBay가 약 30억 달러에 스카이프를 인수했을 때 이베이는 스카이프의 제품을 어떤 식으로 통합할지 확실히 정해놓지 못했다. 설상가상으로 스카이프의 직원들은 새로운 모회사에서 지독하게 자신들의 자율성을 내세웠다. 2009년 자사의 강력한 전자상거래 기능과 스카이프의 음성 사업을 통합하는 데 실패하자 하는 수 없이 이베이는 14억 달러의 자산 상각을 단행하며 스카이프를 분사시켰다. 그러자 소비자 인터넷 시장을 장악하려고 애쓰고 있던 마이크로소프트Microsoft가 2011년 85억 달러에 스카이프를 인수했다. 처음부터 확실한 통합 경로를 파악해 놓고 있던 마이크로소프트는 스카이프를 자사의 장비와 소프트웨어 플랫폼에 통합시킴으로써 자사 제품이 매달 스카이프를 애용하는 1억 4,500만 명의 사용자에게 보다 매력적으로 보일 것으로 기대하고 있다.

자원 매각의 범위

목표 기업은 인수를 결심하게 만든 구미가 당기는 자원도 갖고 있지만, 불필요한 자원도 갖고 있다. 따라서 인수 계획을 설계하면서 불필요한 자원을 처리하는 과정도 병행해야 한다. 불필요한 자원에는 당신의 기업이나 목표 기업의 자원이 모두 포함될 수 있다. 여러 사업을 통합하면서 제품과 서비스 라인, 제조 시설, 지적재산권, 그리고 당신의 전략적 목표에 기여하지 않는 자원을 매각해야 한다. 그러지 않으면 덩치만 키우는 잡다한 자원만 끌어모을 수 있다.

그와 동시에 많은 인수의 가치는 그들이 당신이 전략적 목표를 수정하는 데 어떻게 도움을 줄 수 있느냐에 달려 있다. 목표 기업 인수 계획을 세우고, 그 기업을 통합하면서 당신은 필연적으로 이전에 높은 가치를 선사한 일부 자원이 더 이상 쓸모없어졌다는 사실을 깨달을 것이다.

인수에 적극적으로 참여하지만 매각을 기피하는 기업은 축적가

같아서, 결국 잡동사니에 압도당하는 처지에 놓일 것이다. 그들은 관련 없는 사업 대부분에서 경쟁력을 상실할 것이고, 그런 사업은 보다 효율적인 경쟁사의 매력적인 공략 대상이 될 것이다. 매각 원칙에 대해서는 제6장에서 좀 더 자세히 다루겠다.

통합 절차 일정

명확하게 통합하려면 일정을 이해하고 있어야 한다. 활용형 인수와 탐색적 인수에 걸리는 시간은 서로 다르다. 활용형 인수는 주로 적절한 자원을 모으고, 불필요한 자원을 매각함으로써 비교적 빠른 시간 내에 통합할 수 있다. 그러나 탐색적 인수를 할 때는 미처 잘 이해하지 못하는 자원을 너무 서둘러 다뤘다가 큰 피해를 입을 수 있다. 그럼에도 불구하고 탐색적 인수의 잠재적 가치를 얻고 싶다면 완전히 독립적으로 기능하게 내버려둬서는 안 된다. 그보다 탐색적 인수는 시간이 갈수록 깊어지더라도 초기에는 강도가 낮은 상호작용으로부터 혜택을 받는다.

1990년대에 지멘스는 미국의 소형 디지털 전기통신 기업을 여럿 인수한 뒤 몇 년 동안 자율적으로 움직이게 내버려두었다. 그 시간 동안 지멘스는 몇몇 엔지니어를 인수한 기업에서 일하도록 했다. 엔지니어들이 인수 기업을 이해하고, 그로부터 얻은 통찰을 지멘스와 공유하고 나서야 비로소 지멘스는 더 깊고, 보다 똑똑하게 통합 작업에 착수했다. 이처럼 통합 속도는 목표 자원에 대한 명확한 지식의 정도에 따라 조절되어야 한다.

확실한 통합 절차의 중요 단계조차 파악할 수 없더라도 여전히 나중에 경로가 드러날 거라 기대하고 통합을 밀어붙이고 싶은 유혹에 빠질 수 있다. 그런 경우 드러나는 경로가 당신을 곧장 절벽으로 유도할 수도 있다. 그로 인한 재난을 피하는 유일한 방법은 인수 계약을 종료하기 전에 인수의 주요 목표를 파악한 다음 인수 계약이 종료되자마자 최대한 빨리 구체적인 통합 계획을 수립하는 것이다. 2006년 구글은 온라인 검색과 비디오 스트리밍 연결을 목표로 16억 5,000만 달러에 동영상 전문 사이트인 유튜브YouTube를 인수했다. 구글은 약 2년간 유튜브가 독립적으로 운영되게 해주면서 유튜브 사람들과 구체적인 통합 기회를 모색했다. 이러한 초기 독립 기간이 끝나자 구글은 자체 핵심 검색 사업을 유튜브의 비디오 스트리밍 플랫폼과 적극적으로 연결시켰다.

물론 누구나 완벽한 통합 청사진을 갖지는 못한다. 하지만 무엇을 인수하고 있는지, 그리고 그 가치(당신의 자산과 합쳐졌을 때)가 당신의 전략적 목표를 어떻게 발전시킬지 명확히 알고 있어야 한다. 2002년 휴렛팩커드(이하 HP)가 컴팩을 인수했을 때 HP는 양사의 제품 라인을 통합하면 전략적 가치가 창조될 것임을 알았다. 하지만 HP는 통합 회사가 그런 가치를 어떻게 창출할지를 보여주는 로드맵을 개발하지 못했다. HP는 로드맵을 미리 만들려는 시도를 하기보다는 'PC 분야에서의 입지 강화와, 인수한 자원과 HP의 프린터 사업의 강력

성장하는 기업의 비밀

한 통합 창조'라는 주요 목표만 구체적으로 정해놓았다. 이어 HP는 몇 년에 걸쳐 진행될 통합 계획을 세우고 그 활동을 이끄는 데 필요한 기술을 가진 풀타임 리더들을 임명했다.

HP는 완전히 확신하진 못했지만 통합을 통해 얻고자 하는 것이 무엇인지 알고 있었으며, 회사의 최고위 경영진과 실무 부서들 전반에 효율적인 리더들을 임명했기 때문에 통합에 성공했다. 이처럼 강력한 통합 리더십을 갖추고, 통합 기업의 장기적인 목표를 이해했음에도 HP와 컴팩이 통합하기까지는 10년 가까운 시간이 걸렸다. 그동안 양사의 통합은 HP 내에서 많은 논란을 불러일으켰다. 전략적 방향과 직원들이 바뀌었고, 전통적인 사업 분야는 정리되었다. 다른 자원 확보 방식에 적합하지 않은 환경에서 추진된 그런 복잡한 인수는 통합 목표와 활동에 대한 보다 원칙적인 관심을 요구한다. 이런 종류의 인수는 다년간의 노력을 거쳐 전개되면서 인수 기업과 목표 기업 전체 직원들의 인생에도 영향을 미칠 것이다.

지배 구조 관련 질문 : 직원들이 동기를 부여받을 수 있는가?

무엇을 통합할지 안다는 건 통합 전쟁의 일부일 뿐이다. 그에 덧붙여 당신은 통합을 어떻게 지배할지도 알아야 한다. 무엇보다 핵심 인재를 찾아내어 잔류시키는 게 중요하다. 많은 인수 활동이 펼쳐지고 있는 상황에서 자력으로 목표 기업을 관리하는 데 필요한 자원을 갖고 있는지도 평가해봐야 한다.

핵심 인재 파악하기

간혹 목표 기업에서 핵심 인재를 쉽게 찾아낼 수도 있다. 하지만 일반적으로 기술이 팀에 녹아 있다면, 핵심 인재를 찾아내고 얼마나 많은 직원을 잔류시켜야 하는지 파악하기 어려울 수 있다. 목표 기업 평가에 필요한 정밀실사 기능 중 일부는 그런 사람들을 찾아내는 것이다. 통합을 추진할 경우 목표 기업으로부터 일부 사람들을 정리하지 않으면 안 된다는 걸 알고 있을 때 특히 '옥석 가리기'가 더욱 중요하다.

누가 가장 중요한 인재인지 오판할 수 있고, 높은 가치를 가진 사람과 눈에 잘 띄는 사람을 제대로 분별하지 못할 수도 있다. 탁월한 과학자나 스타 증시 분석가도 혼자서 일하지는 않는다. 눈에 잘 띄지 않는 지원팀도 전체 사업 성과에 중요한 기여를 한다. 따라서 핵심 인재를 팀이라는 맥락 속에서 생각해봐야 한다. 팀이 줄 수 있는 중요한 요소를 빼앗겼을 때 이런 직원들은 가끔 통합 후에 비실댄다. 따라서 가치가 큰 팀은 되도록 손대지 않는 게 낫다.

마찬가지로 목표 기업의 작업 환경과 소셜 네트워크와 기타 문화가 일반적인 직원 평가를 혼란스럽게 만들 수 있다. 이런 요인들은 소규모 목표 기업에서 일하는 뛰어난 과학자가 더 큰 인수 기업의 보고 시스템을 따르느라 더 많은 시간을 투자해야 할 때 생산성이 떨어질지(그리고 더 좌절하게 될지) 예상하기 힘들게 만든다. 개인과 팀의 미묘한 기여도를 파악하려면 목표 기업 경영진의 '실무적' 통찰

성장하는 기업의 비밀

이 필요할지 모른다.

자원의 실제 기원을 확실하게 모른 채 목표 기업의 현재 자원을 평가했다가는 왜곡될 수도 있다. 다국적 제약회사에 의해 인수된 생명과학 회사 출신의 한 임원은 우리에게 자사의 과학자들은 최고의 관심과 잔류 보상비retention packages를 받았다고 전했다.

하지만 인수 기업은 대부분의 혁신이 목표 기업의 이전 제휴와 인수 계약으로부터 야기되었고, 내부 과학자들은 주로 지원하는 역할만 했다는 사실을 알지 못했다. 이 임원의 관점에서 보면 핵심 인재는 외부 혁신을 회사 내로 들여온 기업 개발팀 직원들과 사업부 관리자들이다.

따라서 핵심 자원은 반드시 주변 맥락을 고려해서 평가해야 한다. 목표 기업이 자생적으로 성장했다면 그 가치는 대부분 R&D, 마케팅, 기타 기능적 자원을 통해 창조된 것이다. 혹은 그곳이 외부의 힘에 의해 성장했다면 외부 자원 확보 기회를 찾고 평가하는 핵심 거래 당사자와 팀에 집중하라.

핵심 인재 잔류시키기

목표 기업을 최대한 빨리 통합해야 한다. 어떤 면에서 이것은 새로 합류한 사람들이건 오랫동안 함께 일한 사람들이건 간에 모든 직원들의 인센티브를 조율해야 한다는 의미다. 분명히 말하지만, 어떤 관리자도 충분한 인센티브 제시 없이는 통합할 수 없을 것이다.

목표 기업의 직원들은 인수에 반감을 갖기도 한다. 인수 계약이 끝나고도 오랜 시간이 지났지만 다수의 직원들은 계속해서 자신이 목표 기업에서 일하고 있다고 말할 것이다. 이런 확실한 위험 신호는 인수 효과가 기대했던 것보다 훨씬 떨어질 수 있음을 암시한다. 실제로 그러한 많은 직원들은 곧바로 새로운 기회를 찾기 시작할 것이고, 그중 가장 뛰어난 직원들은 가장 많은 매력적인 선택들 사이에서 고민할 것이다. 따라서 당신은 새로 합쳐진 기업의 직원들에게 소속감을 부여할 수 있는 우호적인 분위기를 조성하기 위해 온갖 수단을 동원해야 한다. 이것은 그냥 기분 좋게 설렁설렁해도 되는 의무가 아니다. 통합 활동의 성패에 강력한 영향을 미치기 때문이다.

따라서 정밀실사를 할 때는 돈, 승진, 새로운 도전의 유혹 같은 여러 가지 인센티브 중에서 어떤 것이 목표 기업의 핵심 인재를 머물도록 유인할 수 있는지 알아봐야 한다. 적절한 인센티브를 찾을 수 없거나 그런 인센티브를 감당하기 벅차다고 믿는다면 이 일들이 가능할 때나 바람직할 수 있는 인수를 포기해야 할지 모른다.

목표 기업 직원들이 인수 직후 곧바로 소속감을 보여주길 바라거나, 혹은 사실상 분명하게 통합된 실체를 원하는 게 아니라면 당신은 많은 단기적 어려움과 함께 일부 인센티브 비용을 피할 수 있을지 모른다. 새로운 모기업 내에서 목표 기업이 자율적으로 운영되도록 내버려둔다면 핵심 인재를 잔류시키는 데 효과적일 수 있다. 신생 생명과학 벤처인 서트리스Sirtris는 2008년 글락소스미스클라인(이하

성장하는 기업의 비밀

GSK)에 인수된 후 몇 년 동안 GSK 내에서 독립적인 회사로서의 지위를 인정받았다. GSK는 서트리스의 기업 문화를 보존하고 자사의 기존 자원 기반과 현격한 차이가 나는 지식을 보유한 서트리스의 소중한 과학자들을 잔류시키고 싶었다.

우리가 사모투자 회사 인수를 고려 중인 폴란드 투자은행의 한 임원과 이야기를 나누던 중 그 임원은 인수한 기업의 핵심 인재에게 가장 강력한 잔류 동기를 주는 게 무엇인지 명확히 이해하는 게 중요하다고 강조하며 이렇게 말했다.

"완전한 인수의 장점은, 우리가 전통적인 투자 활동과 새로 인수할 사모펀드 사업 사이에 중요한 연결고리를 만들더라도 그 사모펀드가 이전에 다뤄왔던 자산에 대해 계속해서 책임을 지게 된다는 데 있다. 그곳의 전략적 상호의존 욕구는 비교적 낮지만(따라서 우리는 사업을 성공적으로 연결할 수 있다고 믿는다) 조직적 자율성을 유지하려는 욕구는 상당히 높은 편이다. 따라서 어떤 계약을 통한 통합 계획이건 간에 단기적으로라도 목표 기업의 자율성을 보존해주는 데 초점을 맞춰야 한다."

인수는 또한 인수에 나선 기업의 직원들을 위협한다. 인수 기업이 바보같이 자기 잇속만 차리지 않는다면(이것은 항상 파멸을 부르는 생각이다), 오래된 자원과 새로운 자원의 합리적 조화를 이루겠다는 통합 목적은 현재 직원들의 경력을 완전히 바꿔놓는다. 그런 변화가 긍정적일 수도 있다. 결과적으로 인수의 가치는 당신의 기업 경영 방식을 바꿀 수 있는 기회에 따라 달라지기 때문이다. 현재 상황이 숨 막히게 변할 수 있고, 당신의 직원들은 결국 쓸모없는 관행과 경력 뒤에 숨어 혜택을 누릴지도 모른다. 당신이 잃고 싶지 않은 목표 기업의 핵심 인재들을 찾아내야 하듯, 기존 조직에서도 핵심 인재들을 찾아내야 한다. 누가 인수를 조직을 떠나야 할 이유로 생각한단 말인가? 그렇게 직원들이 떠나도 감수하겠는가, 아니면 붙잡아두려고 노력하겠는가?

분명 당신이 직원 잔류의 중요성을 과도하게 강조할 수 있다. 기업을 변화시키는 강력한 도구로서 인수는 본래 와해적인 성격을 띤다. 필연적으로 어떤 사람들은 떠날 것이다. 그들에게 더 잘 맞는 기회를 찾아 떠나는 게 이상적일 수도 있다. 하지만 어떤 기업의 인수로 인해 인수 기업이나 목표 기업의 핵심 인재와 팀을 급격히 잃게 될 것이라는 결론을 내렸다면 인수 옵션을 재고해봐야 한다.

동기부여는 인수 기업뿐만 아니라 목표 기업에도 중요한 이슈다. 우리가 조사한 전기통신 기업들 중 많은 인수 기업은 그들에게 목표 기업의 문화와 사고방식이 필요하다는 것을 알았지만, 자사 직원들이 혼란에 빠질까봐 걱정했다. 한 임원은 문화 혁신과 소중한 사람들이 겪는 혼란 사이에서 생기는 긴장에 대해 이렇게 말했다.

"문화를 고려해서 기업을 인수한다. 그런데 실제로는 그들을 당신 회사 문화에 통합하고 싶지 않고, 당신 회사 사람들이 인수한 회사의 문화 속으로 옮겨가기를 바랄 때도 있다. 그러려면 대대적인 구조조

성장하는 기업의 비밀

정이 요구된다. (중략) 기존 기업을 머리끝부터 발끝까지 재편하려면 최소 3년 동안 조직에서 여러 가지 문제를 겪을 것이다."

이 임원은 소규모 단위로 통합하면 인수 기업과 목표 기업 직원들의 동기가 유지되리라고 결론지었다.

우리가 많은 산업에서 활동하는 임원들을 인터뷰해본 결과 그들은 목표 기업으로부터 새로운 기술을 수입하면서 동시에 기존 직원들에게 계속해서 동기를 부여하기 위한 최선의 방안이 무엇인지 고민했다. 유럽의 일류 출판회사에서 일하는 한 임원은 새로운 인재 개발을 위해 너무 많은 인수에 나설 경우 직원들에게 '최고의 인재와 최고의 혁신은 외부에서 찾을 수 있다'는 메시지를 보내는 것일 수도 있다고 경고했다. 실제로 몇몇 제약회사 임원은 최근 단행한 몇 차례의 인수는 내부 R&D 직원들에게 생산성과 혁신성이 부족하다는 강력한 신호를 보내주었다고 말했다. 하지만 이것은 R&D 직원들의 사기를 꺾을 위험이 큰 신호다.

이런 문제를 간단히 해결할 수 있는 방법은 없다. 내부 성장과 외부 성장의 균형을 맞출 수 없는 기업은 몰락할 위험이 있다. 인수는 새로운 기회를 얻을 수 있기 때문에 흥미롭다. 그와 동시에 현재 상태를 위협한다. 따라서 새로운 경로를 탐색하면서 직원들이 지금까지 해온 활동에 계속 전념할 수 있도록 인센티브를 제공해야 한다. 인수 동기가 되었던 논리 정연한 비전과 함께 그들이 기존에 하던 일이 목표 기업의 새로운 자원과 어떻게 통합될지 이해하도록 도와주면 많은 오해를 풀 수 있다.

M&A 실행 기술

끝으로 목표 기업을 현재 당신의 기업과 통합하는 데 필요한 재정적·인적 자원이 있는지 평가해봐야 한다. 인수 후 통합을 위해서는 본래 예상했던 것보다 더 많은 시간과 에너지가 소모되고, 핵심 활동으로부터 자원을 빼내야 하는 경우도 생긴다. HP와 컴팩의 통합 사례처럼 성공적인 인수 기업들은 통합 관리를 위해 강력한 리더들을 임명한다. 그리고 M&A팀을 강화하기 위해 훈련과 채용에 투자한다. 지난 20년 동안 브라질의 대표적인 은행인 방코이타우Banco Itau는 남미 전역에서 1위 은행으로서의 입지를 구축하기 위한 핵심 전략으로 M&A를 활용했다. 이 은행의 M&A 활동은 1990년대에 민영화 바람(브라질 경제개혁의 핵심)이 불었을 때 가속화되었다. 방코이타우는 M&A를 기반으로 한 성장 노력을 강화하기 위해 경영진으로 구성된 인재 집단과 대내외 훈련 및 사업부 간 교대 프로그램에 의존했다. 그 결과 은행은 전략 실행에 유용한 강력하고 효과적인 역량을 확보할 수 있었다.

어떤 인수 프로그램이건 엄청나게 엄격한 통합 요구를 수반하기 때문에 공격적인 인수로 인해 당신 회사는 자칫 조직적·재정적 부담 때문에 사업 성과가 떨어지는 피해를 입을 가능성이 높아질 수 있다. 당신은 내부 분열과 재정적 취약함에 빠지지 않도록 노력을 기울여야 할 것이다.

너무 빨리, 혹은 너무 많이 인수할 경우 먹은 음식을 소화시킬 시간이 부족한 것 같은 경험을 할 수도 있다. 예를 들어 쿠퍼 연구소 Cooper Labs는 1980년대 초 일련의 인수 끝에 의학 분야에서 급성장했다. 쿠퍼가 늘어난 사업 활동을 잘 통합할 수 있는 한 이런 팽창은 성공적이었다. 하지만 무분별한 인수 속도는 통합을 감당할 수 있는 한계를 넘어서버렸고, 쿠퍼는 비틀거렸다. 록히드 마틴과 레이시언도 지난 몇 년 동안 연속해서 추진한 몇몇 주요 인수 기업을 통합하는 데 애를 먹었다. 인도의 제약회사인 웍하트Wockhardt는 1999년 설립 이후 인도, 유럽, 북미의 다양한 상품 시장에서 재빨리 성장하기 위해 일련의 인수를 단행했다. 하지만 다양한 포트폴리오를 이해하는 데 애를 먹으면서 2000년대 후반 회사는 재정적 어려움이 더욱 심화되었다.

이러한 문제들은 시장에서 더욱 심각한 결과로 이어진다. 2002년 1월 세계적인 보안 전문기업인 타이코Tyco가 발표한 몇몇 독립기업으로의 분할 계획(2001년에 상당한 흑자를 달성했음에도 불구하고)은 이 회사의 통합 역량이 한계에 이르렀음을 보여주었다. 이 발표 후 타이코의 주가는 급락했다. 그 이전까지 타이코는 시장에 여러 차례의 인수를 통해 가치를 창조하고 있다는 점을 설득하는 데 성공했다. 타이코의 주가에는 지속적인 M&A에 따른 성장 기대감이 반영되어 있었다. 하지만 이제 시장은 통합 속도를 유지할 수 있는 타이코의 능력을 과대평가해왔다는 결론을 내렸다.

실행 기술이 성공을 보장하지는 않는다. 기업이 새로운 기회가 될 수 있는 M&A 계약을 성사시키고 계약을 실행할 1차 도구를 개발해놓은 이상 일반적으로 우리가 말하는 M&A 모멘텀을 확보해놓은 상태다. 그들은 '우리는 이제 M&A 방법을 안다'고 생각하고 빠르게 M&A 옵션을 선택한다. 그러다가 실행의 덫에 빠진다. 이후 인수 과정에서 휘청거려본 뒤에야 비로소 그들은 과도한 M&A의 강조는 성과 부진으로 이어진다는 사실을 깨닫는다.

자원 확보 전략의 의미

자원 경로 틀에서 M&A 부분을 정리해놓은 [그림 5-2]는 통합 절차를 명확히 규정하고 인수 기업과 목표 기업의 핵심 인재를 찾아내어 유지할 수 있는 능력에 따라 다르게 사용할 수 있는 네 가지 옵션을 보여준다.

그림의 왼쪽 상단과 오른쪽 하단의 칸은 나머지 두 칸보다 단순한 상황을 나타낸다. 나머지 두 상황은 여러 가지 도전을 초래하지만, 보다 복잡한 인수 계약을 통해 그런 도전을 잘 처리할 수 있다면 다양한 기회를 제공해주기도 한다.

그림 5-2 목표 기업의 통합 성공 가능성과 자원 확보 옵션

지배 구조 관련 질문 : 직원들의 동기는?

		높다	낮다
지식 관련 질문 : 통합 지도의 상태는?	확실하다	목표 기업의 통합 성공 가능성 : 높다 순탄한 경로를 따르는 인수 인수	목표 기업의 통합 성공 가능성 : 보통 동기가 결여된 인수 옵션들을 재확인하라 대안 : 복잡한 인수를 고려하라
	불확실하다	목표 기업의 통합 성공 가능성 : 보통 안개 속 불빛 찾기 식 인수 옵션들을 재확인하라 대안 : 복잡한 인수를 고려하라	목표 기업의 통합 가능성 : 낮다 벼랑 끝 인수 옵션들을 재확인하라

순탄한 경로를 따르는 인수

확실한 통합 지도를 준비해두었고, 직원들의 동기도 높은 인수는 비교적 순탄하게 목표에 도달하는 경로를 제시해준다. 이런 최상의 상황에서도 인수 작업이 힘들 수 있지만, 당신의 노력은 대체로 좋은 성과를 거둘 것이다. 전 세계적으로 순탄한 경로를 따르는 인수가 매년 수천 건씩 일어난다. 은행, 제약, 광산업부터 소비재 상품에 이르기까지 여러 산업에서 이런 식의 크고 작은 인수 계약이 체결된다.

2004년 캐나다 보험회사인 매뉴라이프 파이낸셜Manulife Financial Corp.이 미국의 보험·금융 서비스 제공업체인 존 핸콕 파이낸셜 서비스John Hancock Financial Services를 인수 후 통합했을 때 매뉴라이프는 인수 목표 성취에 필요한 통합 경로 지도와 함께 명확한 전략적

목표를 준비해두었고, 성공적인 인수를 위해 어떤 직원들을 잔류시켜야 하는지도 알고 있었다. 시스코 역시 지난 20년간 150회에 달하는 인수를 하면서, 인수 사례별로 목표, 통합 경로, 직원 유지 전략을 파악하기 위해 애썼다. 이처럼 순탄한 경로를 따르는 인수 계약은 회사의 성공에 크게 이바지했다.(자세한 내용은 제7장 참조)

벼랑 끝 인수

이런 인수는 통합의 명확성이 낮고, 직원들의 동기 상실 위험은 크다는 특징이 있다. 벼랑 끝 인수는 말 그대로 거의 확실하게 실패하고, 그러는 와중에 당신을 경쟁 절벽으로 인도한다. 실행하기 위해 얼마나 노력할지와 상관없이 이런 상황은 끔찍하다고밖에 말할 수 없다.

예를 들어보자. 미국의 화학 제조업체 다우케미컬Dow Chemical의 자회사인 제약회사 메릴다우Merrill Dow가 1989년 제약회사 매리온 연구소Marion Laboratories를 인수할 때 최상의 통합 방법에 대해 제한적인 감만 잡고 있었다. 메릴다우는 또한 매리온의 핵심 인재들 중 다수가 회사를 떠날 거라는 사실을 인식하지 못했다. 메릴다우가 매리온 직원들에게 잔류 동기를 불어넣어줄 전략적 비전을 확실히 전달하지 못하자 매리온의 핵심 인재들 중 다수가 다른 진로를 모색하기로 결심했다. 핵심 영업직원과 노련한 관리자의 이탈은 특히 더 큰 피해를 주었고, 합병회사는 확장된 제품 라인을 효과적으로 활용하는 데 애를 먹었다. 합병회사인 매리온메릴다우는 휘청거리다가

1995년 독일의 종합화학 제조업체인 훼히스트Hoechst에 인수되었다.

동기가 결여된 인수

명확한 통합 경로가 준비되어 있더라도 직원들의 동기가 부족하면 인수는 실패로 끝날 수 있다. 하지만 떠나는 핵심 임원을 대체할 수 있는 능력 있는 리더를 충원한다면 성공적인 결과를 얻기도 한다. 예를 들어 2010년 네트워크 회사인 시에나Ciena는 캐나다 통신업체인 노텔 네트웍스Nortel Networks의 이더넷Ethernet(근거리 통신망LAN의 대표적인 통신 프로토콜) 사업을 통합하느라 애를 먹었는데 인수 후 양사의 핵심 인재를 잃는, 예상치 못한 사태를 겪었기 때문이다.

인수 후 핵심 인재의 잔류를 확신하지 못하는 경우 복잡한 인수 형식이 인수의 취지를 살릴 수도 있다. 그중 하나는 M&A를 여러 단계로 쪼개서, 처음에는 제휴나 최소 지분만 인수한 뒤 직원 유지처럼 불확실한 위협이 해결되었을 때 완전 인수를 추진하는 것이다. 프랑스의 식품회사인 다국적기업 다농Danone은 미국의 유기농 유제품 생산업체인 스토니필드 팜Stonyfield Farm을 인수할 때 이런 식의 단계별 접근법을 따랐다. 다농은 2001년에 스토니필드와 유기농 세분시장에 대해 배우고, 양사 경영진의 조화 가능성을 확인하려고 최소 지분만 투자하면서 스토니필드와 합작벤처 사업을 시작했다. 2003년 양사 경영진이 상호 신뢰를 쌓자 다농은 동기부여와 관련된 걱정을 덜 수 있었고, 스토니필드의 대주주 지분을 확보했다.

이외에도 다음과 같은 복잡한 인수 전략이 인수 후 직원들의 동기
부여를 둘러싼 우려를 해결해줄 수 있다.

- 스톡옵션, 주식 납입, 잔류 보상비 같은 금전적인 유인책
- 경력 기회 확대와 목표 기업의 경영 자율성, 브랜드, 관례적 고용 여
  건 유지 같은 비금전적 조건
- 목표 기업의 문화에 대한 고려. 월트디즈니 스튜디오Walt Disney Stu-
  dios가 2006년 주식 거래를 통해 애니메이션 스튜디오인 픽사Pixar를
  인수할 때 디즈니 임원들은 픽사의 창조적 문화를 보호하기 위한 지
  침에 합의했다. 마찬가지로 스토니필드, 아이스크림 제조회사인 벤
  앤제리스Ben&Jerry's(유니레버Unilever), 친환경 브랜드인 버츠비Burt's
  Bees(크로록스Clorox), 그리고 화장품 브랜드인 더바디샵The Body
  Shop(로레알L'Oreal)처럼 상징적인 인수들은 괄호 안에 적혀 있는 인
  수 기업이 목표 기업에 독특한 사회적 정체성social identities을 존중
  해주기로 약속한 사례다.
- 모기업의 위계질서 내에서 목표 기업에 부여한 높은 수준의 자율성
  과 권한

이러한 방법과 병행하여 동기가 부족할 때 인수 계약서에 당신을
보호해줄 인수 후 손실보전indemnification 조건을 넣는 방안을 고려할
수도 있다. 예를 들어 방코이타우는 국영 은행들을 인수할 때 인수한

성장하는 기업의 비밀

은행에서 파업이 일어날 경우 손실보전을 포함한 일련의 정부 보증 안에 대해 협상했다.

그럼에도 불구하고 복잡한 인수는 위험할 수 있다. 1980년대에 GM이 휴스 일렉트로닉스Hughes Electronics와 컴퓨터 및 소프트웨어 회사인 EDS를 인수한 뒤 핵심 인재들에게 잔류 동기를 불어넣어주려고 두 회사를 동시 상장하는 이중상장dual-listed 주식 형태라는 복잡한 인수 방법을 쓰기 위해 애썼다. 그러자 주식시장이나 GM 중 누구도 통합에 대해 이해할 수 없었고, 결국 GM은 휴스와 EDS를 모두 분사했다. 2000년에 있었던 온라인 포털사이트인 AOL과 종합 미디어 기업인 타임워너Time Warner의 합병도 복잡한 인수를 통해 현격한 차이를 보이는 사업을 합치기 위한 값비싼 시도로 세간의 주목을 받은 사례다. 양사는 수년간 좌절과 갈등을 겪은 끝에 2009년에 결국 헤어졌다.

안개 속 불빛 찾기 식 인수

통합의 명확성이 낮지만 동기는 높은 거래를 안개 속 불빛 찾기 식 인수라고 부를 수 있다. 이런 거래의 통합에서는 거쳐야 할 단계가 엉성하게 규정되어 있기 때문에 이런 거래를 할지 재고하기 전에 대안들을 알아봐야 한다. 그럼에도 불구하고 동기부여가 잘된다면 사람들은 이런 거래가 효과를 거두도록 애쓸 것이다. 때문에 다른 옵션을 쓸 수 없지만 통합 계획을 명확하게 세워둘 시간이 있다면 잠재적 해결책이 되기도 한다.

아프리카에서 월마트가 팽창한 경우가 좋은 사례다. 2001년 월마트는 남아프리카공화국의 할인 소매점인 매스마트Massmart의 지배 지분을 인수했다. 인수 당시 월마트는 자사가 내세우고 있는 사하라 사막 이남 지역 확장 목표에 매스마트를 어떻게 활용할지 확신하지 못했다. 아프리카 시장이 급속히 성장하고 있지만, 이 지역의 잠재적 팽창 기회는 불확실했다. 그렇지만 양사는 그동안 큰 성공을 거둔 매스마트의 핵심 임원들이 인수 후 회사에 남아 대륙 팽창 전략 구상을 지원해줄 수 있도록 강력한 인센티브를 만들었다. 월마트는 특히 인수에 뛰어들려는 동기부여가 잘된 상태였다. 월마트는 앞서 합작벤처나 다른 제휴 옵션을 거절했다. 그런 기회를 이용하는 데 상당 수준의 자원 통합 노력이 필요했기 때문이다. 그래서 월마트는 신흥 시장에서 독립적으로 팽창하려던 시도가 여러 차례 실패한 끝에 인수로 눈을 돌렸다.

다른 안개 속 불빛 찾기 식 인수는 월마트만큼 성공하지 못했다. 1978년 존슨앤드존슨(이하 J&J)은 의료 영상 회사인 테크니케어Technicare를 인수했다. 테크니케어는 영상 시장에서 새롭게 뜨는 MRI 하위 분야의 1위 업체였다. 하지만 J&J는 제품 라인과 기술이 J&J의 다른 사업과 아주 달랐던 테크니케어를 어떻게 통합해야 할지 몰라 우왕좌왕하고 있었다. J&J는 테크니케어의 핵심 과학자와 임원들을 회사에 잔류시키기 위해 애썼고, MRI와 다른 제품 개발 활동을 지속

성장하는 기업의 비밀

하기 위해 재정 자원을 제공했다. 하지만 모기업으로부터 똑똑한 지도를 거의 받지 못한 테크니케어는 점점 더 강해지는 지멘스, GE 등과의 경쟁에 맞서 시장에서 강력한 입지를 유지하기 위해 애쓰다가 엄청난 돈만 날려버렸다. 수억 달러를 투자한 끝에 J&J는 1986년 큰 손실을 본 채 테크니케어를 GE에 매각했다.

동기가 결여된 인수처럼 안개 속 불빛 찾기 식 인수에서 불확실한 통일의 로드맵 문제를 완화시키기 위해 보다 복잡한 인수 방식이 동원될 수 있다. 목표 기업의 가치와 인수 후 통합 능력이 불확실하다면 기업 인수 후 현금 흐름을 둘러싼 불확실성을 해소하는 계약을 체결하면 된다. 그런 계약은 최첨단 및 신생 사기업의 인수에서 점점 더 보편화되고 있다. 신생 기업은 미래 전망을 예측하는 데 필요한 정보를 거의 만들지 못할 때가 있다. 따라서 인수 기업은 정보의 불균형이나 예상치 못한 기술적·규제적 도전이 생길 가능성에 대비해 '투자위험 방지조항downside protection'을 마련해야 할지 모른다.

특히 생명과학 기업들은 제품 라인이 불확실하고 통합 경로가 확실하지 않은 기업에 수억 달러를 투자했다가 큰 피해를 입곤 했다. 최근 들어 일부 인수 기업은 계약 때 만일의 사태에 대비한 조건을 마련해두기 시작했다. 의약품 등이 임상실험 단계를 통과할 때까지 일부 지불을 연기하는 식의 조건이 그것이다. 예를 들어 2008년 다우케미컬은 화약약품 제조회사인 롬앤하스Rohm&Haas와 합의 기간 동안 인수를 재고할 수 있게 해주는 조건을 협상했다. 롬앤하스가 끝널 수 있을 것으로 다우가 예상해온 특별 화학 합작벤처 설립을 쿠웨이트 정부가 거부했을 때 다우는 2009년에 협상을 재개해 롬앤하스 가족신탁으로부터 지속적인 투자 지원을 받는 것을 포함해 처음과 아주 다른 조건을 협상했다.

그럼에도 불구하고 이런 조건을 협상하기 힘들 수도 있다. 미래의 기술과 경쟁 여건이 너무 불확실하기에 의미 있는 만일의 사태를 정해두기가 쉽지 않다. 어떤 경우에는 잠재적 목표 기업이 계약을 통해 얼마나 많은 것을 얻을지 합리적인 확신을 못하면서 매각을 거부해버리기도 한다.

평가 도구와 요약

[표 5-1]은 자원 공급 파트너를 인수하는 것이 필요 자원을 확보하는 최선의 길인지 판단할 수 있게 도와줄 것이다. 대부분의 대답이 긍정적이라면 목표 기업의 통합이 가능하기 때문에 인수를 고려해봐야 한다. 반면 대부분의 대답이 부정적이라면 대안을 찾아봐야 한다.

앞서 논의했듯이 다른 방식들이 부적절하다고 기업 맥락에 맞지 않는 인수를 추진해서는 안 된다. 인수 가능한 목표 기업이 없더라도 두 가지 옵션을 취할 수 있다. 인수 대상을 탐색하지 않고 전략을 수정하거나, 이전의 자원 확보 옵션을 재검토하는 것이다.

성장하는 기업의 비밀

[표 5-1] 목표 기업의 통합 가능성

지식 관련 질문 : 통합의 명확성		아니다	그렇다
자원 통합 범위	우리가 목표 기업의 자원을 명확히 평가할 수 있을까?		
	우리가 목표 기업의 자원 중 무엇을 통합하고 싶은지 정해놓을 수 있을까?		
	우리가 목표 기업의 자원과 우리 자원 사이에 어떤 연결 장치를 만들지 정해놓을 수 있을까?		
자원 매각 범위	우리가 목표 기업과 우리의 기존 사업에서 매각할 자원을 찾아낼 수 있을까?		
일정표	우리가 통합 과정을 위해 우리의 전략적 목표에 부합할 일정표를 찾아낼 수 있을까?		
지배 구조 관련 질문 : 직원들의 동기			
핵심 인재 찾기	우리는 목표 기업에서 붙잡아야 할 핵심 인재들을 찾아낼 수 있을까?		
핵심 인재 붙잡기	우리는 목표 기업의 핵심 인재들을 붙잡기 위해 충분한 인센티브를 제공할 수 있을까?		
인수 기업 인재 찾기	우리가 우리 회사에서 붙잡아야 할 핵심 인재들을 찾아낼 수 있을까?		
인수 기업 인재 붙잡기	우리가 우리 회사의 핵심 인재들을 붙잡기 위해 충분한 인센티브를 제공할 수 있을까?		
M&A 실행 기술	우리가 현재 이번 목표를 통합시킬 수 있는 자원과 기술을 충분히 보유하고 있을까?		

목표 자원의 지식 및 조직의 적합성에 대한 질문에 각각 답하라. 대부분의 대답이 긍정적이라면 인수를 고려하라(인수 방식). 대부분의 대답이 부정적이라면 다른 자원 확보 옵션을 고려해보라.

　　마지못해 이런 전략적 기회를 추구하기가 너무 힘들다고 판단하고, 특별한 자원 찾기를 포기할지 모른다. 이런 모습이 포기로 비춰질 수도 있지만, 경쟁은 정말로 많은 기회(이 중 일부 기회는 다른 기회보다 시의적절하다)를 제공해주기 때문에 흥미롭다. 한 가지 전략을 끝내면 다음 전략(난이도가 낮으면서 더 높은 가치를 선사해주는 전략일 수도 있다)

에 필요한 시간과 자금에 여유가 생긴다. 전략적으로 보았을 때 관리 가능하면서 경쟁사들보다 우위에 서게 해주는 여러 가지 기회에 초점을 맞추는 것이 타당하다.

유럽 소매업체인 까르푸Carrefour는 목표를 재설정한 대표적 사례다. 미국 할인점 시장 진출이라는 목표를 좇던 까르푸는 다른 자원확보 옵션을 거부한 뒤 종합소매업체인 케이마트Kmart 인수를 고려했다. 하지만 신중한 검토 끝에 케이마트 인수가 타당하지 않다는 결론을 내렸고, 다른 목표 기업도 찾아낼 수 없었다. 까르푸는 케이마트 인수 기회를 밀어붙이기 위해 부족한 시간과 자금을 쓰지 않고 눈을 돌려 새로운 기회와 새로운 목표 자원에 집중하기 시작했다. 내부 개발 프로젝트와 제휴 전략을 병행해 중부 유럽 시장 공략에 나서기로 한 것이다.

이러한 경고에도 불구하고 중요한 기회를 너무 일찍 포기해버리지 않도록 주의해야 한다. 추가 노력을 기울여도 가치 있을 만큼 전략적 기회가 크다면 앞서 배제했던 더 복잡한 형태의 방식을 고려할 수 있다. 예를 들어 키우는 경로로 돌아가 새로운 자원을 갖고 실험하게 해줄 내부 탐색 환경을 조성할 수도 있다. 복잡한 계약이나 복잡한 제휴에 나서는 빌리는 경로를 재검토할 수도 있다. 실제로 복잡한 인수를 위해 사는 경로를 다시 알아볼 수도 있다. 당신이 걸을 경로는 투자 가능한 시간과 자원 및 다른 전략적 기회 대비 이번 전략적 기회의 중요성에 따라 달라질 것이다.

전략적 목표가 자유롭게 대폭 수정 가능한 새로운 자원을 요구할 때 인수는 가치가 있다. 그런 경우 통합 경로를 정의하고, 핵심 인재를 붙잡고, 구체적 계약 실행에 필요한 기술을 통제할 수 있다면 인수를 진지하게 고민해봐야 한다. 통합의 명확성과 동기가 높은 상태에서 순탄한 길을 걷는 인수가 가장 좋다. 실행 방법을 규정하거나 사람들을 잔류시킬 때 어느 정도 도전에 직면하더라도 보다 복잡한 도전이 더 유용할 수 있다. 단, 이때 당신은 강력한 M&A 실행 기술을 갖고 있어야 한다. 어떤 인수 경로도 타당하지 않다면 앞서 거부한 자원 확보 방식을 재검토하는 것이 더 나을 수 있다. 그것도 아니라면 뒤로 물러나 전략을 재검토한 뒤 성공 가능성이 좀 더 높은 기회를 고려해보라.

06
CHAPTER

자원 포트폴리오
재조정하기

지금까지 우리는 새로운 자원을 확보하는 데 가장 적절한 길을 고를 수 있도록 자원 경로 틀에 초점을 맞춰 설명해왔다. 이 틀은 활용 폭이 넓은데, 자원은 본래 계속해서 변하기 때문이다. 이번 장에서 우리는 이 틀을 이용해 어떻게 자원에 대한 통제를 강화하거나 낮추고, 부가가치를 창출하지 못하는 자원은 완전히 매각하는 식으로 자원 포트폴리오를 재조정할 수 있는지 이야기하겠다.

자원을 확보해놓고도 자연사박물관의 유리 상자 안에 들어 있는 전시물처럼 내버려둔다면 자원은 영원히 새것 같은 상태를 유지할지도 모른다. 그런데 당신은 새로운 가치를 창조하기 위해 자원을 활용한다. 자원은 전략 추진에 활용되면서 기업의 핵심적 일부가 된다.

시간이 지나 주변 경쟁 환경이 바뀌면서 자원도 바뀌고 다른 자원들과 재통합된다. 오늘의 핵심 자원이 내일의 비핵심 자원이 될 수 있다. 마찬가지로 오늘날 주변부에 있는 자원이 중심으로 이동해올 수도 있다. 자원의 가치가 얼마나 빠르고 많이 올라가고 내려갈지는 기업, 산업, 전 세계 경제, 고객과 납품업체, 그리고 소비자 가구家口에 영향을 미치는 여러 가지 힘에 따라 달라진다.

그러므로 자원을 자주 재평가해봐야 한다. 산업과 기업이 발전할 때 당신에게 필요한 자원과 당신이 자원에 가하고 싶은 통제 수준도 변할 것이다. 어느 시점에 이르면 거의 모든 내부 자원은 무용지물이 되는데, 그때 당신은 더 많은 가치를 창조하는 자원으로 전환할지, 새로운 자원과 통합함으로써 다시 살릴지, 아니면 매각해버릴지 결정해야 한다.

쓸모없는 자원의 매각은 매우 중요하면서 때론 까다롭다. 기업이 전략을 수정할 때는 사업 포트폴리오와 그것을 지원하는 자원을 함께 조정해야 한다. 전략에 맞지 않는 자원을 매각하면 기업은 새로운 자원으로 초점을 옮길 수 있다. 기업이 우연히 거대 기업conglomeration이 되어버리는 중요한 이유 중 하나는 자원 매각 원칙이 없기 때문이다. 그러한 기업은 현재 전략과 관련이 없어진 전통적인 사업과 자원에 계속 집착한다. 경영진은 보유 자원이 적절하지 않을 때 보다 생산적으로 활용할 수 있도록 재활용 조치를 취하든지, 아니면 가치를 키울 수 있는 대안이 존재하지 않을 때 그 자원을 아예 매각해버려야 한다.

라이선스 계약과 제휴를 통해 확보한 빌린 자원 역시 이와 같은 주기를 따른다. 신생 기술 분야의 초창기에 선구적인 제품을 파는 파트너들과 맺는 제휴는 제품, 시장, 전략적 불확실성이 높아도 지식을 확보하기 위한 합리적 방법으로 드러나는 경우가 있다. 이 신생 기술 분야가 보다 체계적이고 경쟁적인 시장으로 발전하면, 당신은 내부 프로젝트나 인수에 관심을 기울이며 통제 확대 방안을 함께 모색할지도 모른다. 제휴를 통해 파트너로부터 얻은 한때 소중했던 자원이 현재 주변 경쟁 환경이 변했거나, 파트너로부터 배울 수 있는 것을 모두 배웠기 때문에 불필요해지는 경우도 있다. 예를 들어 기술이 성숙해가는 단계에서 간단한 방식으로 자원이 주는 혜택을 유지할 수 있다면 파트너와의 관계를 끊거나, 파트너와의 관계를 라이선스 합의로 격하시킴으로써 자원 통제 정도를 낮출 수도 있다.

당신이 점점 더 중요해지는 라이선스에 대한 통제를 강화하거나, 중요성이 떨어지는 제휴를 전략적 가치가 낮은 상태로 격하시키거나, 관계를 끝내버리는 식으로 어떤 조치를 취하지 않을 경우 기존 관계는 관성에 따라 무기한 유지될 것이다. 히어로 혼다 합작벤처의 경우, 시간이 지나면서 혼다가 인도 시장에서 영업하는 방법을 배우게 되자 히어로가 제휴에 기여하는 가치는 떨어졌다.(제4장 참조)

자원의 활용성을 재평가해야 하는 만큼, 자원 확보 방식도 지속적으로 재평가해야 한다. 종합적인 관점에서 이렇게 복잡한 평가는 앞

성장하는 기업의 비밀

서 설명한 J&J의 사례처럼 일련의 포트폴리오 관리 활동에 해당한다. 이번 장에서는 기업이 자원 관리 활동을 원활히 조율하고 경쟁력 있게 유지하려면 자원 경로 틀을 어떻게 활용해야 하는지 보여주려 한다. 이 과정에서 당신은 자원 경로 틀을 수용하기에 앞서 온갖 잘못된 조언을 듣고 내린 자원 확보 결정이 초래한 장기적인 결과를 개선할 수 있다는 사실을 깨달을 것이다. 우선 경영진이 우리가 조언하는 평가를 지속하지 못하게 되는 인지적 맹점부터 살펴보자.

경영진이 자원 포트폴리오 조정을 꺼리는 이유

기업이 과거에서 벗어나지 못하는 경우가 있다. 노련한 경영자들 중에서도 과거에 내린 선택에 계속 집착해보지 않은 사람은 거의 없다. 그런 귀신같은 일이 흔하게 생기는지는 중요하지 않다. 문제는 그런 일이 왜 지속되느냐다. 사람들은 몇 가지 요인 때문에 더 이상 의미 없는 현재 상태에 집착한다. 미래 집착적 편향forward-looking bias, 과거의 선택에 대한 집착, 일시적 유행, 분열된 의사결정 과정 등이 그것이다.

미래 집착적 편향
경영진이 낡은 자산을 재활용하기보다 새로운 자산 인수를 선호하는 역동적이고 혁신적인 산업에서 활동하는 기업들은 종종 미래 집착적 편향을 갖고 있다. 실제로 기회주의적 성향의 전략가가 되려면 미래의 새로운 가치 창조 방식을 끊임없이 물색하려는 노력이 필요하다.

우리가 인터뷰한 전기통신, 미디어, 의료장비 분야에서 활동하는 기업의 임원들은 자원의 재평가 및 정리보다 성장 기회와 새로운 계약 확보에 매진하는 것이 훨씬 더 매력적이라고 생각했다. 미국의 의료장비 분야를 선도하는 기업에서 전 세계 M&A와 기업 개발 업무를 총괄하고 있는 한 임원은 "성취도가 뛰어난 총괄관리자에게 그가 운영하는 사업부에 지원했던 8,000만 달러 상당의 투자를 중단하겠다고 말하는 건 고통스럽다. 따라서 우리는 장기적으로 생각하기보다 단기 전략에 치중한다. 나는 우리가 필요한 투자 회수를 억지로 할 만큼 잘 훈련되지는 못했다고 생각한다"라고 말했다.

기업이 기존에 보유하고 있는 자원에 대해 합리적 결정을 내리려면 신뢰할 만한 분석이 뒤따라야 한다. 물론 외부 금융 전문가에게 분석을 맡길 수도 있다. 그런 경우 또 다른 문제가 생긴다. 자산 매각을 총괄하는 외부 업체들은 종종 매각되는 자산의 기초가 되는 핵심 자산을 무시해버린다. 이런 핵심 자산은 전체적으로나 부분적으로 유지해도 좋을 잔존가치residual value를 갖고 있을지 모른다. 매각 대상 자원은 악명 높은 서브프라임 모기지 대출에 비유될 수 있다. 분명 많은 모기지 대출이 악성이었지만, 건전하고 큰 가치를 주는 대출

성장하는 기업의 비밀

도 있었다. 그런 점에서 자산을 매각할 때 교각살우矯角殺牛 같은 짓을 저지르지 않도록 주의해야 한다.

미래 집착적 편향이 초래하는 또 다른 결과는 경영진을 자동차 왕 헨리 포드Henry Ford가 남긴 "고장 나지 않았으면 고치지 말라"는 말대로 움직이게 만든다는 점이다. 사업이 합리적 차원에서 순조롭게 돌아가는 이상, 경영진은 보유 에너지를 미래의 새로운 기회를 찾는 데만 투자한다. 하지만 사소한 문제들이 심각하게 변하기도 한다. 작은 부조화가 거대한 동요를 유발할 수도 있다. 그런 경우 기업은 문제를 일으킨 부분을 수리할 수 있는지, 아니면 사고를 유발하기 전에 대체돼야 하는지 신속히 판단해야 한다. 기존 자원을 재생해 쓸지, 아니면 매각해야 할지 결정해야 할 수도 있다. 기회 추구형 전략가로 성공하려면 지속적인 팽창에 필요한 강력한 기반을 만들기 위해 기존 자원을 조정하거나 불필요한 자원을 매각하거나, 아니면 이 두 가지를 모두 잘할 수 있어야 한다.

과거에 대한 집착

경영진이 미래에는 집착하지 않더라도 미래와 반대되는 과거에 집착하며 고통받을 수 있다. 이는 성숙한 산업에서 활동하는 기업에게 중요한 문제다. 이런 기업의 경영진은 신규 자원 확보를 위해 엄청나게 투자해왔다. 신규 자원을 중심으로 회사를 키우려고 자원 확보 때보다 더 많은 시간과 노력을 투여해온 것이다. 그런데 문제가 생길 때 경영진은 과거의 선택을 재평가하고 뒤집기보다 지키고 보강하는 데 더 많은 에너지를 쏟곤 한다. 기업은 과거에 대한 어떤 집착도 공개적으로 문제 삼아야 한다.

자원 확보 출처의 일시적 유행

중앙집중화, 분산화, 다양화, 구조조정 등이 잠시 산업계에서 유행하다 사라지곤 한다. 자원 확보 방식에도 이런 식의 일시적 유행이 존재한다. 일정 기간 동안 M&A가 크게 주목받다가, 제휴가 유행한 뒤, 다시 내부 개발에 관심이 커진다. 한마디로 헹구기를 반복하는 식이다. 과거에 내려졌던 일부 결정은 (그 결정이 내려졌을 당시에는) 업계 전반에 지배적인 영향을 미쳤지만 현재 여건에는 적합하지 않은 선호도를 반영한다. 하지만 과거는 종종 당연한 것으로 간주된다. 즉 신기하게도 온전한 정신과 균형이 되돌아온 기업이 잘못된 부분을 고치기 위해 과거로 거슬러 올라가는 경우는 드물다. 기업은 예전에 내려진 결정이 여전히 타당한지 주기적으로 평가해봐야 한다.

조직의 분열

조직은 직원들의 합만큼 똑똑하지 못할 때가 있다. 당신 회사에서도 다음과 같은 시나리오를 목격했을지 모른다. 즉 모든 핵심 의사결정자가 기존 자원에 문제가 있고, 회사가 그 일부라도 고치려면 새로운 자원과 더 나은 자원 관리 전략을 갖고 있어야 한다는 것을 알

성장하는 기업의 비밀

고 있다. 하지만 아무도 행동을 취하려고 하지 않는다. 똑똑한 임원이 부족해서가 아니라 조직이 분열되어 있기 때문에 무기력한 모습을 보인다. 그런 경우 기업에는 의사결정자가 합리적 해결책을 찾아낼 수 있도록 문제의 증거를 수집·분석하게 설계된 시스템(그리고 그렇게 동기부여된 문화)이 부족하다. 똑똑한 사람들을 채용해도 해결책을 찾지 못할 때 분열은 특히 더 치명적이다. 분열 문제를 해결하려면 일반적으로 조직이 변해야 한다.

지금까지 설명한 네 가지 맹점은 자원 포트폴리오를 전략에 맞게 유지할 수 있는 능력을 저하시킨다. 이제 이런 문제들을 극복하는 방법을 살펴보자. 당신은 실제로 과거에 키우거나 빌리거나 사는 선택을 재검토하면서, 변화된 맥락에 맞춰 조정해야 한다. 그러지 않으면 자원 포트폴리오가 조율되지 않아 성장 능력을 해칠 것이다.

키우거나 빌리거나 사는 과거의 선택 재검토하기

과거의 선택을 재검토하려면 현재 당신이 직면한 도전의 뿌리를 이해해야 한다. 추진 중인 자원 개발 프로젝트가 여러 가지 도전에 직면할 때 대부분의 기업은 제1장에서 설명한 실행의 덫에 빠진다. 그들은 자원 활용 비용을 줄이거나, 자원에서 새로운 가치를 창조하거나, 직원들이 더 열심히 오랫동안 일하도록 압박을 가하려고 애쓴다.

하지만 자원 문제의 근본적인 원인이 실행 처방의 범위를 벗어나는 경우가 있다. 직원들이 부진한 성과를 내거나 보유 자원이 쓸모없어져서 그런 것만은 아니다. 실제 문제는 자원 활용에 가하는 통제가 부적절해져서 생긴다. 더군다나 통제 유형이 처음부터 부적절했을 수도 있다. 이런 문제를 해결하려면 자원 통제 방법을 바꿔야 한다.

예를 들어 여건상 제휴가 권장될 때(제4장에서 설명했듯이) 인수를 한다면 과도한 통제를 가함으로써 재정적 · 조직적 차원의 비용이 들게 된다. 인수는 일반적으로 다른 자원 확보 옵션보다 높은 설정과 통합 비용을 유발한다. 조직적 차원에서 인수 기업의 관료적 문화를 따르도록 압박을 가하면 인수한 기업의 충성심과 혁신적 창조성이 손상될 수 있다. 이런 가능성을 감안했을 때 훨씬 더 많은 자율성을 주는 방법을 포함해 인수한 기업을 옭아매지 않고 풀어주는 방법을 찾아봐야 한다.

주변 환경이 바뀌어 어쩔 수 없이 빌리는 선택을 재검토해야 할 수도 있다. 한때는 기본 계약이 100퍼센트 타당했을지라도 지금은 계약이나 제휴보다 더 강도 높은 관계가 필요할 수도 있다. 또한 가치가 점점 약해지는 파트너십을 관리하느라 많은 시간과 자금을 투자하기보다 목표 자원을 전면적으로 통제해야 할 수도 있다. 이때는 파트너를 완전히 인수하거나, 외부 자원을 대체하고 필요한 통제를 허용하는 새로운 내부 역량을 키워야 한다.

키우고-빌리고-사는 선택을 재검토할 때는 내재화된 자원과 빌린 자원을 구분해야 한다. 키우는 전략과 사는 전략은 내재화된 자원 internalized resources, 즉 내부 통제를 가할 수 있는 새로운 자원을 확보하는 서로 다른 방법이다. 당신이 직접 그런 자원을 개발했건, 아니면 목표 기업과 함께 얻었건 간에 자원은 내재화된다. 반면에 계약과 제휴 파트너들을 통해 얻은 자원은 빌린 것일 뿐이다. 당신은 현재와 미래에 자원을 활용하기 위해 파트너들에게 계속 의존해야 한다.

과거의 선택을 재검토할 때 내재화된 자원과 빌린 자원의 구분은 중요하다. 두 자원을 통제하는 수준을 바꾸려면 서로 다른 방법이 필요하다. [표 6-1]은 자원 포트폴리오 관리 방법을 바꿀 때 사용할 수 있는 옵션들이다.

[표 6-1] 자원 포트폴리오 조정 옵션들

자원 유형	자원에 필요한 변화		
	통제 강화	통제 완화	매각
내재화된 자원 (내부 개발이나 M&A를 통해 획득)	내부 팀이나 내부 탐색 환경을 주류 조직으로 이동시킨다	내부 팀이나 사업부의 자율성을 확대한다	불필요한 자원이나 사업부를 매각한다
	목표 기업을 주류 조직 내로 더 깊숙이 통합한다	이전에 인수한 기업의 자율성을 확대한다	
빌린 자원 (계약이나 제휴를 통해 획득)	계약으로부터 내부 프로젝트나 제휴나 인수로 이동한다	계약이나 제휴 파트너들의 통제 범위와 강도를 낮춘다	계약이나 제휴를 끝낸다
	제휴로부터 내부 프로젝트나 인수로 이동한다	제휴로부터 계약으로 이동한다	

내재화된 자원의 조정

내부 자원에 대한 통제 수준이 부적절하거나 혹은 반생산적일 때가 있다. 자원에 더 많은 통제를 가해야 할 때도 있고, 통제를 줄여야 할 때도 있다. 또 자원을 매각해야 할 때도 있다. 이 세 가지 상황에 대해 살펴보자.

내재화된 자원에 대한 통제 강화

당신이 자원 통제를 강화해 얻을 수 있는 혜택을 깨닫지 못하고 있다면 자원을 회사의 주류로 통합시켜봐야 한다. 예를 들어 제2장에서 설명했듯이 HP는 프린터에 대한 내부 탐색 사업부를 주변부에서 사업 활동의 중심으로 이동시켰다. HP는 프린터 사업의 자체 역량과 프린터 판매가 회사의 PC 사업에 미치는 강력한 영향 때문에 회사의 핵심 전략이 되었다고 믿었다.

　기업이 새로운 영역에 진입하려면 다른 기업을 인수할 때 인수 후 장기적인 혜택을 누리려고 인수한 기업이 이상적인 수준 이상으로 더 큰 자율성을 갖고 계속 운영되게 한다. 하지만 앞서 지적했듯이 인수 기업은 핵심 인재를 잔류시키고, 아직까지 이해하지 못하는 활동들에 지장을 주지 않기 위해 목표 기업에 자율성을 허용하기도 한다. 목표 기업이 너무 오랫동안 완전한 독립체로 남아 있을 경우 인수 기업은 새로운 지식을 얻지 못하고, 통합으로 얻을 수 있는 가치는 감소한다. 따라서 기업은 일련의 단계를 밟아가면서 서서히 목표 기업을 통합해야 한다.

목표 기업을 점진적으로 통합한다는 것은 그곳과 인수 기업 내 다른 사업부를 연결하고, 교차 사업팀을 만들고, 양사 사업부를 오가며 직원들을 순환 근무하게 만든다는 의미다. 은행 산업에서 많은 상업은행은 인수한 투자은행의 직원들을 수용하기 위해 분리 경영하는 데 익숙해 있었다. 하지만 관대한 인수 방식이 원하던 시너지 효과를 많이 얻는 데는 실패했다. 이런 문제를 해결하고자 은행들은 대출과 투자 부문 임원들로 다기능팀cross-functional teams(프로젝트 중심으로 각 부서 직원을 차출하여 한시적으로 구성하는 팀)을 만들어 투자 활동을 통합하려고 애써왔다. 이렇게 연결된 활동이 가치를 창출하지 못할 경우 일부 은행은 투자은행 업무에서 완전히 손을 뗐다. 현재 진행 중인 또다른 통합 사례로 2002년에 이루어진 이베이의 온라인 결제 서비스 업체 페이팔PayPal 인수가 있다. 이베이는 처음에 경매 낙찰자들이 페이팔 결제를 선택할 수 있게 해줌으로써 페이팔은 독립적인 결제 서비스 회사로 운영되었다. 그러다가 점차 핵심 사업 속으로 페이팔을 통합시켰고, 그 과정에서 경매와 결제 상품의 다양한 연결고리를 개발했다.

내재화된 자원에 대한 통제 완화
경우에 따라 추진 중인 전략이 내부 자원에 대한 통제를 완화하라고 요구하기도 한다. 이것은 자원의 기술과 시장의 진행 방향에 대한 지식이 부족할 때 통상적으로 일어나는 현상이다. 이런 경우 내부 탐색 환경을 만들면, 특정 자원의 낯선 특성을 대신 조사해주거나 자원과 관련해 적절한 지식을 갖고서 당신의 개발 방향 설정 준비를 도와줄 파트너를 찾아낼 수 있는 시간과 융통성을 갖게 된다.

파괴적인 기술 변화를 이해하지 못하면 위험할 수 있다. 리서치인 모션(이하 RIM)은 애플이 스마트폰을 처음 출시했을 때 블랙베리 때문에 그런 위험에 직면했다. RIM의 블랙베리를 지원하는 판매와 서비스 조직은 기업 고객을 상대하는 데 익숙했기 때문에 일반 소비자 시장에 대한 이해가 전무했다. RIM은 기존의 강력한 기술 기반을 활용하지 못했고, 애플과 다른 업체들이 스마트폰 시장의 경계를 넓히는 동안 계속해서 그들을 따라잡느라 야단법석만 떨었다.

한편 일본의 자동차 제조회사인 도요타는 전자 간판방식kanban으로의 조직적 전환이란 도전을 훨씬 더 잘 해결했다. 간판방식이란 낭비를 줄이기 위해 실시간으로 소비되는 부품 수량에 대한 정보가 협력업체와 공유되고 모든 부품 용기에 카드를 뜻하는 간판이 부착된 데서 유래한 경영 방식으로, 영어로는 적기just in time 생산 방식이라고도 한다. 도요타는 궁극적으로 전자 간판방식이 이전에 카드를 써온 간판방식을 대체하리라고 예상했다. 이런 변화를 조기 수용할 경우 얻게 될 여러 가지 혜택을 이해한 도요타는 신속히 움직였다. 이 회사는 간판방식 담당 핵심 인재들에게 기존 업무 공정에 차질을 빚지 않고 전자 간판방식 도입에 앞장설 수 있는 독립 사업부를 만들라는 임무를 맡겼다. 전자 간판방식을 도입할 경우 도요타는 예전과 판이한 조직 구조를 받아들여야 했다. 또한 투자 기한을 수정하고, 협력업체들과 달라진 관계를 유지하고, 생산 라인 직원들을 훈련시키기 위한 새로운 방식을 고안해야 했다. 독립 사업부는 새로운 기술의 등장으로 생긴 많은 내부 갈등에서 벗어나 아무런 간섭을 받지 않은 상태에서 맡은 업무를 자유롭게 추진할 수 있었다.

새로운 시장 기회를 추구하는 쪽으로 전략을 조정할 때도 핵심 자원에 대한 통제를 줄이는 게 바람직하다. 시스코는 소비자 시장 공략을 위해 사업을 다각화했을 때 데이터 네트워킹 하드웨어 제품을 판매하는 링크시스Linksys처럼 인수한 기업에 더 많은 자율권을 주었다. 시스코는 인수한 기업을 전통적인 기업 시장 사업으로부터 보호하는 책임을 맡은 팀도 만들었다.

가끔은 단순히 자원이 경쟁우위 확보의 출처로서 갖는 가치를 상실했을 때 그에 대한 통제를 줄여야 한다. 그러면 투자와 경영 부담이 제3자에게 넘어갈 수 있다. 이것은 자산 매각(아래쪽에 설명해놓은)을 향한 첫걸음이기도 하다. 어떤 경우에는 통제를 줄이면 기업이 자원을 개발하기 위해 힘쓰는 사람들의 의욕을 꺾지 않고 자원에 접근하는 혜택을 누릴 수 있다. 예를 들어 기업이 적절한 인센티브 시스템 또는 사업 분위기를 제공하거나 만들지 못할 때는 보다 큰 자율권을 허용하기 위해 자원을 조직 주변부로 이동시키거나, 일부 또는 전체 매각 계약을 맺는 것이 효과적이다.

자원 통제 수준을 바꾸는 방법과 시기를 알기 힘들 수 있다. 예를 들어 생명공학 혁명이 일어났을 때 기존의 많은 생명과학 기업은 규제와 마케팅 활동에 도움이 될 만한 새로운 기술 기반을 제공해줄 수 있는 소규모 기업 인수에 매진했다. 이러한 인수 기업들 중 다수가 전통적인 소세포small cell 신약 연구와 새로운 유전체 기반 연구의 조직적 차이를 과소평가했다. 오해로 비롯된 큰 차이로 스트레스를 받고 사기가 꺾인 많은 핵심 과학자가 목표 기업을 떠나면서 인수의 가치는 떨어졌다.

모든 기업이 이런 잘못을 저지르진 않는다. 성공적인 인수 기업은 목표로 삼은 생명공학 전문기업에 투자하고 교감하면서 새로운 방식으로 신약을 개발할 수 있는 자율권을 준 뒤, 목표 기업에 필요한 것들을 더 잘 이해한 다음 통합했다. 1990년 전문 의약품 개발 회사인 로슈Roche는 생명공학 분야의 선도 기업인 미국의 제넨테크Genentech 지분을 상당량 인수한 뒤 다년간 제넨테크가 독립적으로 운영될 수 있게 허용했다. 로슈는 2009년 마침내 제넨테크의 개발 능력을 손상시키지 않은 채 제넨테크와 생명공학 제품을 자사의 핵심 사업으로 흡수할 수 있을 만큼 그들의 요구를 잘 이해하게 되었다고 믿을 때까지 통합하려고 하지 않았다. 이런 통합은 오랜 시간이 걸리는 게임과도 같다. 심지어 지금까지도 통합의 성공 여부가 불확실하다. 제넨테크에 근무하는 직원들 중 다수가 여전히 통합 회사의 미래를 걱정하고 있으며, 기존 로슈 직원들 중에서도 제넨테크에게만 너무 유리한 계약을 체결한 건 아닌지 의아해하는 사람이 많다.

물론 경쟁 환경이 다시 바뀌었을 때 오늘 어쩔 수 없이 포기한 통제가 내일 지배 구조의 혼란을 야기할 수 있다. 사실 통제를 줄인 프로젝트, 사업부, 관계가 새로운 자원 창조에 성공할 경우 그 혜택을 최대한 늘리고 싶을 것이다. 따라서 시간이 지날수록 독립 사업부와 주류 조직의 연결을 강화해야 한다. 그래야만 그들이 가진 자원의 가치를 100퍼센트 파악할 수 있다.

내부 자원의 매각

통제를 극단적으로 줄여야 하는 경우, 전체 제품 라인과 사업부를 포함해 내재화된 자원을 매각하거나 관련 사업을 정리하는 것이 합리적일 때도 있다. 이런 조치를 취해야 하는 이유는 다섯 가지다.

1. 과거에 가치가 있던 자원이 쓸모없어졌을 때
2. 잠재적 가치가 있을 수 있는 자원 개발을 억압할 때
3. 조직이 중복 자원을 소유하고 있을 때
4. 통합 이후 불필요한 자원을 찾아냈을 때
5. 과거에 저지른 잘못을 바로잡고 싶을 때

쓸모없어진 자원

과거에 가치가 있던 자원들 중 다수가 시장 상황에 적합하지 않게 변할 수 있다. 그런 자원이 쓸모없어져도 종종 그것을 아주 원하는 매수자를 찾을 수도 있다. 매수자를 찾지 못할 경우 사용을 중단하고, 지원 비용을 아끼는 게 나을지도 모른다.

개발이 억압된 자원

매각은 기업 내에서 성과가 부진한 사업부가 보다 유연한 독립기업으로 재탄생하게 해줄 수 있다. 새로운 모기업이 인수한 사업부에 적절한 자원과 조직적 지원을 제공해줌으로써 번창하게 도와줄 수 있기 때문이다. 자동차 산업에는 인수한 기업이 예상한 결과를 내지 못했을 때 매각한 사례로 넘쳐난다. 포드는 2007년에 스포츠카를 제작하는 애스턴 마틴Aston Martin을 영국계 컨소시엄에 팔았고, 2008년에 영국 자회사인 재규어와 랜드로버를 인도의 타타 모터스에 팔았으며, 2010년에 볼보를 중국의 자동차 제조업체인 지리에 매각했다.

  매각이 가끔은 기업의 중대한 구조조정을 야기한다. 2005년 미국의 센단트Cendant는 부동산과 여행업 분야의 몇몇 사업을 매각했다. 기술이 역동적으로 발전하고 시장이 급성장하는 상황에서 그들을 경영하기가 너무 까다로워졌기 때문이었다. 센단트는 초기에 일련의 매각을 단행한 뒤 네 개 산업, 즉 부동산, 여행, 접대, 자동차 렌털 기업으로 쪼개졌다. 회사는 결국 센단트라는 이름을 포기하고, 남은

성장하는 기업의 비밀

사업에 에이비스Avis와 버짓Budget 브랜드 로고를 달았다.

중복 자원

내부나 외부 중 어떤 방식을 쓰든지 간에 기업은 성장할 때 중복되는 역량을 축적해놓는 경우가 있다. 이런 역량들은 저마다 다양한 사업 라인을 지원해줄 수 있다. 일부 사업 라인은 통합한 뒤 매각하거나 지원을 중단할 경우 경제적으로 큰 효과를 거둘 수도 있다. 벤앤제리스를 인수한 유니레버는 통합 기업 전반에 걸쳐 몇몇 생산 시설을 통합함으로써 경영의 효율성을 도모했다. 이보다 더 작은 규모의 기업도 중복 자원을 만들 수 있다. 시스코는 10년 동안 70차례의 인수를 감행했는데, 2000년대 초에 중복된 자원 개발 활동 때문에 기술 개발 활동을 구조조정해야 했다.

불필요한 자원

인수 후 적극적인 구조조정을 추진하는 기업은 필연적으로 불필요한 역량을 갖게 된다. 그것은 목표 기업이나 인수 기업의 원래 사업들 중에 남은 자산이다. 이런 자산을 매각하면 더 이상 관심을 기울이거나 예산을 쓰지 않고 새로운 기회에 집중할 수 있다. 우리는 여러 산업의 매각 사례를 연구하면서 미국과 유럽에서 일어난 250건의 인수를 분석해보았다. 그 결과 매각이 인수 기업과 목표 기업 모두에게 종합적인 구조조정에 필요한 핵심 요소임을 알아냈다. 또한 인수 기업과 목표 기업에서 추진된 부분 매각은 남은 사업 활동 내의 자원 개발을 촉진하는 데 유용한 것으로 나타났다.

성공적인 인수 전략으로 주목받은 기업은 매각에도 적극적이다. 1981~1987년에 GE는 300회 이상 인수했고, 광범위한 구조조정을 끝낸 뒤 200회 이상 매각을 단행했다. 마찬가지로 1995년 이후 유니레버는 크노르Knorr, 아모라Amora, 벤앤제리스, 슬림패스트Slim Fast, 알베르토컬버Alberto Culver를 비롯해 250회 정도 인수를 하면서 자체 사업 포트폴리오를 구조조정하고 200회 넘게 매각했다.

과거에 저지른 잘못

맨 처음 신규 자원을 확보했을 때 저지른 잘못을 바로잡기 위해 자원을 매각할 수도 있다. 우선 자원이 포트폴리오와 맞지 않을 수 있다. 또는 강도가 낮은 통합 방식이 더 낫게끔 융통성 있게 자원으로부터 전략적 가치를 뽑아내야 할 수 있다. 현재의 자원 기반과 다른 새로운 자원 영역을 탐색할 때 잘못 선택하는 경우가 흔하다. 이렇게 잘못 선택했다고 판단되면 적절한 매수자를 찾는 즉시 자원을 매각해야 한다. 시스코는 2009년에 인수한 플립Flip 비디오카메라 회사를 2011년에 매각했다. 애초부터 플립은 기업 네트워크 서비스로 유명한 시스코에 어울리지 않았다. 다행히도 시스코는 신속한 조정 조치를 취하는 절제력을 갖고 있었다.

자원을 정리하는 최고의 방법은 사업부를 분사하거나 사업 상황에 따라 주요 자원을 매각하는 것이다. 그렇게 하면 자원은 운영 상태가 지속됨으로써 가치를 유지할 수 있다. 매각 기업은 거래를 통해 수익을 창출하고, 처분된 기업에서 일하는 사람들은 경력을 계속 유지하게 된다. 하지만 새로운 기회에 쓰는 편이 더 나은 시간과 돈만 잡아먹는 사업은 아예 폐쇄하는 것이 낫다. 불행하게도 그러한 폐쇄 대상들 중에 기업이 정리라는 어려운 카드를 꺼내기까지 시간을 끌지 않았다면 성공 가능성이 있는 기업으로 매각될 수도 있다. 적극적이면서 지속적인 매각 전략은 궁극적으로 매각 자원과 관련되어 있는 다수의 이해관계자에게 혜택을 준다.

자원 경로 틀은 성장 경로를 찾아내게 도와줌으로써 더 이상 성장 전략에 기여하지 못하는 자원을 더 쉽게 매각할 수 있게 해준다. 성장 없이 매각만 하는 기업은 궁극적으로 사라질 것이고, 매각 없이 성장하는 곳은 부조화를 이루는 자원들이 초래한 혼란 속에 파묻힐 것이다. 두 경우 모두 기업이 왜 효과적인 성장 전략과 효과적인 매각 전략을 동시에 가져야 하는지를 설명해준다.

빌린 자원 조정하기

빌렸지만 내재화시키지 못한 자원들, 즉 기본 계약이나 제휴 중 한 가지 방식을 통해 확보한 자원들에 적용할 통제 수준을 다시 한 번

확인하는 것도 중요하다. 경쟁적인 도전이 빌린 자원에 가해야 하는 통제 강도를 조정할 수 있으므로 향후 언젠가 빌린 자원의 지배구도를 바꿀 필요가 생긴다는 것을 예상해야 한다. 가장 강력한 합의는 분명 합의된 주요 단계에 따라 당사자들이 관계를 수정할 권리를 명백히 규정해놓는 것이다.

빌린 자원에 대한 통제 강화

자연히 빌린 자원은 이미 내재화한 자원보다 통제하기가 더 힘들다. 이때는 계약에서 제휴로, 혹은 제휴에서 내재화로 업그레이드하여 빌린 자원에 대한 통제 강도를 높일 수 있다. 빌린 자원을 기존에 합의된 조건 이상으로 크게 조정하고 싶거나 독점적 권리에 대한 여러 가지 우려에 직면할 때 추가적인 통제의 필요성이 커진다. 두 경우 모두 유효할 때도 마찬가지다. 둘 중 어떤 시나리오든 수요가 변하고 독점적 권리의 성격이 유동적이라서 재화와 용역을 조정하려면 융통성이 필요한 역동적인 시장에서 두드러진 특징을 보여준다.

제휴에서 융통성이 문제가 될 수 있다. 제휴는 내부 사업부의 업무와 긴밀히 조율되어야 한다. 제휴 파트너가 경쟁 사업부를 세우거나 예상치 못한 방향으로 움직이려 한다면 여러 가지 도전이 생길 수도 있다. 제4장에서 설명했던 대로 일라이 릴리는 제휴 파트너인 ICOS를 인수했을 때 양사가 공동 개발 중이던 신약을 토대로 새로운 치료법 연구를 시작하고 있었다. ICOS를 인수하지 않았다면 일라이 릴리는 ICOS의 독점적 권리 때문에 융통성을 발휘할 수 없었을 것이고, 제휴가 계속 효과적으로 유지되게 하려면 너무 오랜 시간 동안 많은 협력이 요구되었을 것이라는 결론을 내렸다.

많은 경우 더 깊은 관계로 움직이지 않고는 통제를 강화할 수 없다. 다른 기업과의 제휴를 통해 한 기업과 맺었던 계약을 대체하거나 보강할 수도 있다. 앞서 설명한 대로 일라이 릴리는 아밀린 파마수티컬과 계약을 맺을 때 베링거 인겔하임Boehringer Ingelheim과도 계약을 맺었다. 아밀린과 베링거는 경쟁적으로 당뇨병 치료제를 만들고 있었다. 기존 계약 파트너에게 새로운 기회를 모색하는 데 필요한 기술이 부족하거나 더 깊은 관계를 맺을 의사가 없다면 일라이 릴리처럼 위험 회피 수단을 마련해두는 것이 합리적이다. 당신의 전략은 과거의 관계에만 얽매이기보다 적절한 자원을 가진 파트너를 찾을 때 가장 효과적이다.

내부 자원의 경우와 마찬가지로 빌리는 관계에서 통제력을 점차 늘릴 수 있는 능력에 따라 혁신적 변화가 일어났을 때 경쟁력을 유지하느냐 못하느냐가 결정될 수 있다. 1990년대와 2000년대에 자동차 딜러들은 규제 당국의 개입까지 요청하면서 영업과 서비스 전략을 바꾸려는 미국 자동차 회사들의 움직임에 강력히 반발했다. 자동차 회사들이 딜러 네트워크를 통제하지 못하자 영업과 서비스 전략을 철저히 장악하고 있던 현대, 도요타, 혼다 등의 도전에 속수무책으로 당할 수밖에 없었다.

마찬가지로 1980년대에 미국 의료계가 새로운 지불 시스템을 선보였을 때 기존 건강 정보 시스템 제공사들은 이전까지 판매하던 소프트웨어를 다시 설계할 수밖에 없었다. 우리의 연구 결과, 특정 하드웨어와 소프트웨어 제공업체들과 맺은 파트너십으로부터 경쟁우위를 확보했던 이들 업체는 갑자기 불리한 입장에 놓이게 되었다. 파트너십이 필요한 변화를 협상할 수 있을 만큼 유연하지 않았기 때문에 그들은 새로운 환경에 적응하는 데 애를 먹었다. 반대로 과거 내부 개발에 지나치게 의존했다가 불리한 입장에 서 있던 정보 시스템 개발업체들은 신속한 적응에 필요한 통제력을 갖고 있었다. 결과적으로 그들은 변화된 환경에서 더 많은 신규 사업을 수주할 수 있었다. 더군다나 빌리는 전략에서 키우는 전략으로 신속히 이동한 기업들도 새로운 환경에서 선전했다.

빌린 자원에 대한 통제 완화

빌린 자원으로부터 여전히 경쟁적인 가치를 뽑아내고 있더라도 간혹 파트너와의 관계 강도를 낮추고 싶을 때가 생긴다. 이런 마음을 먹게 되는 가장 흔한 이유는 체결된 제휴를 제3자 간 계약으로 강등시킴으로써 제휴에 얽힌 복잡성을 낮추고 싶어서다. 도요타는 기존 부품 납품업체들의 제품에만 있던 성능상 특성들이 다른 업체가 개발한 제품에 의해 사라졌을 때 보통 납품업체들과의 관계 강도를 낮춘다. 전략적 변화도 파트너와의 관계를 재평가하게 만드는 또 다른

성장하는 기업의 비밀

요인이다. 코닝은 다우코닝 실리콘 합작벤처에서 생산된 제품과 그들의 활동 시장이 발전하고 있는 자사의 광학 사업이 멀어지자 합작벤처와의 경영 관계 강도를 낮추었다.

통제를 줄이면 여러 가지 조직적 도전이 생기게 마련이다. 그로 인해 영향을 받은 사업부 리더들은 전통적인 경영 활동과 그에 따르는 권력을 유지하기 위해 애쓸 것이다. 하지만 조직에서 불필요한 통제를 줄이기 위해 애쓸수록 영향력과 가치가 큰 곳을 통제하는 데 쓸 수 있는 시간과 자원이 더 많이 풀릴 것이다.

빌린 자원의 매각

끝으로 통제가 덜 필요한 빌린 자원의 매각 방안을 검토해보자. 사실상 이것은 더 이상 전략적 효과가 없는 제휴와 계약 관계를 끝낸다는 것을 의미한다. 몇몇 가치가 있는 파트너십은 다년간 유지되지만 대부분 재화와 용역을 개발하고 마케팅하기 위한 시간을 비교적 짧게 정의해놓고 있다. 파트너십이 더 이상 가치를 제공하지 못한다면 끝내야 한다.

경우에 따라 자원에 더 많은 가치를 두는 파트너에게 파트너십 유지 권리를 매각함으로써 파트너십을 끝낼 수도 있다. 2011년 혼다는 히어로 혼다 합작회사의 보유 지분을 인도의 파트너에게 매각하겠다고 발표했다. 히어로에게 인도 내 영업 활동은 전략적으로 매우 중요했지만, 혼다에게는 비교적 부수적으로 변했다. 혼다는 중국과 다른 신흥시장, 북미 지역의 영업 활동에 점점 더 초점을 맞추고 있었다. 파트너들이 둘 중 누구도 지속할 의사가 없는 활동을 중단하기로 상호 합의하기도 한다. 2003년 독일 제약회사인 바이엘Bayer과 미국의 종합석유회사인 셸오일Shell Oil은 특수화합물을 생산하기 위해 34년간 유지해오던 벨기에 합작벤처를 끝냈다. 이 오랜 기간 동안 합작벤처가 생산하던 제품들은 범용품이 되면서 양사 모두에게 대부분의 가치를 상실했다.

제휴나 계약 참여를 끝낸다는 것이 매우 민감한 행동일 때도 있다. 불완전한 통제 완화가 그렇듯이 매각도 그동안 제휴 활동과 파트너에게 오랫동안 전력을 다해 헌신해온 사람들에게 영향을 미친다. 파트너의 관점에서 볼 때 관계의 단절은 사업의 중대한 혼란과 평판의 상실을 의미할 수도 있다. 그러한 손실은 업계 내 소규모 기업 파트너들이 특히 가장 예민하게 느낀다. 따라서 자원에 대한 책무를 중단하더라도 공식적으로는 공동 활동이 종료되었음을 알리지 않는 식으로 조용히 관계를 정리하는 방법을 찾는 것이 바람직할 수도 있다. 대형과 소형 제약회사들 사이에 맺어진, 세간의 이목을 끄는 계약이 처음에는 거의 또는 전혀 관심을 끌지 못한 상태에서 조용히 끝났다.

지금까지 살펴보았듯이 포트폴리오를 재조정하는 길은 다양하다. 다음에 나오는 '자원 포트폴리오의 재조정'은 어떻게 해서 다국적기업이 자원 포트폴리오를 재검토한 뒤, 엄청난 에너지와 결단력을 발

휘하며 건강하고 영양가 높은 제품을 만들겠다는 사명mission을 추구
할 수 있게 포트폴리오를 재조정했는지 보여준다.

자원 포트폴리오의 재조정

건강식품 기업으로 변신한 다농

'최대한 많은 사람들에게 음식을 통해 건강을 선사하자'로 사명을 재정
의한 프랑스의 다국적 식품회사 다농은 2000년대에 자원 포트폴리오에
대한 대대적인 구조조정을 단행했다. 이 회사는 ①신선한 낙농 제품, ②
유아용 영양식, ③의료용 특수영양식, ④병에 든 생수라는 건강식품 분
야의 네 가지 핵심 제품에 집중하기 위해 시리얼, 크래커, 과자 같은 주
력 상품에 대한 투자를 줄였다. 다농의 전체 수익 중 절반 이상은 신선
한 낙농 제품으로부터 나온다. 이 분야에서 다농은 악티멜Actimel, 악티
바Activa, 비타리니아Vitalinea, 다노니노Danonino 같은 요구르트를 기초로
한 강력한 혁신 제품을 선보이면서 이 분야에서 세계 1위 기업으로 떠
올랐다. 이와 같은 토대 위에서 회사는 유아와 의료용 영양식 분야에
서도 세계 1위 기업의 자리에 올랐다. 다농은 또 병에 든 생수 분야에서
세계 2위 기업이다. 다농은 건강을 중시하자는 사명에 따라 기업 포트
폴리오를 재조정하기 위해 건강과 영양 분야 내에서 자원에 대한 통제
강화를 위해 여러 가지 조치를 취하면서, 새로 취한 방향과 제한적으로
만 들어맞는 비스킷과 알코올성 음료 같은 '중독성' 분야의 자원은 매
각했다.

건강과 영양 역량에 대한 통제 강화

키우다 : 내부 R&D를 확대하라. 다농은 다년간 R&D 투자를 통해 건강과 영양 자원을 개발하고 다져나갔다. 현재 R&D 투자금 중 절반은 요거트 제품 라인에 필요한 프로바이오틱스probiotics(인체에 이로운 미생물) 개발에 들어가고 있다. 다농은 다양한 단계를 거치면서 자체 역량을 강화했다. R&D 예산을 늘렸고, 900명의 전문가로 이루어진 R&D 커뮤니티를 강화했으며, 세계 최대의 유산균 은행을 유지하면서 학계 전문가들과 긴밀히 협력했다. 다농이 프로바이오틱스 R&D에 집중하면서 경쟁사들은 다농의 대표적인 제품인 악티멜에 맞서기 힘들어졌다. 기성 재료들을 사용해 프로바이오틱스 요구르트를 출시해온 다른 낙농기업들과 자가 브랜드 PB, Private Brand 제조업체들은 시장점유율이 미미했다.

빌리다 : 제휴 파트너에 대한 통제를 강화하라. 다농은 건강식품 분야에서 활동하는 몇몇 파트너에 대한 통제를 강화했다. 다농은 현재 인도 생명공학 기업인 아베스타겐Avesthagen에 투자하고 있으며, 일본의 프로바이오틱스 제휴 파트너인 야쿠르트Yakult의 지분 20퍼센트를 갖고 있다. 또한 다농은 대표적인 유기농 신선 낙농 제품 생산업체이자 미국 내 4대 요구르트 제조업체인 스토니필드 팜도 인수했다.

사다 : 인수 후 통합하라. 다농은 기업 인수를 통해 성장 전략을 보강했고, 인수한 기업을 자체 포트폴리오에 통합시켰다. 다농은 인도네시아의 아쿠아Aqua와 중국의 이리伊利, Yili와 러바이스樂百氏, Robust의 지배 지분을 인수하면서 2000년대에 아시아 최대 포장생수 판매업체가 되었다. 2007년에는 네덜란드의 유명 이유식과 영양바와 셰이크 제조업체인 로얄누미코Royal Numico를 인수했다. 이 인수는 다농이 갖고 있는 프로바

이오틱스 문화에 대한 지식과 누미코의 영양소에 대한 전문 지식을 통합하는 데 도움을 주었다. 누미코는 또한 노화방지 시장에서 구축한 강력한 입지를 바탕으로 임상영양학과 임상실험에 강력한 자원을 제공해주었다.

다른 제품 라인의 자원 매각하기

다농은 기업 포트폴리오를 건강한 영양을 강조하는 사명에 맞춰 재조정하기 위해 '건강에 유해한' 식품 사업을 꾸준히 매각했다. 2003년 다농은 전통적인 핵심 사업에 속해 있던 유리용기 사업 매각을 완료했다. 알코올성 음료 사업은 회사의 핵심 사명과 충돌했고, 전 세계 맥주 산업이 강력한 통합 압력에 직면해 있었기 때문에 확실한 매각 대상 후보였다. 2000년에 다농은 프랑스에서 가장 인기 있던 맥주인 크로넨버그Kronen-bourg를 포함해 맥주 사업을 영국 최대 양조회사인 스코티시앤뉴캐슬Scottish&Newcastle에 매각했고, 고마진 샴페인 사업도 정리했다.

지난 10년간 다농은 한때 전 세계 2위였던 비스킷과 크래커 브랜드를 매각했다. 어린이용 비스킷처럼 집중적으로 투자했던 영역에서 칼슘을 높이고 지방을 낮춘 혁신적인 제품들을 내놓았지만 비스킷 시장 대부분이 여전히 중독성 제품 분야이기 때문에 건강과 영양 기술을 쓸 수 있는 기회가 제한적이었다. 비스킷 산업은 또한 진입장벽이 낮아 혁신 제품을 잘 보호해주지 못한다. 다농은 처음에 유럽 내 공장들의 문을 닫는 식으로 비스킷 사업 규모를 줄여나갔다. 이어 2004년에는 영국과 아일랜드의 비스킷 사업을 매각했다. 2007년 다농은 비스킷과 크래커 브랜드를 주요 경쟁사인 크래프트Kraft에 매각했는데, 이는 가장 중대한 매각이었다.

다농은 소시지, 파스타, 고기, 치즈 사업 등 건강한 영양을 중시하는 회사라는 정체성에 기여하지 못하는 분야의 사업 역시 매각하기 위해 애썼다.

신흥시장에서의 자원 통제 조정

현재 다농은 전체 제품 판매 중 30퍼센트 이상을 차지하는 멕시코, 인도네시아, 인도, 중국, 러시아, 브라질 같은 신흥시장에서 건강한 영양이라는 사명을 추구하기 위해 자원 포트폴리오를 재조정했다. 다농은 인도에서 영업 활동을 관리하기 위해 100퍼센트 지분을 투자해 자회사인 다농인디아Danone India를 세웠다. 다농은 웍하트의 영양 사업을 인수함으로써 번창하는 유아용과 의료용 영양식 시장에 진입했다. 웍하트는 앞서 10년간 일련의 기회주의적인 팽창을 통합하기 위해 애쓰다가 어쩔 수 없이 구조조정을 하게 된 상태였다.(제5장 참조) 또한 다농은 인도 내 파트너인 와디아 그룹Wadia Group과의 합작벤처를 끝내면서 전 세계 비스킷 사업에서 완전히 손을 뗐다. 다농은 사우디아라비아와 콜롬비아에서 각각 알사피Al Safi, 알케리아Alqueria와 낙농 제품 합작벤처를 세우는 등 신흥시장에서 적극적으로 제휴를 추진했고, 야쿠르트와의 프로바이오틱스 제휴를 베트남 시장으로까지 확대했다.

이처럼 다농의 적극적인 자원 포트폴리오 재조정(더 큰 개입이 필요할 때 통제를 강화하고, 수정된 사명에 적합하지 않은 과거의 핵심 사업을 정리하는 식으로)은 회사의 성장과 이윤 창출의 토대가 되었다. 회사의 매출은 2001년부터 2010년 사이에 175퍼센트 성장했다. 2001~2005년 6.4퍼센트였던 다농의 연평균 판매마진은 2006~2010년에 14.2퍼센트로 높아졌다. 한편 회사의 주가는 2002년부터 2012년 초까지 120퍼센트 상승했다.

성장하는 기업의 비밀

[표 6-2] 자원 포트폴리오 재조정의 필요성

내재화된 자원(내부 개발이나 M&A를 통해)		아니다	그렇다
내부 자원의 전략적 가치	내부/인수된 사업부가 개발한 자원이 전략의 핵심이면서 차별화된 우위를 선사하는가?		
내부/인수된 사업부의 자율성	필요한 자원 개발 책임을 맡은 내부/인수된 사업부에 너무 많은 자율성을 주었는가?		
	내부/인수된 사업부가 주류 조직과의 통합 강화를 통해 혜택을 받는가?		
외부 자원의 가용성	내부 자원(직접 개발했건 인수를 통해 얻었건 간에)이 여전히 외부 파트너들을 통해 얻기 힘든가?		
내부 자원의 중복	내부/인수된 사업부가 개발한 자원이 내부 자원 개발 프로젝트와 중복되는가?		
빌린 자원(계약과 제휴를 통해)			
협력의 전략적 가치	계약/제휴 파트너와의 협력이 회사에 전략적으로 점점 더 중요해지는가?		
중복 경쟁	시간이 지날수록 계약/제휴 파트너와 중복되는 경쟁 분야가 늘어나는가?		
자원 유출	계약/제휴 파트너와 자원 유출 가능성이나 학습 경쟁에 대해 걱정하는가?		
경쟁사의 위협	경쟁사들이 핵심 영역에서 계약/제휴 파트너들에게 접근했거나 그들과 제휴를 맺었는가?		
역량 키우기	계약/제휴 파트너로부터 원하는 것을 배우지 못하거나, 협력 분야에서 내부 역량을 키우지 못하는가?		

자원 통제 변화의 필요성에 대해 묻는 위의 질문에 답해보라. 대부분의 대답이 긍정적이라면 자원에 대한 통제를 강화하는 방안을 고려해보라. 대부분의 대답이 부정적이라면 자원에 대한 통제 강도를 완화하는 방안을 고려해보라.

평가 도구와 요약

[표 6-2]에는 통제 정도를 조정하고 자원 매각을 결정하는 데 유용한 질문들이 정리되어 있다. 대부분의 대답이 긍정적이라면 자원 통

제를 강화하는 방안을 고려해보라. 내재화된 자원의 경우 회사 내 추가적인 통합 방안을 고려해보라. 빌린 자원의 경우 통제 강화나, 심지어 자원 파트너의 인수를 고려해보라. 대부분의 대답이 부정적이라면 자원 통제 강도를 낮추거나 완전히 통제하지 않는 방안을 고려해보라. 내재화된 자원의 경우 내부 탐색 환경을 만들거나 매각을 고려할 수 있다. 빌린 자원의 경우 파트너와의 관계를 하향 조정하거나 아예 청산할 수 있다.

이번 장에서는 산업, 자원, 파트너십의 라이프사이클life cycle 동안 자원 포트폴리오를 재조정함으로써 어떻게 경쟁우위를 확보할 수 있는지 정리해보았다. 추가적인 통제가 필요할 때는 주변 사업을 중심 사업으로, 혹은 제휴와 라이선스 계약을 내재화로 전환할 수 있다. 아니면 목표를 찾아서 통합하기 위한 이전 활동으로부터 배웠던 것에 살을 붙일 수 있다. 통제 강도를 낮춰야 할 때는 내재화로부터 탐색이나 자율적 사업부로 전환하거나 파트너에 대한 관심의 범위를 낮출 수 있다. 자원이 필요 없다면 매각하라.

자원을 재평가하고, 앞서 내렸던 선택을 재검토하기 힘들 수 있다. 조직에는 현재 닥친 도전의 뿌리를 이해하는 데 필요한 분석력과 함께 과거의 결정에 의존하지 않기 위한 겸손함이 필요하다. 이런 기술을 신중하게 결합해야 사업을 성장시킬 수 있다.

　　　　　　　　　　　성장하는 기업의 비밀

07
CHAPTER

기업의 선택 역량
개발하기

이제 당신은 개별적 자원을 확보한 뒤 그것을 관리하는 방법에 대해 확실한 지침을 얻었다. 이번 마지막 장에서는 지금까지 말한 내용과 조직 내 자원 경로 틀을 토대로 강력한 선택 역량을 키울 수 있게 도와주려 한다. 목표는 두 가지다. 하나는 기업이 개별적인 자원 확보 결정을 내릴 수 있도록 돕는 것이고, 다른 하나는 기업 전반에 걸쳐 균형 잡힌 키우고-빌리고-사는 포트폴리오를 개발하고 유지할 수 있는 조직을 만들도록 돕는 것이다.

[그림 7-1]은 선택 역량 주기selection capability cycle다. 당신은 실행의 덫(과거의 자원 확보 실패가 선택의 잘못보다는 부적절한 실행에서 비롯되었다는 잘못된 생각)에 빠지지 않고 전략적 로드맵과 자원 격차를 정의하

면서 시작한다. 기업들이 기존 자원을 평가하는 데 애를 먹으면 자원 격차를 메우기 위해 무엇이 필요한지를 결정할 수 없다. 많은 기업이 이런 초기 단계에서부터 탈선한다.

주기의 두 번째 단계는 필요한 자원을 얻기 위한 최선의 옵션을 선택하기 위해 제2장부터 제5장에 걸쳐 설명한 자원 경로 틀을 사용하는 것이다.

- 지식과 조직의 적합성을 포함해 적절한 내부 자원 기반을 갖고 있을 때 내부 개발을 통한 키우기가 가장 타당하다.
- 자원을 명확하게 정의하고 효과적인 계약 조건을 통해 보호할 수 있을 때 기본 계약을 통한 빌리기가 새로운 자원 확보에 뛰어난 경로를 제공해준다.
- 당신과 파트너가 제한적인 접촉 지점들을 통해서 협력하고, 공동 활동에 대한 조화로운 목표를 갖고 있을 때 보다 참여적인 제휴 방식을 통한 빌리기가 목표 자원 확보에 유용하다.
- 새로운 자원을 크게 바꾸기 위한 자유와 통제가 필요하리라고 예상하지만 신뢰할 수 있는 통합 경로를 규정하고 핵심 인재들을 붙잡아둘 수 있을 때 인수를 통한 자원 사기가 타당하다.

이런 기준들을 활용하면 엉터리 자원 확보 결정의 주된 요인인 나쁜 습관, 편향, 사리사욕의 족쇄를 푸는 데 효과적이다.

그림 7-1 선택 역량 주기

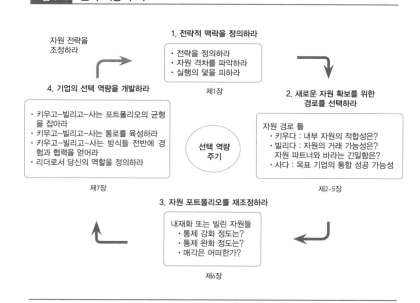

세 번째 단계는 제6장에서 설명한 대로 라이프사이클 동안에 전체 자원 포트폴리오를 관리하기 위해 자원 경로 틀을 활용하는 것이다. 자원의 가치는 기업 안팎에서 일어나는 변화로부터 영향을 받기 때문에 자원의 적합성과 활용 방안을 정기적으로 재평가해봐야 한다. 이 결과에 따라 자원의 통제 정도를 높이거나 낮추거나, 혹은 자원을 완전히 매각해버려야 할지도 모른다. 과거의 잘못된 선택으로 인해 생긴 부정적인 결과를 감시하고, 평가하고, 그것으로부터 회복하는 기회를 얻을 수도 있다.

마지막 단계는 다음과 같은 기업 개발 목표와 자원 추구 활동을 통합하여 회사 내에서 전반적으로 의사결정을 힘들게 만드는 여러 가지 도전을 해결하는 것이다.

- 키우고-빌리고-사는 프로젝트로 균형 잡힌 포트폴리오 만들기
- 파이프라인pipeline을 내·외부의 자원 확보 기회로 채워두기
- 기업 전반적으로 모든 방법을 동원해 자원 추구 활동을 조율함으로써 경험 축적하기
- 기업의 선택 역량을 발전시키기 위한 리더로서의 역할 정의하기

그렇다면 어떻게 균형을 추구할지부터 이야기해보자.

균형 추구하기

앞서 설명했듯이 한 가지 방식에 의존하는 기업들은 고전할 수밖에 없다. 인수에 너무 의존할 경우 핵심 자원이 소모되고, 내부 팀의 사기와 관심이 떨어지고, 조직은 분열된다. 자생적 성장에 너무 의존할 경우 조직의 결속력이 너무 강해져서 타성에 빠지게 된다. 특별하고 독특하더라도 내부 자원은 점진적인 혁신과 제한적인 시야를 낳는 족쇄로 변한다. 계약과 제휴를 통한 성장에 너무 의존할 경우 파트너들의 행동을 둘러싼 이해갈등에 쉽게 빠진다.

성장하는 기업의 비밀

반면에 여러 방식의 소유권과 통제를 통해 자원 포트폴리오의 균형을 유지하는 기업은 다양하고 많은 새로운 자원을 제공하는 곳들과 더 쉽게 관계를 맺는다. 시간이 지나면서 이런 식의 다면적 활동에 미온적인 기업보다 혁신적인 기회를 더 많이 가질 것이다.

엔도 파마수티컬Endo Pharmaceuticaqls은 자원 확보 방식을 혼합한 좋은 사례다. 1990년대 중반, 미국의 종합화학회사인 듀폰에서 분사된 전문 의약품 회사 엔도는 내부적으로 개발한 제품과 외부에서 확보한 복제약을 토대로 독립 경영을 시작했다. 향후 몇 년간 이 회사는 미국, 유럽, 아시아 기업들과 라이선스 및 집중 제휴 계약을 맺었다. 이처럼 초기에 기반을 다진 후 엔도는 라이선스 계약 활동을 보완하기 위해 소규모 인수를 시작했다. 목표 기업들은 엔도가 내부 개발 기술을 유지함으로써 미국에서 판매할 수 있는 제품을 생산하고, 유럽 전문기업들과 라이선스 계약을 맺을 수 있게 해준 자원을 제공했다. 1997~2011년에 엔도는 약 10차례의 인수와 45차례가 넘는 라이선스 계약을 체결하면서 매출의 약 9퍼센트를 내부 개발 활동에 투자했다. 이러한 과정에서 엔도의 연매출은 2010년 기준으로 17억 달러 이상 늘어났고, 이익마진은 20퍼센트에 이르렀다. 엔도는 자원 확보 방식들의 균형 잡기로 생명과학 산업이라는 치열한 경쟁 분야에서 뛰어난 민첩성을 확보했다.

자원 확보 방식들 사이에 균형을 잡는 건 기존 기업과 신생 기업 모두에게 중요하다. 전기통신 기업들을 상대로 실시한 연구에서 새로운 자원을 확보하기 위해 다양한 방식에 의존한 기존 기업은 한 가지 주된 방식에만 의존해서 성장한 기업보다 5년 이상 더 오래 생존할 가능성이 높았다. 우리는 1988~1999년에 미국의 기업공개IPO 사례 3,595건을 연구한 끝에 IPO 이후 처음 몇 년 동안 수많은 인수를 추진하면서 다른 성장 경로를 무시한 기업들 중 다수가 상장폐지가 되었다는 사실을 지적했다. 우리는 적극적으로 인수에 뛰어든 신규 상장기업은 처음 인수 이후 추가적인 인수에 나서기 전에 목표 기업을 신중하게 통합할 시간을 가지면서 휴식하는 게 낫다는 결론을 내렸다.

이런 이유로 신규 자원을 키우거나 빌리거나 사는 결정을 내리기 전에 현재의 자원 프로젝트의 포트폴리오를 평가해봐야 한다. 기업이 최근 실시한 여러 차례의 인수와 관련된 통합 활동 때문에 이미 부담스러워하고 있다면 추가적인 인수 계약은 자원과 사람들에게 부담을 가중시킬 가능성이 높다. 그럼에도 불구하고 계속해서 인수를 한다면 회사가 내실 없이 부풀려지기만 해서 확보한 자원으로 추가적인 성장을 할 수 없을 것이다. 조직을 인수 기계로 전환시킨다면 인수한 기업의 통합에 애를 먹으면서 새로운 목표 기업을 찾기 위한 통상적인 개발 프로젝트를 찾는 것도 뒤로 미뤄야 하는 직원들에게 좌절감을 안겨줄 것이다.

또 다른 극단적인 경우, 신규 자원을 창출하기 위해 내부 개발에 전적으로 의존하는 기업은 시간이 지날수록 점점 경직되면서 내부에만 집중하게 된다. 파트너십에 너무 의존하는 경우에도 협상력과 전략적 자율성이 줄어든다. 따라서 개별적인 자원 프로젝트에 필요한 결정은 회사의 기업 개발 활동을 둘러싼 더 큰 맥락을 고려해야 한다.

물론 처음부터 회사 자원의 균형을 유지하는 사치를 누리기는 힘들다. 일반적으로 어느 회사에 들어가거나 승진하는 경우 자원 프로젝트의 포트폴리오를 인수받는다. 이때 균형이 잡히지 않은 자원 포트폴리오를 인수받는 경우 미래 자원 확보 결정에 필요한 새로운 방향을 설정하는 한편, 과거의 선택을 재검토함으로써 포트폴리오를 수정해야 한다.

포트폴리오 수정 시기는 바뀔 수 있다. 자원 포트폴리오를 계속해서 제한적으로 수정하는 것이 이상적이다. 하지만 기업에게는 특정 자원 확보 방식에 과도하게 집착함으로써 자원 포트폴리오를 대폭 손질해야 할 때처럼 포트폴리오를 극적으로 조정해야 하는 경우도 생긴다.

투자자들이 포트폴리오의 불균형 때문에 투자 기업이 피해를 입고 있다고 믿는다면 기업에 중대한 조정을 종용할 것이다. 시카고에 있는 대형 미디어 기업인 트리뷴 컴퍼니Tribune Company는 2006년 회사 주가가 2004년 대비 반토막이 나자 주주들로부터 심각한 압력에 시달렸다. 회사는 5억 달러 상당의 비핵심 자산을 처분한 뒤 자사주를 매입했다. 마찬가지로 내부 R&D 추진 과정이 사라진 기업도 투자자들이나 이사회로부터 외부 자원 확보에 더 적극적으로 나서라는 압력을 받을 수 있다. 다음에 나오는 '시스코의 기업 개발 포트폴리오'는 시스코가 자원을 개발하기 위해 내·외부 자원 확보 방식을 어떻게 이용하고 있는지를 잘 보여준다.

시스코의 기업 개발 포트폴리오

자원 확보 방식의 솜씨 좋은 혼합

세계 최대의 네트워킹 장비 회사인 시스코는 1984년 두 명의 직원에서 시작해 2011년에는 전 세계적으로 7만 명 이상의 직원과 200개 이상의 사무실, 연간 430억 달러의 매출을 올리는 기업으로 발돋움했다. 시스코는 혁신적인 최첨단 기업 인수에 일가견이 있는 회사로도 정평이 나 있지만, 강력한 내부 개발과 제휴를 통해 인수를 보완하는 데도 능수능란하다. 시스코의 균형 잡힌 접근 방식은 새로운 자원과 고객 중심의 해결책을 계속해서 잘 갖추게 만들어주는 기업 개발 활동(내부 벤처 전문 지식 활용, 유연하고 전략적인 인센티브 제도 운용, 자원 탐색 범위 확대, 강력한 실행 기술)에 의해 완성된다.

시스코가 갖고 있는 기업 개발 분야의 강점은 자원 확보 옵션을 신중히 평가하고, 내·외부 혁신가들과 창조적으로 잘 적응할 수 있는 능력이다. 시스코의 고위 경영진은 키우고-빌리고-사는 기업 원칙 전략을 적절히 조율하는 데 뛰어난 능력을 보여주며 그 가치를 증명해주었다.

사기 시스코는 1990년대부터 시작한 성공적인 인수 전략으로 가장 잘 알려져 있다. 당시 시스코는 약 70개 기업을 인수해 효과적으로 통합했

다. 또한 급성장하고 있는 라우터와 스위치 시장의 선도 기업이 되는 데
필요한 보완 기술을 재빨리 확보했다. 그 과정에서 시스코는 철저하고 효
과적인 정밀실사 기술을 연마했다. 시스코는 고도로 집중적이고, 기업가
정신이 투철하며, 지리적·문화적으로 자사와 가까우면서 급성장하는 소
규모 기업을 인수의 선택 기준으로 삼았다.

21세기로 접어들면서 시스코는 기업 고객으로 이루어진 핵심 고객 기반
의 밖에서 성장을 모색했다. 시스코는 소비자 시장 공략 기반을 만들기
위해 가정용 네트워킹 제품 제조회사인 링크시스Linksys(2003년)와 케이
블 TV 셋톱박스와 가정용 광대역 장비를 개발하는 사이언티픽 애틀란
타Scientific Atlanta(2006년)를 비롯해 여러 차례의 도전적인 인수를 단행했
다. 그러는 동안 시스코는 인수 절차를 시장 상황에 맞게 조정해야 했다.
특히 새로운 자원이 시스코의 전통적인 고객, 세분 제품들과 차이가 있
었기 때문에 인수한 기업을 완전히 통합하기 전에 신규 시장을 탐색하기
위한 시간을 더 많이 가졌다.

키우기 시스코의 주력 내부 개발팀들은 회사의 핵심 기술(라우터, 스위치, 기
타 네트워킹 제품들)을 계속해서 획기적으로 개선하기 위해 애쓴다. 역사적으
로 시스코는 매출의 10퍼센트 이상을 R&D에 투자해왔다(2009~2011년에는
평균 14퍼센트에 이른다).

사내 기업 활동을 통한 키우기 주력 R&D를 보완하기 위해 시스코는
소규모 자율팀 개발을 지원한다. 그러한 사내 벤처들은 몇몇 분사 기업의
탄생으로 이어졌다. 시스코는 가끔 분사 기업을 스핀인spin-in(신생 기업에
먼저 투자한 뒤 기술이 개발되면 해당 기업을 인수하는 방식으로 이번 장 뒷부분에 자세히 설명해
놓았다)으로 다시 인수해왔다. 사내 기업 활동 지원은 장래가 유망한 혁신

가들이 시스코가 회사와 연결된 상태를 유지하게 인센티브 역할을 하며, 시스코에게는 기업가 정신이 가장 투철한 직원들이 개발한 지식을 볼 수 있는 특권을 선사하는 창窓을 선사한다.

제휴를 통한 빌리기 시스코는 파트너들과 관계를 맺고, 그들을 관리하는 데도 이와 유사한 기업 원칙을 적용한다. 각 제휴는 라이프사이클 맥락에서 관리된다. 이때 각 제휴에 해당되는 성과표와 예상되는 중요 절차 및 목표 달성 단계들이 자세히 설명된다. 시스코는 어떤 협력 관계의 변화라도 감시하며, 감시 결과에 따라 초점을 조정한다. 이런 적극적인 재평가는 시스코가 제휴의 가치가 등락함에 따라 통제를 강화 또는 약화시키면서 새로운 정보에 신속히 대처하게 해준다.

기본 계약을 통한 빌리기 시스코는 개발과 생산 활동에 계약을 활용한다. 시스코의 제조 활동 중 대부분은 계약을 체결한 납품업체들이 처리한다. 시스코는 품질과 비용뿐 아니라 공급, 재고 관리에 대한 조건들(융통성 있는 역량이 지속되도록 제조 부문 물류 설명을 포함한 납품 요구사항에 대한 조건들도 포함해)이 담긴 견본을 개발했다.

기업 벤처 활동을 통한 빌리기 시스코는 새로운 전략적·지리적 영역에서 전 세계를 망라하여 외부 파트너를 신중히 검색하고, 그들과 관계를 맺는 것이 사명인 활동적인 벤처캐피털 조직을 두고 있다. 외부 검색 과정 중에 시스코는 인수 목표로 삼은 파트너뿐만 아니라 파트너의 생태계(주변 대학과 연구실, 정치적·경제적 환경을 둘러싼 위험성, 그리고 지역 벤처자본 산업의 개발 정도 등)의 활력도 평가한다. 멀리 떨어져 있는 낯선 시장에서 활동하는 기업과 관계를 맺을 때는 종종 현재의 벤처펀드와 파트너를 맺거나 공동으로 투자한다. 그러한 불확실성이 사라질 경우 시스코는 최소 지분을 확보함으로써 기업에 직접 투자한다. 파트너가 높은 전략적 가치를 선사한다는 사실이 입증되면 100퍼센트 통제를 하기 위해 궁극적으로 지분을 늘려 간다.

크라우드소싱을 통한 빌리기 온갖 수단을 동원한 끝에 시스코는 외부 인들로부터 새로운 제품 개발에 필요한 아이디어를 얻기 위해 몇 차례에 걸쳐 전 세계적인 공개경쟁을 실시했다. 시스코의 기술자 집단은 외부인 들이 낸 아이디어의 가치를 회사 전략과의 적합성, 혁신성, 그리고 경제 적 성공 가능성에 따라 판단한다. 우승자는 수십만 달러의 상금과 아이 디어 개발에 참여할 수 있는 기회를 얻는다. 시스코는 아이디어 개발에 향후 3년간 최대 1,000만 달러를 투자할 계획이다. 그러한 혁신적인 토너 먼트는 다양한 지식을 갖고 있는 대중으로부터 아이디어를 확보하기 위 한 외부 자원 확보 방식이다. 경쟁 참여자들 중에는 재능 있는 공대 졸업 생과 대학원생도 다수 포함되어 있다. 1,000건 이상의 복잡한 아이디어 를 평가하려면 적지 않은 수고가 뒤따르지만, 정말로 뛰어난 아이디어를 하나라도 건질 수 있다면 그만한 투자 가치가 있지 않겠는가.

많은 기업 혹은 과거에 저지른 잘못을 바로잡기 위해 고용된 신임 CEO들은 처음에 한 가지 자원 확보 방식에만 집중하다가 다음에는 또 다른 한 가지 자원 확보 방식에만 집중하는 식으로 단순한 주기 를 따르는 덫에 빠진다. 그들은 아마도 처음에 자생적 성장을 강조하 다가 과도한 내부 집중 때문에 생긴 타성을 극복하기 위해 인수 주기에 착수한 다음 인수에 대한 과도한 의존 문제를 바로잡고자 새로운 자생적 성장을 추구할지도 모른다. 선호하는 자원 확보 방식이 주기적으로 바뀌는 것을 피하기 힘들 수도 있지만 당신은 균형을 잡고, 쏠림 문제를 극복하고, 경쟁의 함정에 가까이 가지 않는 식으로 그런 방식들을 관리할 수 있는 도구를 갖고 있다.

세계에서 가장 존경받는 기업 중 하나이자 다양한 산업에서 활동하며 높은 수익을 내고 있는 GE조차 이런 주기의 덫에 빠진 적이 있다. 1980년대와 1990년대 초에 GE는 전 세계 시장에서 성장하기 위해 내부 개발, 계약, 제휴, 인수를 미묘하게 혼합했다. 그런데 GE는 1990년대 후반 매출이 1,000억 달러를 돌파하는 등 세계적 기업으로서의 규모와 위상을 갖추자, 지속적인 성장을 위해 인수를 선호하기 시작했다. GE는 내부 투자와 외부 파트너십을 대폭적으로 줄였다. R&D 투자가 매출에서 차지하는 비중과 새로운 제휴 건수도 현저히 감소했다.

결과적으로 GE의 경쟁력이 떨어지기 시작했다. 내부 기술이 위축되었고, GE는 인수한 기업을 통합하기가 점점 더 어렵다는 사실을 깨달았다. 2001년 GE의 CEO 제프리 이멜트Jeffrey Immelt가 추진한 초기 전략적 변화 중 하나는 회사의 내부 투자와 제휴 활동에 대한 관심을 되살리는 것이었다. GE가 매년 수십 개 기업을 인수하고 있지만, 내부 R&D 투자 비중을 높이고 에너지와 항공과 건강 같은 핵심 분야에서 전 세계적으로 강력한 제휴를 추진함으로써 자원 확보

성장하는 기업의 비밀

방식의 균형을 잡았다.

균형을 유지하는 문제는 전 산업에 걸쳐 감지된다. 2011년 유니레 버는 소비재 산업에서 자생적 성장을 다시 추진하겠다고 발표했다. 이 회사는 이전에 인수와 지역 제휴를 통해 이뤘던 성장을 보완하기 위해 신흥시장에서 브랜드 영향력을 높였다.

프랑스의 제약회사 사노피-아벤티스는 2000년대 중반에 신제품 이 부족하다는 사실을 깨달았다. 이전의 내부 개발이나 M&A를 통 해 확보한 약들이 모두 기대한 성과를 내지 못했기 때문이다. 이 회 사가 추진한 일련의 인수는 합리적 가격에 신제품을 확보하는 제한 적인 성공만 거두었다. 설상가상으로 회사는 목표 자원을 통합하는 데도 애를 먹었다. 새로운 경영진은 최근 들어 다양한 기회 제공 방 식을 선택하기 위해 보다 균형 잡힌 방식을 취했다. 내부 개발과 선 별적 인수에 계속 투자하면서 라이선스와 제휴 계약 추진에도 적극 적으로 나섰다. 시장의 반응은 긍정적이었고, 회사의 주가가 점차 상 승하면서 제약업계 평균보다 높은 상승률을 기록했다.

자원 확보 방식의 변화 주기와 관련하여 분명히 위험이 존재한다. 너무 많은 인수로 인해 분산된 기업은 목표 기업을 과도하게 통합함 으로써 급진적으로 문제를 해결하려고 할지 모른다. 혹은 내부 개발 의 진행 상황에 좌절하게 된 기업은 강력한 내부 지식 기반과 기술 의 저하를 용인하고, 자사 직원들의 가치를 과소평가하게 되는 위험 을 무릅쓰고 제휴와 인수를 끝내기 위해 서두를지도 모른다.

파이프라인 구축

자원 확보 선택으로 파이프라인을 채울 수 있는 두 가지 중요한 방식이 존재한다. 하나는 내·외부 영역을 정기적으로 조사하면서 두 곳에 있는 혁신가들과 상호 관계를 맺는 것이다. (놀랍게도 많은 임원이 회사의 R&D 활동을 제대로 파악하지 못하고 있다.) 또 하나는 당신이 외부 탐색 옵션을 개발하는 데 유용한 도구들을 활용하는 법을 배우는 것이다. 시스코는 자원 확보 옵션으로 이루어진 파이프라인을 적극적으로 채우는 회사의 대표적 사례다.('시스코의 기업 개발 포트폴리오'를 참조하라)

  내부 조사가 외부 조사보다 쉬워 보일 수도 있다. 조사 범위가 더 제한적이기 때문이다. 하지만 우리가 인터뷰한 임원들은 자신들이 쳐놓은 벽들 사이에서 지식의 위치를 찾아내어 활용하지 못하게 막는 장애물이 많다(특히 대기업에서 많았다)고 강조했다. 내부 사람들은 일반적으로 자매기업들이 보유한 자산과 지식을 잘 알지 못했다. 지식 공유를 가로막는 장애물은 특히 위계질서 문화와 강력한 기능조직으로 이루어진 기업 혹은 사업부와 팀과 개인 사이에서 치열한 내부 경쟁이 펼쳐지는 기업에 단단히 자리 잡고 있다. 그런 문화 속에서 직원들은 자매기업에서 얻은 최고의 관행을 사용하길 주저한다. 회사 내에서 자신들의 입지가 위태로워질 수 있기 때문이다. 쓸 수 있는 내부 정보 채널이 부재한 상황에서 내부 지식보다는 외부 지식

성장하는 기업의 비밀

을 찾아 이용하는 게 더 쉽다.

내부 자원을 찾아서 서로 연결하는 도전을 인식하고 있는 기업은 종종 기업 지식센터, 최고의 관행을 모아둔 데이터베이스, 기술 재고, 지식 지도에 투자한다. 직원들이 지식을 찾아내어 공유하는 시간을 자유롭게 가질 수 있도록 권장하기 위한 인센티브도 개발한다. 우리가 연구한 유럽의 IT 기업은 기업 인트라넷을 주제로 전 직원이 참여하는 토론회를 개최하기 위해 '지식 확보와 접근' 프로젝트를 이용했다. 이 회사는 여러 부서와 직급을 총망라하여 경험과 지식을 퍼뜨리는 '지식 거래' 서비스로 이 프로젝트를 보강했다.

기업은 핵심 인재들을 잔류시키고, 독점적 아이디어를 통제하기 어렵다는 사실을 깨닫곤 한다. 스타 직원들은 회사를 자주 옮겨 다닌다. 그들은 다른 회사로 가거나 분사 기업을 세울지도 모른다(이런 현상은 선진시장과 신흥시장에서 점점 더 많이 목격되고 있다). 이런 이유로 기업은 핵심 인재들과 좋은 관계를 유지하기 위해 애써야 한다. 어떤 기업은 비경쟁을 유도하는 제한noncompete restriction 같은 방어적 수단을 사용해 내부 자원의 가치를 지키려고 한다. 이러한 방법들은 상반된 효과를 일으킬 수 있다. 우선 최고의 인재들을 끌어들이기 힘들게 만들 수 있다. 하지만 창의적인 인센티브 시스템 도입으로 기업이 성공적인 자원 개발 프로젝트를 통제하는 가운데 혁신가들에게 경제적인 보상을 해주는 식으로 내부 참여를 유지할 수도 있다.

외부 조사는 내부 조사보다 훨씬 도전적이다. 전 세계 모든 산업

곳곳에서 혁신을 추구하면서 접근 가능한 자원이 폭발적으로 늘어나고 있다.

- 전 세계적으로 사적인 벤처자본 금융 이용이 쉬워지면서 더 많은 신생 기업이 더 넓은 지역에 골고루 분포되고 있다. 모든 적절한 자원 확보 옵션은 말할 것도 없고, 심지어 일부 옵션도 찾아내어 감시하기 힘들어질 것이다.
- 사기업과 신흥시장 기업이 종종 조사에서 눈에 띄지 않는다.
- 조사에서 발견되기를 바라는 기업조차 자원 추구 기업이 관심을 쏟게 만들어줄 재정 자문관들을 활용하는 데 필요한 재정적 자원이나 네트워크나 사고방식이 결여되어 있을 수 있다.

종합적인 관점에서 이러한 요인들은 광범위한 자원 시장의 형성을 억누른다. 자원 추구 기업은 종종 기회를 놓치고, 사기업은 일반적으로 더 적은 집단의 잠재적 인수 기업을 상대하게 될 것이다. 우리가 실시한 연구에서 사기업들 중 8퍼센트만 그들의 산업 외에서 활동하는 기업에 의해 인수되었다. 공기업의 경우 24퍼센트에 이르렀다.

외부 조사에 비용이 많이 들더라도 합리적이라면 당신의 생태계 내에서 라이선스, 제휴, 인수 기회를 찾아내게 해줄 것이다. 기업의 성격에 따라 자원 조사는 다양한 형태를 띤다. 대기업에는 전담 기업 개발팀(그리고 기업 벤처 관행을 전담하는 팀도)과 기업의 최고기술담당자CTO, Chief Technology Officer와 기술직원들이 있다. 이러한 팀과 직원들은 시장의 트렌드를 추종하고, 신생 자원을 평가하고, 외부 혁신을 찾아낼 것이다. 단, 이때 서로 거의 협력하지 않고 일했다가는 상당 부분 중복될 수도 있다. 기업 개발팀은 외부 자원을 검사한 후 계약에 대해 연구한다. 그러한 개발팀의 최고전략담당자CSO, Chief Strategy Officer나 유사한 일을 하는 리더는 전략적 자원 확보 옵션과 잠재적인 확보 방식에 대한 다양한 그림을 그려보기 위해 내·외부의 의견을 종합적으로 끌어모아야 한다.

소규모 기업에는 공식적인 조사 체계가 제대로 마련되어 있지 않을지 모르지만 이 일이 결코 덜 중요하지는 않다. 그런 기업에서는 이런 조사 업무를 한 명의 리더나, 더 좋은 효과를 내기 위해 임원들이 수행한다. 이들 임원에는 수석 전략가나 최고기술담당자나 최고전략담당자 및 기술 개발 리더가 포함된다. 경영진은 외부 자원을 조사하고, 자원 공급업체와 협상하고, 내·외부 자원이 주는 기회를 모아서 평가하는 책임을 맡을 것이다. 외부 컨설턴트와 재정 자문관들이 자원, 파트너십, 인수 기회를 찾도록 도와줄 수도 있다.

부분적 인수

목표 기업의 전면적 인수나 전면적 통제가 최상의 방법이 아니라면 지분 취득이 목표 기업의 자원에 접근하고, 그곳의 활동을 감시하

는 데 도움을 줄 것이다. 심지어 비교적 소규모의 '교육 목적의 투자'
도 자원 창조의 초기 단계에서는 유용하다. 당신은 100퍼센트 헌신
하거나 목표 기업이 하는 일에 혼란을 주지 않고도 그곳으로부터 배
우게 된다. 이러한 수준의 투자는 보다 상당한 지분 인수를 위한 서
곡이나 마찬가지다. 규모에 따라 이런 식의 투자는 목표 기업을 상당
수준 통제할 수 있는 대규모 지분 확대로 이어질 수 있다. 많은 자원
추구 기업은 제휴 기업의 이사회에서 한 자리를 차지해서 의사결정
권과 투표권을 행사함으로써 목표 자원에 우선적으로 접근할 수 있
는 최소한의 지분을 확보하고 싶어 한다. 인텔과 시스코 및 기존 최
첨단 기업에서 이런 식의 지분 확보 관행은 초기 단계에 있는 기업
의 발전을 이끄는 데 중요한 역할을 한다.

지분은 몇 가지 목적을 충족시킬 수 있다. 지분이 일반적으로 매우
불확실한 탐색 프로젝트처럼 목표 기업에 우선적으로 접근하는 단
독 투자일 수도 있다. 지분은 파트너의 관심사항을 조율하는 데 유용
한 담보수단으로 활용된다. 양사가 라이선스 계약이나 제휴 합의를
통해 만드는 운영과 재정적 차원의 관계를 강화하기도 한다. 그러한
조율은 당신과 파트너가 장기간의 개발 주기 동안 상호의존적일 때
특히 더 중요하다. 실제로 지분은 생명공학과 대형 제약회사의 라이
선스 계약과 파트너십에서 흔히 목격된다. 미국의 제약회사 젠자임
Genzyme은 아이시스 파마수티컬Isis Pharmaceuticals과 3억 2,500만 달러
짜리 라이선스 계약을 체결했는데, 목적은 고위험 심혈관 질환 환자

들을 위해 지방질을 낮춰주는 아이시스의 치료약을 상용화하는 것
이었다. 젠자임은 임상실험을 공동 주관하기 위한 제휴도 창조했다.
이 계약의 일환으로 젠자임은 아이시스의 보통주 1억 5,000만 달러
어치를 매입했다.

스핀인

스핀인은 자원 추구 기업과 외부 혁신기업 사이에 후자가 구체적인
목표를 달성했을 경우 전자가 인수하기로 하는 일련의 기준을 합의
하게 유도하는 거래다. 그러한 합의는 혁신기업의 개발 활동에 대한
자금을 지원해주고, 독립적으로 융통성을 발휘하며 일할 수 있게 해
준다. 2001년 시스코는 안디아모Andiamo라는 신생 광섬유 스위치 회
사에 8,400만 달러를 투자했다. 그로부터 3년 뒤 시스코는 안디아모
인수 권리를 행사하기 위해 7억 5,000만 달러를 지불한 것으로 알려
졌다. 스핀인 합의에 안디아모의 영업 수준을 반영한 공식을 기초로
인수 가격 범위(최대 25억 달러)가 구체적으로 정해져 있었다.

　일부 획기적인 스핀인 거래는 '스핀아웃spin-out(기업의 일부 사업부
나 신규 사업을 분리하여 전문회사를 만드는 것)과 스핀인'의 순서를 따르는
형식을 취한다. 한 직원이 새로운 사업에 적합한 아이디어를 개발한
뒤, 그것을 바탕으로 프로젝트를 추진하기 위해 회사를 떠났다고 가
정해보자. 이런 일은 고용주가 투자할 준비가 되어 있지 않은 새로운
최첨단 기술 영역에 해당하는 아이디어를 개발할 때 일어날 가능성

이 가장 높다. 전 직원이 새로 세운 벤처회사가 초기에 성공을 거둘 경우 고용주는 그 회사를 스핀인하고, 사업을 발전시키기 위해 전 직원과 긴밀히 협력할지도 모른다. 어떤 회사들은 이런 모델을 원칙으로 삼아왔다. 듀폰은 직원들에게 회사가 즉시 상용화하고 싶지는 않은 혁신적인 제품을 개발할 경우 회사를 납품업체로 활용해서 직접 회사를 설립하라고 권장하는 정책을 추구해왔다. (예를 들어 방수천으로 유명한 W. L. 고어 앤드 어소시에이츠는 듀폰의 PTFE 중합체를 중심으로 다양한 제품 라인을 만들었다. 회사의 창립자 중 한 명이 듀폰에서 화학자로 PTFE 중합체 연구를 수행한 적이 있었다.) 그리고 최근 시스코가 맺은 다수의 스핀인 계약에는 전 시스코 임원을 채용했거나 그들이 직접 세운 기업이 참가했다. (시스코와 최첨단 기업들은 전 고용주와의 관계를 유지하기 위해 '퇴사자 모임 결성'을 적극 권장한다. 이런 모임은 새로운 자원을 조사할 잠재적인 혁신 기업의 커뮤니티 확대로 이어진다.)

스핀인 협상이 매수자와 매도자 모두에게 상당한 도전이 된다는 사실을 명심하라. 매수자는 가치를 두는 차원을 매도자인 혁신가들이 창조할 수 있도록 인센티브를 제공해야 한다. 매도자는 특정 매수자의 요구에 맞춰 자체 자원 개발 활동을 조정해야 한다(이로 인해 매도자의 향후 협상력이 제한될 수도 있다). 이는 스핀인 거래에 보통 전직 직원과 컨설턴트를 포함해 자원 추구 기업에서 일해본 경험이 있는 혁신가들이 참여하게 된다는 것을 의미한다.

성장하는 기업의 비밀

벤처캐피털 펀드에 투자하기

기술 개발이나 낯선 시장의 초기 단계에서 적절한 벤처캐피털 펀드 venture-capital fund에 한 투자는 새로운 자원 영역에서 일어나는 혁신적 발전을 찾아내어 그로부터 혜택을 받게 도와준다. 이러한 과정에서 위험과 관리 책임을 분산시킬 수 있다. 2008년 시스코는 러시아의 신생 기술기업의 잠재력을 알아보기 위해 현지 벤처펀드인 알마즈 캐피털 파트너Almaz Capital Partners에 투자했다. 알마즈는 고성장을 약속하는 중소 규모의 기술, 언론, 전기통신 기업에 집중하고, 그러한 투자 기회를 조사하고 투자 포트폴리오를 운영한다.

벤처펀드는 그들의 관심이 지리적인 데 있건, 아니면 특별한 세분 기술에 있건 간에 지역 생태계, 목표 자원, 그리고 성공 가능한 파트너에 대한 깊이 있는 지식을 얻는 데 좋은 방법이 될 수 있다. 초기 단계에 있는 기업의 선택과 관리 책임이 펀드에 있기 때문에 이것은 거의 순수한 학습 기회이다. 적절한 때에 투자가 가망이 있을 것 같으면 직접 지분 투자를 하거나, 보다 큰 규모의 라이선스 계약이나 제휴 또는 인수 계약을 체결할 수 있다.

당신이 목표 자원 영역 내에서 적절한 참가자로서 신뢰를 잃거나, 혁신가가 당신에게 보유 자원을 팔고 싶어 하지 않을 때 외부 혁신가들과의 관계가 힘들어질 수 있다. 혁신가들은 대안으로 어떤 형식으로건 협력을 제안해올 수도 있다. 이렇게 제3자와 만족할 만한 관계를 맺을 방법을 찾지 못할 경우에는 내부 탐색 환경이 당신의 니

즈를 충족시켜줄 수 있는지 검토해보라.

경험 쌓기

어떤 일이든 경험이 쌓일수록 더 잘한다. 뒤에 앉아 준비되지 않은 상태로 무섭도록 낯선 일을 하게 만드는 긴급하고 경쟁적인 사태가 터지기를 기다리기보다 선제적으로 경험을 모색하는 것이 훨씬 더 낫다.

기업은 지속적인 성장 전략으로 보유한 힘을 과시할 수 있는 기회를 적극적으로 물색해야 한다. 이를 위해 내부 프로젝트와 탐색 환경에서부터 계약과 제휴를 거쳐 주요 인수에 이르기까지 다양한 자원 추구 활동에 참여해야 한다.

일반적으로 기업의 규모가 경험을 쌓는 방식에 영향을 미친다. 소규모 기업은 내부 개발, 계약, 제휴에 더 의존하고 기업 인수를 힘들어한다. 그럼에도 불구하고 소규모 기업도 고성장 기회를 붙잡고 집중적 인수를 추구할 수 있다.

아울러 우리의 연구 결과는 내부 개발 활동을 보완하기 위해 계약과 제휴를 활용하는 법을 적극적으로 배우는 기업이 내부 개발에 전적으로 의존하는 기업보다 빨리 성장한다는 것을 잘 보여준다. 그들은 또한 목표로 정한 인수를 성공적으로 끝내는 수준의 역량과 자신감을 재빠르게 확보한다.

기업의 역사와 뿌리 깊은 자원 확보 관행 역시 중요하다. 대부분의 기업은 내부 개발에서 시작해 외부 자원 확보 옵션으로 옮겨간다. 그들은 갇히기 전에 과거에 세워진 벽 밖으로 이동해야 한다. 일부 기업은 라이선스나 제휴 파트너십을 이용해 생존하기 시작한 후 곧바로 파트너십으로 네트워크를 만들지 모른다. 그런 경우에 해결해야 할 과제는 파트너십을 통해 얻은 자원을 보강할 수 있는 내부 역량을 키우는 것이다.

기업의 자원 확보 경험을 선제적으로 키우려면 반드시 기득권 집단과 리더의 저항을 이겨내야 한다. 그런 저항은 우리가 앞에서 살펴본 맹점들로부터 비롯된다. 즉 강력한 M&A팀은 전망이 밝은 인수 계약을 제휴로 전환시키는 걸 내켜하지 않는다. 라이선스 계약팀은 전면적 인수의 가치를 보지 못한다. 내부 직원들은 제3자의 자원이 가진 독특한 특성을 인정하지 않으려 한다. CEO와 고위 경영진의 갖가지 편향은 역사적으로 선호했던 것들에서 벗어나기 힘들게 만들고, 기업이 선택하는 경로에 강력한 영향을 미칠 수 있다. 어떤 리더는 강박적으로 인수에 나서면서, 계약 체결 지식을 회사 확장에 사용한다. 또 발명가와 엔지니어의 영혼을 갖고 있는 리더는 내부 개발과 자생적 성장 유지를 선호한다.

조율하기

규모와 상관없이 대부분의 기업에는 내부 자원 프로젝트, 인수 활동 지휘, 계약과 제휴 파트너십 관리에 대한 결정을 내릴 수 있는 공식적·비공식적 책임을 가진 다양한 직원과 집단이 있다. 그런데 불행히도 상호 협력이 제한적인 상태에서 운영되곤 한다. 내부 개발을 담당하는 경영진은 운영 사업부의 깊숙한 곳에 자리를 잡고 있을지 모른다. M&A를 주도하는 리더는 기업 개발 집단 같은 기능을 할 수 있다. 파트너십 전략 결정 책임은 다양한 운영 사업부에 분산되어 있을지 모른다.

무수히 많은 구조와 시스템의 조합이 존재하지만 이들의 공통된 주제는 '어떤 지정된 권한도 기업의 자원 확보 결정과 활동 상태를 모두 꿰뚫어볼 수는 없다'는 것이다. 대부분의 기업에서 누구도 완전한 그림을 보지 못하기 때문에 이것을 '통일성을 해치는 주제'라고 부르는 게 더 적절할지도 모른다.

기업 차원에서 자원 확보 결정을 조율하는 법은 드물다. 세계적인 기업 출신인 임원이 최근 자신의 회사에서 자원 확보 방식의 사용을 둘러싸고 일어난 경영진의 심각한 분열에 대해 이야기해주었다. CEO는 인수에 관심을 집중했지만 제휴와 라이선스 계약에 대한 결정에는 개입하지 않았다. 우리가 겪은 경험을 보면, 자원 확보를 위해 모든 방식을 적극적으로 사용하는 기업조차 특정한 사례에서 어떤 자원을 이용하면 될지 이해하는 데 애를 먹곤 한다. 이로 인해 전략적 자원 확보에 필요한 주요 기회를 놓치고 만다. 강력한 자원을 잘못된 방식에 따라 얻었다면 결과적으로 고생하고 실망하게 된다. 조율되지 않은 행동은 자원 포트폴리오를 적절히 선택하고 균형을 잡기 위한 수단을 마련하려는 시도에서 종말을 알리는 신호와 다름 없다.

뿌리 깊은 습관과 이해갈등을 극복하기 위해서는 키우고-빌리고-사는 결정을 강력히 감시해야 한다. 이때 최고전략담당자나 다른 임원이 주도적으로 기업 개발 활동의 다양한 면에서 거래 결정을 도와줄 수 있다. 하지만 한 명의 임원이 회사 전체의 주요 자원 확보 결정을 모두 조율할 수는 없기 때문에 다양한 의사결정자가 참여하는 보다 광범위한 선택 역량을 개발해야 한다. 그러기 위해서는 강력하게 통합된 방식과 분산된 방식을 쓸 수 있다.

어떤 기업은 키우고-빌리고-사기 위한 분석과 실행 범위 전체를 책임지는 통합된 기업 개발 그룹을 만들어왔다. 우리가 함께 일했던 일류 IT 기업에서 기업 개발을 책임진 임원은 전략, M&A, 벤처 자금 담당자들이 협력하는 분위기를 조성했다. 이 임원은 "당신들은 많은 기업에서 이런 그룹들의 분열을 목격할 것이다. 우리는 그들을 우리 팀 내로 통합시켰다. 모든 개인은 라이프사이클에 따라 온갖 다양한 지점에서 참여한다"라고 말했다.

하지만 실제로는 대부분의 기업이 각 자원 확보 활동별로 그룹을 운용한다. 각 자원 확보 방식마다 시간과 관심이(그리고 전문화된 실행 기술도) 요구되기 때문에 상이한 운영과 직원 수준에서 역시 상이한 사람들과 그룹이 내부 개발, 파트너십, M&A 전략을 책임지게 하는 게 합리적이다. 그런 전문화가 이루어진 경우, 그룹별로 일련의 강력한 선택 규칙에 합의한 후 다른 그룹과 그 규칙에 대해 적극적으로 소통해야 한다. 다른 그룹들도 선택 분석 시간에 참여하면 더 이상적이다. 그렇게 하면 회사는 기회가 사라지지 않게 신속히 행동하기 위해 파트너십의 기회 활용 책임을 한 사업부에서 다른 사업부로 더 쉽게 전가할 수 있다.

남아프리카공화국의 전기통신회사인 MTN은 자원 경로 물색 책임을 분산시켰을 때 얻을 수 있는 강력한 효과를 보여주는 좋은 사례다. MTN은 신중하게 추진된 일련의 인수를 통해 아프리카 전반으로 사세를 확장했다. MTN은 남아프리카공화국에 대한 지식 기반을 통해 자사가 범汎아프리카 이동통신 네트워크 조율에 도움이 될 수 있지만, 혼자서 그렇게 광범위한 확장에 필요한 핵심 지식을 제공할 수 없다는 사실을 깨달았다. MTN은 다음과 같은 조치를 취했다.

• 아프리카 대륙 전반에 걸쳐 여러 정부, 규제 당국과 강력한 관계를 맺었다. 많은 아프리카 국가에서 민영화 바람이 불 때 MTN은 정부와 맺은 관계를 적극적으로 활용하여 많은 현지 전기통신 기업을 인수할 수 있었다.

　　　　　　　　　　　　　　　　　　성장하는 기업의 비밀

- 아프리카 대륙을 아우르는 공통된 브랜드와 조율된 경영 시스템을 만드는 데 집중했다.
- 국가별로 강력한 현지 조직을 개발했다.
- 스탠다드 은행과 손을 잡고 개발한 휴대전화 은행 서비스 등 혁신적인 서비스를 출시하기 위해 강력한 대중적인 입지를 활용했다.

목표 기업 인수, 강력한 지식 기반을 활용한 운영 시스템과 브랜드 확대, 집중적인 제휴, 그리고 선별적 현지 개발 정책 조합은 MTN에 엄청난 성공을 안겨주었다. 적절한 성장 경로를 찾아내는 책임은 MTN의 최고위 리더인 회장과 CEO부터 그 아래 임원들에게까지 퍼져나갔다. 그들은 국가별로 적절한 성장 방식의 혼합 방법을 구체적으로 정하는 데 앞장섰다. MTN이 아프리카의 모든 국가에 융통성이 없게 단 하나의 범기업 차원의 성장 방법을 강요하지 않은 건 전략적으로 현명한 행동이었다.

상이한 자원 확보 경로들 사이에서의 선택, 범회사 차원에서 다양한 자원의 조율, 그리고 이런 활동으로 생긴 조직 내 긴장을 완화하려면 실험하고 배워야 한다. 그 과정에서 당신은 경영진이 비전을 창조하고 수정하며, 전략적 목표에 대한 우선순위를 정하고, 활용 가능한 자원 대비 목표와 자원 확보를 위한 경로를 검증하게 도울 것이다. 그리고 당신과 다른 의사결정자들이 선택 기준을 기초로 경험을 쌓아가면서 당신의 기업은 자원 포트폴리오를 균형 있게 유지하기가 더 쉬워질 것이다.

　제1장에서 지적한 대로 실행 기술이 아무리 많아도 엉터리로 선택한 자원 경로를 보상할 수는 없다. 그렇지만 어떤 경로를 따를지 선택할 때는 실행 기술을 감안해야 한다. 적절한 선택이 없는 실행이 아무리 애써도 적절한 경로를 놓치게 만든다면, 강력한 실행 기술이 없는 실행은 올바른 경로에서 낙오되게 만든다.

　강력한 선택 역량을 개발해야 기업은 중요한 경쟁우위를 갖는다. 이제 이런 역량의 씨앗을 뿌릴 수 있느냐는 당신에게 달렸다. 하룻밤 사이에 곧바로 이것이 가능하지는 않을 것이다. 농부가 농사를 짓기 위해 밭을 갈듯 당신도 조직이 강력한 선택 역량을 개발하도록 준비해두어야 한다.

리더로서 맡아야 할 역할

당신은 아이디어로 가득 찬 회의를 마치고 흥분해서 돌아왔지만, 회사 직원들이 공유하지 못하자 좌절감을 맛본 적이 있을지 모른다. 결과적으로 당신이 회의에 참석하느라 자리를 비운 동안 직원들은 날마다 해야 하는 따분한 일과 씨름하고 있었다. 당신이 아무리 무엇을 배웠는지 설명해주려고 해도 그들은 전혀 이해하지 못할 것이다. 의사결정자들이 시도해보려고 마음먹을 만큼 자원 경로 틀의 잠재력을 인정하게 도와줄 수 없다면 이와 같은 운명에 놓일 것이다. 리더로서 당신이 맡은 사명은 회사가 기업 개발의 필수적 요소로 이 틀을 활용할 수 있는 능력을 단계별로 키우게 만드는 것이다.

공통된 이해 도모 : 토론, 행동, 전파

리더로서 당신의 첫 번째 목표는 자원 경로 틀이 가진 힘에 대한 공통된 이해를 도모하는 것이다. 그러기 위해서는 토론, 행동, 전파라는 기본적인 단계를 거쳐야 한다.

첫째, 자원 경로 틀을 회사 내 의사결정자들과 함께 토론하라. 토론의 초점은 실용적이어야 한다. 당신은 몇몇 전략적 리더(영향력과 용기와 창조적 상상력을 가진 사람들)가 한두 차례 '실현 가능성 검증proof-of-concept' 실험을 재가하게 설득하고 싶다. 따라서 이상적으로 보았을 때 이러한 리더들은 회사의 성장 문제가 전략적 자원의 만성적 부족 또는 부진한 성과와 관련되어 있다는 사실을 이미 인식하고 있어야 한다. 토론은 행동을 요구하는 시간으로 짜여 있어야 한다.

앞에서 우리는 내부적으로 개발된 신약을 갖고 파이프라인을 채우는 데 애를 먹은 제약회사에 대해 설명했다. 이것은 회사의 경쟁적 입지에 위협을 가한 도전이었다. 이 문제를 해결하고자 회사의 임원은 고위 경영진과 개발 연구소 사람들로 비공식적인 실무 그룹을 만들었다. 이 임원은 문제를 정확히 알리는 일부터 시작했다. 문제는 회사가 무조건 내부 개발을 선호하다가 외부 아이디어를 차단했고,

결국 성장이 정체 국면에 빠져들게 되었다는 것이었다. 주요 경쟁사는 내부 개발과 라이선스 계약, 제휴, 인수를 혼합해서 이 회사보다 앞서 나간 상태였다. 실무 그룹 구성원들(연구소 리더들을 포함해서)은 회사가 외부 아이디어와 자산에 문호를 더 개방해야 한다는 데 합의했다. 회사는 일련의 라이선스 계약, 제휴, 그리고 소규모 인수를 시작했다. 그로부터 3년 이내에 회사는 다양한 임상실험 단계에서 유망한 약으로 파이프라인을 다시 채웠다.

이미 알려진 문제의 맥락에서 토론이 개최될 때 일반적으로 빠른 행동으로 이어진다. 초기 승리를 위해 자원 경로 틀을 활용하라. 성공은 더 강력한 헌신을 유발할 것이다. 기업의 전략적 목표에 시각적으로 기여하는 기회를 찾아라. 사람들, 특히 단순한 참여에만 익숙한 사람들은 종종 새로운 과정이 요구하는 일에 짜증을 낸다. 따라서 실망이 아닌 성공을 위해선 자원 경로 틀이 제공하는 단계별 지침을 잘 따라야 한다.

너무 서두르려고 욕심을 부리는 건 금물이다. 처음에 거둔 승리는 소규모 핵심 그룹과 함께 신속히 처리할 수 있는 소규모 벤처들일 것이다. 가끔 당신은 틀이 엄청난 영향력을 발휘할 수 있게 만드는 초기 기회를 찾아낼 만큼 운이 좋을 것이다. 핵심은 성공 확률이 높은 프로젝트를 고르는 것이다. 지금은 고인이 된 스티브 잡스Steve Jobs가 1997년 경영난에 빠져 있던 애플 컴퓨터Apple Computer의 CEO로 복귀했을 때 그는 장시간 질질 끄는 스타일의 분석을 거부했다.

성장하는 기업의 비밀

그보다 그는 회사의 제품 라인을 단순화한 뒤 내부 기술 개발에 자동적으로 의존하던 전략에서 벗어나 몇몇 중요한 외부 기회를 노리는 전략으로 재빨리 옮겨갔다.

바이러스처럼 전파되지는 않을 것이다. 전파에도 도움이 필요하다. 조직 전반에 자원 경로 틀을 전파시키려면 초기 승리의 불꽃을 부채질해야 한다. 자원 경로 틀의 잠재력을 알아보고, 직접 그 틀을 사용해볼 기회를 찾고자 열망하는 동료들로 구성된 네트워크 구축을 돕는 데 1차로 성공을 거둔 프로젝트에 참여한 사람들을 활용하라. 신뢰할 수 있는 탐험 네트워크는 큰 조직에서라도 틀의 신속한 전파 분위기를 키울 수 있다. 특히 조직 내에 초기 승리에 대한 소문이 퍼져 있는 경우 더욱 그러하다. 애플에서는 개선된 매킨토시 플랫폼의 초기 성공이 아이맥iMac의 시장점유율 확대를 이끌었고, 다시 브랜드와 개발 활동의 발전으로 이어졌다. 이처럼 회복을 향한 견고한 발걸음은 이후 애플이 아이팟과 다른 제품으로 성공을 거두는 데 기여했다.

조직 전반에 걸쳐 리더들이 자원 경로 틀을 전문적 활동(내부 개발 프로젝트 발굴, 인수 전략 주도, 프로젝트를 주도할 특정 기능그룹 지정하기 등)에 필요불가결한 것으로 간주하기 시작하면 폭포효과cascading effect가 생긴다. 리더들은 추구하는 목표를 떠나, 강력한 선택 역량에는 특정 기능이나 활동 또는 리더가 아니라 대규모 사업에 맞는 최고의 해결책을 모색하는 범조직 차원의 관점이 요구된다는 사실을 이해해야 한다. 예를 들어 당신은 회사의 인수팀이 어떤 기회가 내부 개발 또는 파트너십에 책임을 진 팀에 의해 주도되는 것이 더 적합하다는 사실을 인정할 경우 그 팀이 물러나주기를 원한다.

그렇다면 자원 분석 틀의 선택 역량이 전파되고 있을 때 어떻게 그것을 조직 내에서 공식적으로 단단히 박아둘 수 있을까? 제2장에서 설명했던 것처럼 스컹크 워크를 사용해 비공식적으로 시작하는 것도 일리가 있다. 시간이 지나면서 당신이 경험을 쌓고 성공을 거둘수록 선택 활동의 격식을 강화하라. 결과적으로 전략 기획 주기의 일부로 선택 분석을 집어넣어라. 이때 기획 과정에서 책임을 지는 당신이나 초기 수용자들로 만든 집단도 참여하는 게 이상적이다.

자원 분석 틀을 공식적으로 활용할 수 있을지는 전파 속도에 달려 있다. 조직의 규모, 구조, 지리적 분산 등 몇몇 요인이 속도에 영향을 미친다. 당연히 소규모 조직은 비공식적인 방법을 통해 대형 조직보다 신기술을 더 빨리 전파시킨다. 지리적으로 분산되어 있는 기업들은 일반적으로 기술을 퍼뜨리는 시간이 더 많이 걸리고, 더 많은 형식을 필요로 한다. 이런 형식은 멀리 떨어져 있는 지역에 있는 사람들을 참여시키는 데 유용하다. 신기술은 비교적 평평한 조직에서 더 빨리 전파되고 비공식적인 상태로 남는 경향이 있는 반면, 위계질서가 있는 기업에서는 전파 속도가 늦고, 더 많은 형식을 따른다. 그러한 비상사태를 찾아내면 상황에 맞는 전파 경로와 형식을 결정하는 데 도움이 된다.

경영진의 이직이 자원 경로 틀의 사용 능력에 어떻게 영향을 주는지도 고려해보라. 항상 역동적인 조직의 리더들과, 심지어 전체 경영진은 다른 회사로 이직하거나 회사 내 다른 부서로 옮기는 등 정기적으로 이동한다. 그러한 이동은 자원 경로 틀의 전파를 포함해 기업 내 여러 가지 시스템과 업무 과정에 교란을 일으킨다. 물론 새로운 조직으로 이동한다면 틀을 갖고 갈 수도 있다. 하지만 협력자였던 동료들을 잃는다면 새로운 지원자들을 찾아 참여시키는 도전에 직면한다. 그러므로 신속히 행동해야 한다. 지지자들로 이루어진 네트워크의 연결이 끊길 경우 전파의 명분이 타격을 입을 수 있다. 자원 경로 틀이 기업 내에서 새로운 성공을 창출하는 데 기여했던 역할을 강조하라.

회사 내 다양한 지점에서 리더로서의 역할

회사 내에서 강력한 선택 역량을 개발하는 리더로서의 역할은 그 위치에 따라 접근법도 다양하다. 고위 관리자라면 회사의 전략적 계획 수립과 실행 기술 내에서 틀을 최우선순위로 수용할 수 있는 위치에 서 있다. 중간 관리자급이거나 운영 사업부에 속해 있다면 책임지고 있는 전략적 활동을 지도하는 데 도움을 주는 지엽적 선택 역량을 키우는 일부터 시작한 뒤, 회사 전반에 걸쳐 광범위하게 그 역량을 전파시키도록 도울 수 있는 기회를 물색하라.

최고위 경영진에 속해 있다면 당신의 유능함은 회사의 리더십과

정치적 역할을 얼마나 깊이 이해하고 있는지에 따라 달라진다. 많은 고위 임원이 경력을 발전시켜가는 과정에서 이 정도 수준의 통찰을 개발한다. 입사한 지 얼마 되지 않았다면 약간의 지엽적인 조사를 실시해야 한다. 그 목적은 기업이 중요한 결정을 내리는 방법에 심각한 변화를 줄 때 가장 잘 수용할 수 있는 채널을 찾아내는 것이다. 어떤 사람들과 채널이 변화에 가장 거부감을 보일지도 알아야 한다. 이런 활동에는 어느 정도의 위험이 수반된다. 따라서 동료와 상사들 사이에서 누가 변화를 환영하고, 누가 월권행위를 문제 삼아 당신을 해고할 정도로 변화를 거부할지 알고 있어야 한다. 물론 당신이 토론하고, 행동을 취하고, 초기 성공을 변화를 전파시킬 플랫폼으로 적극 활용하는 데 유능하고 주도면밀하면 경력상 피해를 입지 않을 가능성이 높다.

성장 딜레마, 냉정하게 평가하고 선택하라

이 책의 핵심 메시지를 다시 한 번 되새겨보자. 새로운 자원을 확보할 수 있는 경로를 선택하는 기업은 경쟁우위를 얻는다. 선택 역량은 시간을 두고 당신이 키우고 개발해야 하는 원칙이다. 선택 문제를 쉽게 해결하는 방법은 없다. 이 책 내내 강조했듯이 불완전한 자원 확보 방식을 실행하기 위해 열심히 애쓰기만 해서는 선택의 잘못을 극복할 수 없다.

어느 회사든 강력한 선택 역량이 부족하면 심각한 문제가 생긴다. 기존 기업의 임원들은 자신이 몸담고 있는 기업(한때는 업계의 선도 기업)이 선택의 함정이나 실행의 덫에 빠지고, 혁신하지 못한 후 우리에게 이 같은 지적을 거듭했다. 시장에서 교두보를 확보하기 위해 애쓰는 신생 기업은 키우고-빌리고-사는 옵션을 아예 무시해버리곤 한다. 그러고는 신생 기업 때 이룬 혁신을 뛰어넘어 발전하려고 안간힘을 쓴다.

과거는 치명적인 백미러가 될 수 있다. 기업은 경쟁 문제를 고치기 위해 낯익은 성장 경로에 더 집중하고, 관련 프로젝트를 실행하기 위해 더 열심히 일하려고 한다. 그것이 통하지 않으면 또 어떤 방법을 쓸 수 있을까? 체계적인 선택 과정이 없는 그들은 몇몇 임원이나 급조한 대책반에 새로운 자원 확보 기회를 찾아서 고르는 임무를 맡길지도 모른다. 하지만 아무리 뛰어난 대책반이라도 자원 확보 옵션을 평가할 수 있는 정돈된 렌즈가 필요하다.

자원 경로 틀은 어떤 산업과 세계 어느 곳에서 활동하는 어떤 기업에게도 강력한 도구다. 이것은 빠르고 효과적으로 핵심 자원을 모으도록 가장 효과적인 처방을 해줌으로써 열띤 경쟁에 직면해서도 기업을 성장시키게 해준다. 이 틀은 전략적 도구의 하나로 실행의 덫에 빠진 경쟁사들보다 우위에 서게 해줄 것이다.(자원 경로 틀의 전체 모델은 '부록 A'를 참조하라)

끝으로 당신에게는 리더십이 필요하다. 각자 맞는 자원 확보 방식을 선택하는 사람들, 내부 개발과 M&A와 계약과 파트너십을 주도하는 사람들, 모든 자원 확보 활동의 투명성을 조율하고 확인하는 일에 관련된 사람들, 그리고 높은 수준에 기업의 키우고-빌리고-사는 원칙을 옹호하고 인가하는 CEO와 이사회에게 모두 리더십이 필요하다. 이 모든 차원에서 리더십이 부재할 경우 프로젝트는 흔들릴 것이다.

어떤 방법론과 마찬가지로 자원 경로 틀도 부주의하게 사용되거나, 잘못 해석되거나 부적절하게 실행될 수 있다. 그런 경우 선택 역량은 낭비되면서 제 기능을 못하고 혼란만 유발할 것이다. 따라서 리더라면 맥락을 이해하고 있어야 한다. 기업에 꼭 필요한 자원 경로 틀이 없어서 생긴 문제가 있는가? 조직이 강력한 선택 역량을 개발할 준비를 하고 있는가? 기업 변화를 이끌 핵심적인 주도자들을 찾아내고, 그들의 지원을 얻기 위한 최고의 방법을 찾아낼 수 있을까?

이런 질문에 대한 대답이 긍정적이라면 당신은 기업을 위해 새롭고 활기찬 전략적 기회를 육성하고 유지하는 한편 성공적인 경력을 쌓아나갈 수 있을 것이다.

성장하는 기업의 비밀

자원 경로 틀 : 전체 모델

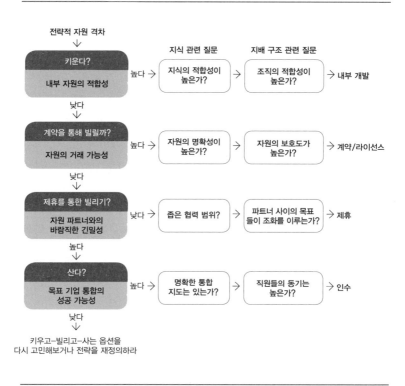

저자들의
연구 프로그램

이 책은 20년에 걸쳐 우리가 실시하고 겪어온 광범위한 연구와 경험
및 우리 분야에서 활동하고 있는 수많은 학자들의 연구를 집대성해
놓은 것이다. 이 책에서 제시하는 아이디어와 데이터는 다양한 대규
모의 경험적 연구와 자동차 제조, 생명과학, 항공우주, 소비자 포장
재, 그리고 전기통신처럼 여러 산업에서 활동하는 고위 임원들과의
인터뷰를 통해 얻은 것이다. 우리가 실시한 조사와 연구를 정리해보
면 다음과 같다.

• 전 세계 162개 전기통신 기업을 상대로 자원 격차 해소를 위해 사용
  하는 자원 확보 방식에 대한 체계적인 설문조사 후 조사 대상 전기

통신 기업들에 대한 생존 분석

- 1990년대 초반에 일어난 인수 후 자원 매각과 전환 배치의 효과를 평가하기 위해 미국과 유럽 제조업 분야에서 일어난 253건의 인수에 대한 체계적인 조사

- 1950년대부터 2000년대에 이르는 데이터를 포함해 전 세계 생명과학 분야에서 활동하는 제약, 의료장비, 보건 서비스 기업들의 장기적인 변화 연구

- 동아시아의 수백 개 기업에 영향을 미친 1990년대와 2000년대 기업 변화에 관한 패널 자료panel data(동일 조사 대상으로부터 반복적으로 수집한 자료) 분석

- 몇십 건의 사례에서부터 전 세계 자동차 OEM(주문자 상표 부착 생산 판매 방식)과 납품 분야, 온라인 상거래, 항공우주 산업, 제조업 분야, 은행 산업에서 활동하는 수백 개 기업에 대한 데이터 분석

이러한 연구 결과는 자원 경로 틀에 대한 아이디어를 만들어주었다. 우리는 지난 10년여 동안 수업에 이런 아이디어를 활용했다. 또한 학생들이 이런 아이디어를 더 개발하고 수정할 수 있게 해주면서 도움을 받았다. 가장 일반적으로 우리는 다양한 학자들이 수행한 광범위한 차원의 전략, 경제, 조직 관련 연구에 의존하고 있다.

이 책에 나오는 이런 이슈들을 더 깊이 이해하고 싶다면 다음에 소개하는 추천 자료들 중에서 적절한 책을 골라 읽어라. 추천 자료에

는 우리가 생각을 정리하는 데 도움이 되었던 연구 논문도 몇 편 들어가 있다. 우리는 다른 학자들이 이러한 분야에서 수행했던 심오하고 광범위한 연구에 대해 깊이 감사하며, 그들에게 존경심을 표하고 싶다. 그들의 연구는 우리 연구와 생각의 밑거름이 되었다.

경영 자료

자원 경로 모델 개요

Capron, Laurence, and Will Mitchell. "Finding the Right Path." *Harvard Business Review*, July-August 2010, 102-107.

Capron, Laurence, Will Mitchell, and Joanne Oxley. "Organizing for Learning." *Financial Times* Mastering Strategy Series, November 29, 1999.

제휴 관리

Mitchell, Will. "Alliances: Achieving Long-Term Value and Short-Term Goals," *Financial Times Mastering Strategy: The Complete MBA Companion in Strategy* (London: Pearson Education Limited, 2000), 351-356.

Dussauge, Pierre, Bernard Garrette, and Will Mitchell. "How to Get the Best Results from Alliances." *European Business Forum* 3, Fall 2000: 41-46.

M&A 관리

Mitchell, Will, and Laurence Capron. "Managing Acquisitions to Change and Survive." *European Business Forum* 9, Spring (2002): 51-55.

Capron, Laurence, and Kevin Kaiser. "Does Your M&A Add Value?" *Financial Times Managing in a Downturn*, February 6, 2009.

Capron, Laurence. "The Private M&A: Does the 'Private Firm' Discount Exist?" *Chief Executive*, October 8, 2008.

Capron, Laurence, and Mauro Guillén. "Fighting Economic Nationalism in M&As." *Financial Times* Mastering Strategy Series, October 13, 2006.

Capron, Laurence, and Karen Schnatterly. "How M&As Can Lead to Governance Failure." *Financial Times* Mastering Corporate Governance Series,

June 3, 2005.

Capron, Laurence. "Horizontal Acquisitions: The Benefits and Risk to Long-Term Performance." *Financial Times* Mastering Strategy Series, November 8, 1999.

기업 개발 관리

Karim, Samina, and Will Mitchell. "Innovation Through Acquisition and Internal Development: A Quarter-Century of Business Reconfiguration at Johnson & Johnson." *Long Range Planning* 37, no. 6 (2004): 525-547.

사례 연구

Capron, Laurence, Urs Peyer, and Lori Einheiber. "The Bid for Bell Canada Enterprises." Fontainebleau: INSEAD, 2011. (strategic versus financial buyer; LBO)

Hunter, Mark, Laurence Capron, and Fares Boulos. "Lloyds-TSB Group: Business Portfolio Restructuring and Development." Fontainebleau: INSEAD, 2011. (portfolio restructuring; role of corporate parent)

Garrette, Bernard, and Laurence Capron. "The Matra-Renault Alliance (A): Gearing Up to the 2002 Milestone." Jouy-en-Josas, France: HEC-INSEAD, 2010. (alliance management)

Garrette, Bernard, and Laurence Capron. "The Matra-Renault Alliance (B): Is There a Life after the Espace?" Jouy-en-Josas, France: HEC-INSEAD, 2010. (alliance management)

Capron, Laurence, and Nir Brueller. "Cisco Systems: New Millennium New Acquisition Strategy?" Fountainebleau, France: INSEAD, 2010. (M&A integration)

Capron, Laurence, and Andrew Horncastle. "Acquisition Wave in the Fine Chemicals Industry (A): Clariant-BTP Acquisition." Fountainebleau, France: INSEAD, 2006. (M&A wave and industry fads)

Capron, Laurence, and Andrew Horncastle. "Acquisition Wave in the Fine Chemicals Industry (B): Rhodia-Chirex Acquisition." Fountainebleau, France: INSEAD, 2006. (M&A wave and industry fads)

Capron, Laurence, and Andrew Horncastle. "Acquisition Wave in the Fine

Chemicals Industry (C): Degussa-Laporte." Fountainebleau, France: INSEAD, 2006. (M&A wave and industry fads)

Mitchell, Will. "Change Strategy at General Electric, 1980-2006." Durham, NC: Duke University, 2008. (multi-modal change)

Mitchell, Will. "Abbott International: Launching Kaletra in China in 2003." Durham, NC: Duke University, 2007. (internal development in non-traditional markets)

Mitchell, Will. "The CKD Clinic Proposal in Newark in 2003." Durham, NC: Duke University, 2007. (internal development)

Mitchell, Will. "Takeda Abbott Pharmaceuticals (TAP) in 2002." Durham, NC: Duke University, 2007. (alliances)

Santo-Rivera, Miguel, Pierre Dussauge, and Will Mitchell. "The Amazon-Toys"R"Us Alliance, 2000." Jouy-en-Josas, France: HEC-INSEAD, 2007. (alliances)

Mitchell, Will. "Pharmaceutical Introduction: Launching Eli Lilly's Sarafem in 2000 (A & B)."Durham, NC: Duke University, 2003. (internal development)

Mitchell, Will. "The Evolution of Astra Merck Inc., 1982-1999." Ann Arbor, MI: University of Michigan at Ann Arbor, 1998/2007. (alliances)

Mitchell, Will. "United States Office Products in 1998." Ann Arbor, MI: University of Michigan at Ann Arbor, 1998. (acquisitions)

Mitchell, Will. "Comparing Two Acquisitions: Marion Merrell Dow (1989) and Glaxo Wellcome (1995)." Durham, NC: Duke University, 2009. (acquisitions)

Mitchell,Will. "Playing Leapfrog with Elephants: EMI, Ltd. and CT Scanner Competition in the 1970s." Ann Arbor, MI: University of Michigan at Ann Arbor, 1997/2005. (industry life cycles)

Mitchell, Will. "Remora Among the Sharks: Imatron, Inc. and CT Scanner Competition in the 1980s." Ann Arbor, MI: University of Michigan at Ann Arbor, 1997. (industry life cycles)

학술 자료

선택 역량 : 내부 개발과 외부 자원 확보 사이에서의 선택

Capron, Laurence, and Will Mitchell. "Selection Capability: How Capability Gaps and Internal Social Frictions Affect Internal and External Strategic Renewal." *Organization Science* 20, no. 2 (2009): 294-312.

Capron, Laurence, and Will Mitchell. "Where Firms Change: Internal Development Versus External Capability Sourcing in the Global Telecommunications Industry." *European Management Review* 1, no. 2 (2004): 157-174.

내부 개발 관리

Mukherjee, Ashok, Brian Talbot, and Will Mitchell. "The Impact of New Manufacturing Requirements on Production Line Productivity and Quality at a Focused Factory." *Journal of Operations Management* 18, no. 2 (2000): 139-168.

계약 관리

Mulotte, Louis, Pierre Dussauge, and Will Mitchell. "Does Collaboration Induce Spurious Learning and Overconfidence? Evidence from Independent versus Collaborative Entry in the Global Aerospace Industry, 1944-2000." *Strategic Management Journal*, forthcoming 2012.

Parmigiani, Anne, and Will Mitchell. "The Hollow Corporation Revisited: Can Governance Mechanisms Substitute for Technical Expertise in Managing Buyer-Supplier Relationships?" *European Management Review* 7, no. 1 (2010): 46-70.

제휴 관리

Singh, Kulwant, and Will Mitchell. "Growth Dynamics: The Bi-Directional Relationship between Interfirm Collaboration and Business Sales in Entrant and Incumbent Alliances." *Strategic Management Journal* 26 (2005): 497-522.

Singh, Kulwant, and Will Mitchell. "Precarious Collaboration: Business Survival after Partners Shut Down or Form New Partnerships." Special issue, *Strategic Management Journal* 17, no. 1 (1996): 99-115.

Mitchell, Will, Pierre Dussauge, and Bernard Garrette. "Alliances with Competitors: How to Combine and Protect Key Resources." Special issue, *Journal of Creativity and Innovation Management* 11, no. 3 (2002): 202-223.

Dussauge, Pierre, Bernard Garrette, and Will Mitchell. "Learning from Competing Partners: Outcomes and Durations of Scale and Link Alliances in Europe, North America, and Asia." *Strategic Management Journal* 21, no. 2 (2000): 99-126.

M&A, 가치 창조, 주식 투자 수익률

Capron, Laurence. "The Long-Term Performance of Horizontal Acquisitions." *Strategic Management Journal* 20, no. 11 (1999): 987-1018.

Capron, Laurence, and Jung-Chin Shen. "Acquisitions of Private versus Public Firms: Private Information, Target Selection and Acquirer Returns." *Strategic Management Journal* 28, no. 9 (2007): 891-911.

Capron, Laurence, and Nathalie Pistre. "When Do Acquirers Earn Abnormal Returns?" *Strategic Management Journal* 23, no. 9 (2002): 781-794.

Mitchell, Will, and Annetta Fortune. 2012. "Unpacking the Firm Exit at the Firm and Industry Levels: The Adaptation and Selection of Firm Capabilities." *Strategic Management Journal*, forthcoming 2012.

합병 후 통합과 매각 관리

Capron, Laurence, Pierre Dussauge, and Will Mitchell. "Resource Redeployment Following Horizontal Mergers and Acquisitions in Europe and North America, 1988-1992." *Strategic Management Journal* 19, no. 7 (1998): 631-661.

Capron, Laurence, Anand Swaminathan, and Will Mitchell. "Asset Divestiture Following Horizontal Acquisitions: A Dynamic View." *Strategic Management Journal* 22, no. 9 (2001): 817-844.

Capron, Laurence, and Will Mitchell. "Bilateral Resource Redeployment and Capabilities Improvement Following Horizontal Acquisitions." *Industrial and Corporate Change* 7, no. 3 (1998): 453-484.

Capron, Laurence, and Will Mitchell. "The Role of Acquisitions in Reshaping Business Capabilities in the International Telecommunications Industry." Special issue, *Industry and Corporate Change* 7, no. 4 (1998): 715-730.

Karim, Samina, and Will Mitchell. "Path-Dependent and Path-Breaking Change: Reconfiguring Business Resources Following Acquisitions in the U. S. Medical Sector, 1978-1995." Special issue, *Strategic Management Journal* 21, no. 10-11 (2000): 1061-1081.

M&A와 기타 성장 경로에 미치는 제도적 환경의 역할

Capron, Laurence, and Mauro Guillén. "National Corporate Governance Institutions and Post-Acquisition Target Reorganization." *Strategic Management Journal* 30, no. 8 (2009): 803-833.

Chakrabarti, Abhirup, Elena Vidal, and Will Mitchell. "Business Transformation in Heterogeneous Environments: The Impact of Market Development and Firm Strength on Growth and Retrenchment Reconfiguration." *Global Strategy Journal* 1, no. 1 (2011): 6-26.

참고자료

제1장 자원 경로 틀

Amit, R., and Schoemaker, P. "Strategic Assets and Organizational Rent." *Strategic Management Journal* 14, no. 1 (1993): 33-46.

Barney, J. "Firm Resources and Sustained Competitive Advantage." *Journal of Management* 17, no. 1 (1991): 99-120.

Carroll, G. R., and M. T. Hannan (eds.). *Organizations in Industry: Strategy, Structure, and Selection.* New York: Oxford University Press, 1995.

Cohen, W. M., and D. Levinthal. "Absorptive Capacity: A New Perspective on Learning and Innovation." *Administrative Science Quarterly* 35, no. 1 (1990): 128-152.

Cusumano. M. A. *Staying Power: Six Enduring Principles for Managing Strategy and Innovation in an Uncertain World.* New York: Oxford University Press, 2010.

Cyert, R. M., and J. G. March. *A Behavioral Theory of the Firm.* Englewood Cliffs, NJ: Prentice-Hall, 1963.

De Wit, F. R. C., L. L. Greer, and K. A. Jehn. "The Paradox of Intragroup Conflict: A Meta-Analysis." *Journal of Applied Psychology* 97, no. 2 (2012): 360-390.

Dosi, G. "Technological Paradigms and Technological Trajectories." *Research Policy* 11, no. 3 (1982): 147-162.

Eisenhardt, K. M., and J. A. Martin. "Dynamic Capabilities: What Are They?" *Strategic Management Journal* 21 (2000): 1105-1121.

Galunic, D. C., and S. Rodan. "Resource Recombinations in the Firm: Knowledge Structures and the Potential for Schumpetarian Recombination." *Strategic Management Journal* 19, no. 12 (1998): 1193-1201.

Hannan, M. T., and J. Freeman. "Structural Inertia and Organizational Change." *American Sociological Review* 49, no. 2 (1984): 149-164.

Helfat, C. E., S. Finkelstein, W. Mitchell, M. A. Peteraf, H. Singh, D. J. Teece, and S. G. Winter. *Dynamic Capabilities: Understanding Strategic Change in Organizations.* Malden, MA: Blackwell, 2007.

Kaplan, S. "Cognition, Capabilities, and Incentives: Assessing Firm Response to the Fiber-Optic Revolution." *Academy of Management Journal* 51, no. 4 (2008): 672-695.

Kriauciunas, A., and P. Kale. "The Impact of Environmental Imprinting and Search on Resource Change: A Study of Firms in Lithuania." *Strategic Management Journal* 27, no. 7 (2006): 659-679.

Leonard, D. *Wellsprings of Knowledge: Building and Sustaining the Sources of Innovation.* Boston: Harvard Business School Press, 1995.

Levinthal, D. "Organizational Adaptation and Environmental Selection: Interrelated Processes of Change." *Organization Science* 2, no. 1 (1991): 140-146.

Liebeskind, J. P. "Knowledge, Strategy, and the Theory of the Firm." *Strategic Management Journal* 17, Winter (1996): 93-107.

Mahoney, J. T., and J. R. Pandian. "The Resource-Based View Within the Conversation of Strategic Management." *Strategic Management Journal* 13, no. 5 (1992): 363-380.

Nelson, R. R., and S. G. Winter. *An Evolutionary Theory of Economic Change.* Cambridge, MA: Belknap Press of Harvard University Press, 1982.

Penrose, E. T. *The Theory of the Growth of the Firm.* New York: John Wiley, 1959.

Pisano, G. "The R&D Boundaries of the Firm: An Empirical Analysis." *Administrative Science Quarterly* 35, no. 1 (1990): 153-176.

Schumpeter, J. A. *The Theory of Economic Development: An Inquiry into Profits, Capital, Credit, Interest, and the Business Cycle.* Cambridge, MA: Harvard University Press, 1934.

Teece, D. J., G. Pisano, and A. Shuen. "Dynamic Capabilities and Strategic Management." *Strategic Management Journal* 18, no. 7 (1997): 509-533.

Tripsas, M., and G. Gavetti. "Capabilities, Cognition, and Inertia: Evidence from Digital Imaging." *Strategic Management Journal* 21, no. 10-11 (2000): 1147-1161.

Tushman, M. L., and C. A. O'Reilly. "The Ambidextrous Organization: Managing Evolutionary and Revolutionary Change." *California Management Review* 38, no. 4 (1996): 8-30.

Tushman, M. L., and P. Anderson. "Technological Discontinuities and Organizational Environments." *Administrative Science Quarterly* 31, no. 3 (1986): 439-465.

Winter, S. "Survival, Selection, and Inheritance in Evolutionary Theories of Evolution." In *Organizational Evolution: New Directions*, edited by J. V. Singh, 269-296. Newbury Park, CA: Sage Publications, 1990.

Winter, S. G. "Understanding Dynamic Capabilities." *Strategic Management Journal* 24, no. 10 (2003): 991-995.

Zollo, M., and S. G.Winter. "Deliberate Learning and the Evolution of Dynamic Capabilities." *Organization Science* 13, no. 3 (2002): 339-351.

제2장 언제 키워야 하는가 _____

Argote, L. *Organizational Learning: Creating, Retaining, and Transferring Knowledge.* Boston: Kluwer Academic, 1999.

Barnett, W. P., and G. R. Carroll. "Modeling Internal Organizational Change." In X. Hagan (ed.), *Annual Review of Sociology*, vol. 21 (1995): 217-236.

Barney, J. "How a Firm's Capabilities Affect Boundary Decisions." *Sloan Management Review* 40, no. 3 (1999): 137-145.

Burgelman, R. "Corporate Entrepreneurship and Strategic Management: Insights from a Process Study." *Management Science* 29, no. 12 (1983): 1349-1364.

Chatterjee, S. "Excess Capabilities, Utilization Costs, and Mode of Entry." *Academy of Management Journal* 33, no. 4 (1990): 780-800.

Chesbrough, H. "The Governance and Performance of Xerox's Technology Spin-off Companies." *Research Policy* 32, no. 3 (2003): 403-421.

Christensen, C. M. *The Innovator's Dilemma: When New Technologies Cause Great Firms to Fail.* Boston: Harvard Business School Press, 1997.

Delmas, M. "Exposing Strategic Assets to Create New Competencies: The Case of Technological Acquisition in the Waste Management Industry in Europe and North America." *Industrial and Corporate Change* 8, no. 4 (1999): 635-671.

Dierickx, I., and K. Cool. "Asset Stock Accumulation and Sustainability of Competitive Advantage." *Management Science* 35, no. 12 (1989): 1504-1514.

Gawer, A., and R. Henderson. "Platform Owner Entry and Innovation in Complementary Markets: Evidence from Intel." *Journal of Economics & Management Strategy* 16, no.1 (2007): 1-34.

Hargadon, A., and R. I. Sutton. "Technology Brokering and Innovation in a Product Development Firm." *Administrative Science Quarterly* 42, no. 4 (1997): 716-749.

Helfat, C. E. "Evolutionary Trajectories in Petroleum Firm R&D." *Management Science* 40, no. 12 (1994): 1720-1747.

Helfat, C. E., and M. B. Lieberman. "The Birth of Capabilities: Market Entry and the Importance of Pre-History." *Industrial and Corporate Change* 11, no. 4 (2002): 725-760.

Helfat, C. E., and M. Peteraf. "The Dynamic-Resource-Based View: Capability Lifecycles." *Strategic Management Journal* 24, no. 10 (2003): 997-1010.

Henderson, R. M., and K. B. Clark. "Architectural Innovation: The Reconfiguration of Existing Product Technologies and the Failure of Established Firms." *Administrative Science Quarterly* 35, no. 1 (1990): 9-30.

Hennart, J. F., and Y. Park. "Greenfield vs. Acquisition: The Strategy of Japanese Investors in the United States." *Management Science* 39, no. 9 (1993): 1054-1070.

Jacobides, M., and S. Winter. "The Co-evolution of Capabilities and Transaction Costs: Explaining the Institutional Structure of Production." *Strategic Management Journal* 26, no. 5 (2005): 395-413.

Jacobides, M., and S. Billinger. "Designing the Boundaries of the Firm: From 'Make, Buy, or Ally' to the Dynamic Benefits of Vertical Architecture." *Organization Science* 17, no. 2 (2006): 249-261.

Katila, R., and A. Ahuja. "Something Old, Something New: A Longitudinal Study of Search Behavior and New Product Introduction." *Academy of Management Journal* 45, no. 6 (2002): 1183-1194.

Kogut, B., and U. Zander. "Knowledge of the Firm, Combinative Capabilities, and the Replication of Technology." *Organization Science* 3, no. 3 (1992): 383-397.

Kogut, B., and U. Zander. "What Firms Do? Coordination, Identity and Learning." *Organization Science* 7, no. 5 (1996): 502-518.

Lavie, D. "Capability Reconfiguration: An Analysis of Incumbent Responses to Technological Change." *Academy of Management Review* 31, no. 1 (2006): 153-174.

Markides, C. C., and P. J. Williamson. "Related Diversification, Core Competencies, and Corporate Performance." *Strategic Management Journal* 15, no. 2 (1994): 149-165.

Menon, T., and J. Pfeffer. "Valuing Internal vs. External Knowledge: Explaining the Preference for Outsiders." *Management Science* 49, no. 4 (2003): 497-514.

Palepu, K., and T. Khanna. "Why Focused Strategies May Be Wrong for Emerging Markets." *Harvard Business Review*, July-August 1997, 41-51.

Peteraf, M. A.,"The Cornerstones of Competitive Advantage: A Resource-Based View." *Strategic Management Journal* 14, no. 3 (1993): 179-191.

Raisch, S., J. M. Birkinshaw, G. Probst, and M. Tushman. "Organizational Ambidexterity: Balancing Exploration for Sustained Corporate Performance." *Organization Science* 20, no. 4 (2009): 685-695.

Rosenkopf, L., and A. Nerkar. "Beyond Local Search: Boundary-Spanning, Exploration, and Impact in the Optical Disc Industry." *Strategic Management Journal* 22, no. 4 (2001): 287-306.

Santos, F. M., and K. K. Eisenhardt. "Organizational Boundaries and Theories of Organization." *Organization Science* 16, no. 5 (2005): 491-508.

Shaver, J. M. "Accounting for Endogeneity When Assessing Strategy Performance: Does Entry Mode Choice Affect FDI Survival?" *Management Science* 44, no. 4 (1998): 571-585.

Siggelkow, N. "Change in the Presence of Fit: The Rise, the Fall, and the Renaissance of Liz Claiborne." *Academy of Management Journal* 44, no. 4 (2001): 838-858.

Silverman, B. "Technological Resources and the Direction of Corporate Diversification: Toward an Integration of the Resource-Based View and Transaction Cost Economics." *Management Science* 45, no. 8 (1999): 1109-1124.

Stuart, T. E., and J. M. Podolny. "Local Search and the Evolution of Technological Capabilities." *Strategic Management Journal* 17, Evolutionary Perspectives on Strategy Supplement (1996): 21-38.

Szulanski, G. "Exploring Internal Stickiness: Impediments to the Transfer of the Best Practice Within the Firm." *Strategic Management Journal* 17, Winter Special Issue (1996): 27-44.

Von Hippel, E. "Innovation by User Communities: Learning from Open-Source Software." *MIT Sloan Management Review* 42, no. 4 (2001): 82.

Wernerfelt, B. "A Resource-Based View of the Firm." *Strategic Management Journal* 5, no. 2 (1984): 171-180.

White, S. "Competition, Capabilities, and the Make, Buy, or Ally Decisions of Chinese State-Owned Firms." *Academy of Management Journal* 43, no. 3 (2000): 324-341.

Yip, G. "Diversification Entry: Internal Development versus Acquisition." *Strategic Management Journal* 3, no. 4 (1982): 331-345.

Anand, B., and T. Khanna. "The Structure of Licensing Contracts." *Journal of Industrial Economics* 48, no. 1 (2000): 103-135.

Argyres, N. S., and K. J. Mayer. "Contract Design as a Firm Capability: An Integration of Learning and Transaction Cost Perspectives." *Academy of Management Review* 32, no. 4 (2007): 1060-1077.

Arora, A., A. Fosfuri, and A. Gambardella. *Markets for Technology: The Economics of Innovation and Corporate Strategy.* Cambridge, MA: MIT Press, 2001.

Arora, A., A. Fosfuri, and A. Gambardella. "Markets for Technology and Corporate Strategy." *Industrial and Corporate Change* 10, no. 2 (2001): 419-451.

Arora, A., and A. Gambardella. "Complementary and External Linkages: The Strategies of the Large Firms in Biotechnology." *Journal of Industrial Economy* 3, no. 4 (1990): 361-379.

Barney, J. B. "Strategic Factor Markets: Expectations, Luck, and Business Strategy." *Management Science* 32, no. 10 (1986): 1231-1240.

Cassiman, B., and R. Veugelers. "In Search of Complementarity in Innovation Strategy: Internal R&D and External Knowledge Acquisition." *Management Science* 52, no. 1 (2006): 68-82.

Chi, T. "Trading in Strategic Capabilities: Necessary Conditions, Transaction Cost Problems, and Choice of Exchange Structure." *Strategic Management Journal* 15, no. 4 (1994): 271-290.

Gans, J. S., and S. Stern. "The Product Market and the Market for Ideas: Commercialization Strategies for Technology Entrepreneurs." *Research Policy* 32, no. 2 (2003): 333-350.

Kale, P., and P. Puranam. "Choosing Equity Stakes in Technology Sourcing Relationships: An Integrative Framework." *California Management Review* 46, Spring (2004): 77-99.

Mathews, J. "Strategizing by Firms in the Presence of Markets for Resources." *Industrial and Corporate Change* 12, no. 6 (2003): 1157-1193.

Mayer, K. J., and R. Salomon. "Capabilities, Contractual Hazard and Governance: Integrating Resource-Based and Transaction Cost Perspectives." *Academy of Management Journal* 49, no. 5 (2006): 942-959.

Teece, D. J. "Profiting from Technological Innovation: Implications for Integration, Collaboration, and Public Policy." *Research Policy* 15, no. 6 (1986): 285-305.

Van de Vrande, V., C. Lemmens, and W. Vanhaverbeke. "Choosing Governance

Modes for External Technology Sourcing." *R&D Management* 36, no. 3 (2006): 347-363.

Vanneste, B. S., and P. Puranam. "Repeated Interactions and Contractual Detail: Identifying the Learning Effect." *Organization Science* 21, no. 1 (2010): 186-201.

Williamson, O. E. *Markets and Hierarchies, Analysis and Antitrust Implications: A Study in the Economics of Internal Organization.* New York: Free Press, 1975.

Williamson, O. E. *The Economic Institutions of Capitalism: Firms, Markets, Relational Contracting.* New York: Free Press, 1985.

Ziedonis, R. "Don't Fence Me In: Fragmented Markets for Technology and the Patent Acquisition Strategies of Firms." *Management Science* 50, no. 6 (2004): 804-820.

제4장 언제 제휴를 통해 빌려야 하는가 _____

Anderson, E., and H. Gatignon. "Models of Foreign Entry:A Transaction Cost Analysis and Propositions." *Journal of International Business Studies* 17, no. 3 (1986): 1-26.

Balakrishnan, S., and M. P. Koza. "Information Asymmetry, Adverse Selection and Joint Ventures." *Journal of Economic Behavior and Organization* 20, no. 1 (1993): 99-117.

David, J. P., and K. M. Eisenhardt. "Rotating Leadership and Collaborative Innovation: Recombination Processes in Symbiotic Relationships." *Administrative Science Quarterly* 56, no. 2 (2011): 159-201.

Doz, Y. "The Evolution of Cooperation in Strategic Alliances: Initial Conditions, or Learning Processes?" *Strategic Management Journal* 17, Summer (1996): 175-183.

Doz, Y., and G. Hamel. *Alliance Advantage: The Art of Creating Value through Partnering.* Boston: Harvard Business School Press, 1998.

Dussauge, P., and B. Garrette. *Cooperative Strategy: Competing Successfully Through Strategic Alliances.* New York: John Wiley, 1999.

Dyer, J. H., P. Kale, and H. Singh. "When to Ally and When to Acquire." *Harvard Business Review*, July-August 2004, 109-115.

Dyer, J. H., and H. Singh. "The Relational View: Cooperative Strategy and Sources of Interorganizational Competitive Advantage." *Academy of Management*

Review 23, no. 4 (1998): 660–674.

Folta, T. B. "Governance and Uncertainty: The Tradeoff Between Administrative Control and Commitment." *Strategic Management Journal* 19, no. 11 (1998): 1007–1028.

Garrette, B., and P. Dussauge. "Alliances versus Acquisitions: Choosing the Right Option." *European Management Journal* 18, no. 1 (2000): 63–69.

Garrette, B., X. Castañer, and P. Dussauge. "Horizontal Alliances as an Alternative to Autonomous Production: Product Expansion Mode Choice in the World-wide Aircraft Industry 1945–2000." *Strategic Management Journal* 30, no. 8 (2009): 885–894.

Gulati, R., and H. Singh. "The Architecture of Cooperation: Managing Coordination Costs and Appropriation Concerns in Strategic Alliances." *Administrative Science Quarterly* 43, no. 4 (1998): 781–814.

Hamel, G. "Competition for Competence and Inter-Partner Learning Within International Strategic Alliances." *Strategic Managment Journal* 12, no. 1 (1991): 83–103.

Hennart, J. -F. "A Transaction Costs Theory of Equity Joint Ventures." *Strategic Management Journal* 9, no. 4 (1988): 361.

Inkpen, A. C., and P. W. Beamish. "Knowledge, Bargaining Power, and the Instability of International Joint Ventures." *Academy of Management Review* 22, no. 1 (1997): 177–202.

Kale, P., and J. Anand. "The Decline of Emerging Economy Joint Ventures: The Case of India." *California Management Review* 48, no. 3 (2006): 61–76.

Kale, P., J. H. Dyer, and H. Singh. "Alliance Capability, Stock Market Response, and Long-term Alliance Success: The Role of the Alliance Function." *Strategic Management Journal* 23, no. 8 (2002): 747–767.

Kale, P., and M. Zollo. "Understanding Partnering Processes and Outcomes: The Contribution of Evolutionary Theory." In *Handbook of Strategic Alliances*, edited by O. Shenkar and J. J. Reuer, 81–99. London: Sage Publications, 2005.

Khanna, T., R. Gulati, and N. Nohria. "The Dynamics of Learning Alliances: Competition, Cooperation, and Relative Scope." *Strategic Management Journal* 19, no. 3 (1998): 193–210.

Kogut, B. "Joint Ventures: Theoretical and Empirical Perspectives." *Strategic Management Journal* 9, no. 4 (1988): 319–332.

Kogut, B. "Joint Ventures and the Option to Expand and Acquire." *Management*

Science 37, no. 1 (1991): 19–33.

Lavid, D., and L. Rosenkopf. "Balancing Exploration and Exploitation in Alliance Formation." *Academy of Management Journal* 49, no. 4 (2006): 797–818.

Mesquita, L. F., J. Anand, and T. H. Brush. "Comparing the Resource–Based and Relational Views: Knowledge Transfer and Spillover in Vertical Alliances." *Strategic Management Journal* 29, no. 9 (2008): 913–941.

Mowery, D., J. Oxley, and B. Silverman. "Strategic Alliances and Interfirm Knowledge Transfer." *Strategic Management Journal* 17, Winter Special Issue (1996): 77–91.

Oxley, J. E. "Institutional Environment and the Mechanisms of Governance: The Impact of Intellectual Property Protection on the Structure of Inter–Firm Alliances." *Journal of Economic Behavior and Organization* 38, no. 3 (1999): 283–309.

Oxley, J. E., and R. C. Sampson. "The Scope and Governance of International R&D Alliances." *Strategic Management Journal* 25, no. 8–9 (2004): 723–749.

Reuer, J., and A. Arino. "Strategic Alliance Contracts: Dimensions and Determinants of Contractual Complexity." *Strategic Management Journal* 28, no. 3 (2007): 313–330.

Reuer, J., and M. P. Koza. "On Lemons and Indigestibility: Resource Assembly Through Joint Ventures." *Strategic Management Journal* 21, no. 2 (2000): 195–197.

Rosenkopf, L., and P. Almeida. "Overcoming Local Search Through Alliances and Mobility." *Management Science* 49, no. 6 (2003): 751–766.

Rothaermel, F. "Incumbent's Advantage Through Exploiting Complementary Assets via Interfirm Cooperation." *Strategic Management Journal* 22, no. 6–7 (2001): 687–699.

Simonin, B. L. "The Importance of Collaborative Know–how: An Empirical Test of the Learning Organization." *Academy of Management Journal* 40, no. 5 (1997): 1150–1174.

Singh, Kulwant. "The Impact of Technological Complexity and Interfirm Cooperation on Firm Survival." *Academy of Management Journal* 40, no. 2 (1997): 339–367.

Vanhaverbeke, W., G. Duysters, and N. Noorderhaven. "External Technology Sourcing Through Alliances or Acquisitions: An Analysis of the Application–Specific Integrated Circuits Industry." *Organization Science* 13, no. 6 (2002): 714.

Wang, L., and E. Zajac. "Alliance or Acquisition? A Dyadic Perspective on Interfirm Resource Combinations." *Strategic Management Journal* 28, no. 13 (2007): 89-105.

제5장 언제 사야 하는가

Ahuja, G., and R. Katila. "Technological Acquisitions and the Innovation Performance of Acquiring Firms: A Longitudinal Study." *Strategic Management Journal* 22, no. 3 (2001): 197-220.

Anand, J., and A. Delios. "Absolute and Relative Resources as Determinants of International Acquisitions." *Strategic Management Journal* 23, no. 2 (2002): 119-134.

Anand J., and H. Singh. "Asset Redeployment, Acquisitions, and Corporate Strategy in Declining Industries." *Strategic Management Journal* 18, no. 1 (1997): 99-118.

Barkema, H. G., and M. Schijven. "How Do Firms Learn to Make Acquisitions? A Review of Past Research and an Agenda for the Future." *Journal of Management* 34, no. 3 (2008): 594-634.

Barkema, H. G., and M. Schijven. "Toward Unlocking the Full Potential of Acquisitions: The Role of Organizational Restructuring." *Academy of Management Journal* 51, no. 4 (2008): 696-722.

Birkinshaw, J. "Acquiring Intellect: Managing the Integration of Knowledge-Intensive Acquisitions." *Business Horizons*, May 1999, 33-40.

Brannen, M. Y., and M. F. Peterson. "Merging Without Alienating: Interventions Promoting Cross-Cultural Organizational Integration and Their Limitations." *Journal of International Business Study* 40, no. 3 (2009): 468-489.

Buono, A. F., and J. L. Bodwitch. *The Human Side of Mergers and Acquisitions: Managing Collisions Between People, Cultures, and Organizations*. San Francisco: Jossey-Bass, 1989.

Chaudhuri, S., and B. Tabrizi. "Capturing the Real Value in High-Tech Acquisitions." *Harvard Business Review*, September-October 1999, 123-130.

Coff, R. "Bidding Wars over R&D Intensive Firms: Knowledge, Opportunism, and the Market for Corporate Control." *Academy of Management Journal* 46, no. 1 (2003): 74-85.

Graebner, M. E., and M. K. Eisenhardt. "The Seller's Side of the Story: Acquisition as Courtship and Governance as Syndicate in Entrepreneurial Firms." *Administrative Science Quarterly* 49, no. 3 (2004): 366-403.

Graebner,M. E., M. K. Eisenhardt, and F. T. Roundy. "Success and Failure in Technology Acquisitions: Lessons for Buyers and Sellers." *The Academy of Management Perspectives* 24, no. 3 (2010): 73-92.

Haleblian, J., and S. Finkelstein. "The Influence of Organizational Acquisition Experience on Acquisition Performance: A Behavioral Learning Perspective." *Administrative Science Quarterly* 44, no. 1 (1999): 29-56.

Haspeslagh, P. C., and D. B. Jemison. *Managing Acquisitions: Creating Value Through Corporate Renewal.* New York: Free Press, 1991.

Haunschild, P. R., A. Davis-Blake, and M. Fichman. "Managerial Overcommitment in Corporate Acquisition Processes." *Organization Science* 5, no. 4 (1994): 528-540.

Hayward, M. L. A. "Professional Influence: The Effects of Investment Banks on Clients' Acquisition Financing and Performance." *Strategic Management Journal* 24, no. 9 (2003): 783-801.

Hayward, M. L. A., and D. C. Hambrick. "Explaining the Premium Paid for Larger Acquisitions: Evidence of CEO Hubris." *Administrative Science Quarterly* 42, no. 1 (1997): 103-127.

Jensen, M. C. "Agency Costs of Free Cash Flow, Corporate Finance, and Takeovers." *American Economic Review* 76, no. 2 (1986): 323-329.

Karim, S. "Modularity in Organizational Structure: The Reconfiguration of Internally Developed and Acquired Business Units." *Strategic Management Journal* 27, no. 9 (2006): 799-823.

Larsson R., and S. Finkelstein. "Integrating Strategic, Organizational, and Human Resource Perspectives on Mergers and Acquisitions: A Case Survey of Synergy Realization." *Organization Science* 10, no. 1 (1999): 1-26.

Lee, G. K., and M. B. Lieberman. "Acquisitions vs. Internal Development as Modes of Market Entry." *Strategic Management Journal* 31, no. 2 (2010): 140-158.

Lubatkin, M. "Merger Strategy and Stockholder Value." *Strategic Management Journal* 8, no. 1 (1987): 39-54.

Marks, M. L., and P. H. Mirvis. "Making Mergers and Acquisitions Work: Strategic and Psychological Preparation." *Academy of Management Executive* 15, no. 2 (2001): 80-92.

Pangarkar, N., and J. R. Lie. "The Impact of Market Cycle on the Performance of the Singapore Acquirers." *Strategic Management Journal* 25, no. 12 (2004): 1209-1216.

Puranam, P., H. Singh, and M. Zollo. "Organizing for Innovation: Managing the Autonomy Dilemma in Technology Acquisitions." *Academy of Management Journal* 49, no. 2 (2006): 263-280.

Puranam, P., and K. Srikanth. "What They Know versus What They Do: How Acquirers Leverage Technology Acquisitions." *Strategic Management Journal* 28, no. 8 (2007): 805-825.

Ranft, A. L., and M. D. Lord. "Acquiring New Technologies and Capabilities: A Grounded Model of Acquisition Implementation." *Organization Science* 13, no. 4 (2002): 420-441.

Schneper,W. D., and M. F. Guillén. "Stakeholder Rights and Corporate Governance: A Cross-National Study of Hostile Takeovers." *Administrative Science Quarterly* 49, no. 2 (2004): 263-295.

Seth, A. "Value Creation in Acquisitions: A Reexamination of Performance Issues." *Strategic Management Journal* 11, no. 2 (1990): 99-115.

Vermeulen, F., and H. Barkema. "Learning Through Acquisitions." *Academy of Management Journal* 44, no. 3 (2001): 457-476.

Zollo, M., and H. Singh. "Deliberate Learning in Corporate Acquisitions: Post-Acquisition Strategies and Integration Capability in U. S. Bank Mergers." *Strategic Management Journal* 25, no. 12 (2004): 1233-1256.

제6장 자원 포트폴리오 재조정하기

Agarwal, R., R. Echambadi, A. Franco, and M. B. Sarkar. "Knowledge Transfer Through Inheritance: Spin-out Generation, Growth and Survival." *Academy of Management Journal* 47, no. 4 (2004): 501-522.

Bergh, D., R. Johnson, and R. Dewitt. "Restructuring Through Spin-off or Sell-off: Transforming Information Asymmetries into Financial Gain." *Strategic Management Journal* 29, no. 2 (2008): 133-148.

Berry, H. "Why Do Firms Divest?" *Organization Science* 21, no. 2 (2009): 380-398.

Burgelman, R. "Fading Memories: A Process Theory of Strategic Business Exit in Dynamic Environments." *Administrative Science Quarterly* 39, no. 1 (1994): 24-56.

Chang, S. J. "An Evolutionary Perspective on Diversification and Corporate Restructuring: Entry, Exit, and Economic Performance During 1981-89." *Strategic Management Journal* 17, no. 8 (1996): 587-611.

Helfat, C. E., and Peteraf, M. A. "The Dynamic-Resource-Based View: Capability Lifecycles." *Strategic Management Journal* 24, no. 10 (2003): 997-1010.

Helfat, C. E., and K. M. Eisenhardt. "Inter-Temporal Economies of Scope, Organizational Modularity, and the Dynamics of Diversification." *Strategic Management Journal* 25, no. 13 (2004): 1217-1232.

Hoetker, G., and R. Agarwal. "Death Hurts, but It Isn't Fatal: The Post-Exit Diffusion of Knowledge Created by Innovative Companies." *Academy of Management Journal* 50, no. 2 (2007): 446-467.

Kaul, A. "Technology and Corporate Scope: Firm and Rival Innovation as Antecedents of Corporate Transactions." *Strategic Management Journal* 33, no. 4 (2012): 347-367.

Kumar, S. "The Value from Acquiring and Divesting a Joint Venture: A Real Options Approach." *Strategic Management Journal* 26, no. 4 (2005): 321-331.

Levinthal, D., and B. Wu. "Opportunity Costs and Non-Scale Free Capabilities: Profit Maximization, Corporate Scope, and Profit Margins." *Strategic Management Journal* 31, no. 7 (2010): 780-801.

Markides, C. C. *Diversification, Refocusing, and Economic Performance.* Cambridge, MA: MIT Press, 1996.

McKendrick, D., J. Wade, and J. Jaffee. "A Good Riddance? Spin-offs and the Technological Performance of Parent Firms." *Organization Science* 20, no. 6 (2009): 979-992.

Moliterno, T. P., and M. F. Wiersema. "Firm Performance, Rent Appropriation, and the Strategic Resource Divestment Capability." *Strategic Management Journal* 28, no. 11 (2007): 1065-1087.

Montgomery, C. A., and A. R. Thomas. "Divestment: Motives and Gains." *Strategic Management Journal* 9, no. 1 (1988): 93-97.

Moschieri, C. "The Implementation and Structuring of Divestitures: The Unit's Perspective." *Strategic Management Journal* 32, no. 4 (2011): 368-401.

Moschieri, C., and J. Mair. "Research on Corporate Divestitures: A Synthesis." *Journal of Management & Organization* 14, no. 4 (2008): 399-422.

Penner-Hahn, J., and J. M. Shaver. "Does International Research and Development Increase Patent Output? An Analysis of Japanese Pharmaceutical Firms." *Strategic Management Journal* 26, no. 2 (2005): 121-140.

Reuer, R., and M. Zollo. "Termination Outcomes of Research Alliances." *Research Policy* 34, no. 1 (2005): 101-115.

Salomon, R., and X. Martin. "Learning, Knowledge Transfer, and Technology

Implementation Performance: A Study of Time-to-Build in the Global Semi-conductor Industry." *Management Science* 54, no. 7 (2008): 1266-1280.

Villalonga, B., and A. M. McGahan. "The Choice Among Acquisitions, Alliances, and Divestitures." *Strategic Management Journal* 26, no. 13 (2005): 1183-1208.

Zuckerman, E. "Focusing the Corporate Product: Securities Analysts and Dediversification." *Administrative Science Quarterly* 45, no. 3 (2000): 591-619.

제7장 기업의 선택 역량 개발하기

Arikan, A. M., and R. M. Stulz. "Corporate Acquisitions, Diversification, and the Firm's Lifecycle." Working paper 17463, National Bureau of Economic Research, 2011.

Barkema, H., and F. Vermeulen. "International Expansion Through Start-up or Acquisition: A Learning Perspective." *Academy of Management Journal* 41 (1998): 7-26.

Benson, D., and R. Ziedonis. "Corporate Venture Capital and the Returns to Acquiring Portfolio Companies." *Journal of Financial Economics* 8, no. 3 (2010): 478-499.

Chesbrough, H. *Open Innovation: The New Imperative for Creating and Profiting from Technology.* Boston: Harvard Business School Press, 2003.

Dowell, G.W. S., and A. Swaminathan. "Entry Timing, Exploration, and Firm Survival in the Early Years of the U. S. Bicycle Industry." *Strategic Management Journal* 27, no. 12 (2006): 1159-1182.

Dushnitsky, G., and M. J. Lenox. "When Do Incumbents Learn from Entrepreneurial Ventures? Corporate Venture Capital and Investing Firm Innovation Rates." *Research Policy* 34, no. 5 (2005): 615-639.

Kim, J.-Y., J. Haleblian, and S. Finkelstein. "When Firms Are Desperate to Grow via Acquisition: The Effect of Growth Patterns and Acquisition Experience on Acquisition Premiums." *Administrative Science Quarterly* 56, no. 3 (2011): 26-60.

Laamanen, T., and T. Keil. "Performance of Serial Acquirers: Toward an Acquisition Program Perspective." *Strategic Management Journal* 29, no. 6 (2008): 663-672.

Zollo, M., and J. Reuer. "Experience Spillover Across Corporate Development Activities." *Organization Science* 21, no. 6 (2010): 1195-1212.

저자 소개

로렌스 카프론 Lawrence Capron

유럽 최고 MBA 스쿨인 인시아드INSEAD에서 M&A, 제휴, 기업 개발, 포트폴리오 전략 등을 강의하고 있으며 M&A와 기업 전략에 대한 실무 교육을 총괄하고 있다. 《하버드 비즈니스 리뷰Harvard Business Review》에 실린 「올바른 길 찾기Finding the Right Path」라는 논문을 비롯해 수많은 논문을 썼다.

M&A와 기업 전략 부문 인시아드 최고 강의상, 경영학회 최고 논문상, 맥킨지-전략경영협회상, HEC 파리 재단 최고 박사학위 논문상 등을 수상했고 2011년에는 프랑스에서 전략과 재정 분야 최고 연구 논문상도 받았다. 현재는 기업이 자생적 성장을 촉진하기 위해 어떻게 새로운 자원을 확보하고 M&A와 제휴와 라이선스 계약을 이용하면 되는지를 집중적으로 연구하고 있다. 파리 경영대학원에서 기업 전략을 연구해 박사학위를 받고 1997년부터 인시아드에서 강의를 시작했다. MIT 슬로안(2011~2012년)·와튼(2005~2006년)·켈로그(2004~2005년) 경영대학원에서 전략 과목 객원교수를 역임했다. 2007~2010년에는 인시아드와 와튼의 제휴를 총괄했고, 《경영전략 저널Strategic Management Journal》 편집위원도 맡고 있다.

성장하는 기업의 비밀

윌 미첼 Will Mitchell

듀크 대학 경영대학원 국제경영학과 교수이자 토론토 대학 경영대학원에서 경영
전략 분야 객원교수로 활동하고 있다. 캐나다 밴쿠버의 명문 대학인 사이먼 프레
이저 대학에서 경영학을 전공했고, 캘리포니아 대학 버클리 캠퍼스에서 경영학 박
사학위를 받았다. 듀크 대학에서 교편을 잡기 전 미시간 대학에서 학생들을 가르
쳤다.

현재 듀크와 토론토 대학 MBA, 박사 과정, 실무교육 프로그램 등과 함께 아프리
카와 아시아 등지에서 기업과 경영전략, 신흥시장 공략 전략, 기업가 정신, 건강 분
야 관리, 제약업계 전략 등에 대해 가르치고 있다.

경쟁 환경 변화에 따라 기업이 어떻게 바뀌고, 그런 변화가 기업과 사회의 성공이
나 실패에 어떤 기능을 하는지 연구하면서 선진 및 신흥시장에서의 경영 구도 변
화를 연구 중이다. 그의 연구는 주로 정보 기술, 상품 기술, 조직의 업무 과정과 구
조, 그리고 제도적 환경을 포함한 기술적·조직적 차원의 변화에 초점을 맞추고
있다. 전략과 의료 서비스 분야에 대해 광범위한 논문을 발표했으며, 현재는 기업
이 M&A, 제휴, 자원 거래, 내부 개발 같은 다양한 방식의 변화를 선택해서 관리하
는 방법을 중점적으로 연구하고 있다. 더불어 북미, 유럽, 아시아, 아프리카 등지의
여러 산업 분야에서 활동하는 기업들이 겪는 변화의 원인과 결과를 생명과학 기
업과 신흥시장에서 활동하는 수많은 기업과 그룹을 중심으로 파헤치고 있다.《경
영전략 저널》공동 편집장이며 북미와 아시아, 유럽의 몇몇 전략 관련 저널에서 편
집위원으로 활동하고 있다.

옮긴이 **이진원**

서울대학교 대학원에서 영어영문학 석사학위를 취득한 후 ≪코리아헤럴드≫ 기자로 언론계에 첫발을 내디뎠다. IMF 시절 재정경제부에서 한국경제 국제 홍보 업무를 맡아 장관상을 수상했고, 로이터통신으로 자리를 옮긴 후 거시경제와 채권 분야를 취재했다. 현재 국제경제 뉴스 번역팀을 맡고 있으며 비즈니스 분야 전문 번역가로도 활동하고 있다. 『유리 감옥』, 『에릭 슈미트 새로운 디지털 시대』, 『원하는 것이 있다면 감정을 흔들어라』, 『검색으로 세상을 바꾼 구글 스토리』, 『혁신 기업의 딜레마』, 『아이디어 메이커』, 『경제학자도 풀지 못한 조직의 비밀』, 『바바라 민토, 논리의 기술』 등을 번역했다.

KI신서 5626

성장하는 기업의 비밀

1판 1쇄 발행 2014년 9월 12일
1판 2쇄 발행 2017년 10월 30일

지은이 로렌스 카프론 · 윌리엄 미첼 지음 **옮긴이** 이진원
펴낸이 김영곤 **펴낸곳** (주) 북이십일 21세기북스

정보개발본부장 정지은
출판영업팀 이경희 이은혜 권오권 홍태형
출판마케팅팀 김홍선 배상현 최성환 신혜진 김선영 나은경
홍보기획팀 이혜연 최수아 김미임 박혜림 문소라 전효은 백세희 김세영
제휴팀 류승은 **제작팀** 이영민

출판등록 2000년 5월 6일 제406-2003-061호
주소 (우 10881) 경기도 파주시 회동길 201(문발동)
대표전화 031-955-2100 **팩스** 031-955-2151 **이메일** book21@book21.co.kr

(주)북이십일 경계를 허무는 콘텐츠 리더

21세기북스 채널에서 도서 정보와 다양한 영상자료, 이벤트를 만나세요!
장강명, 요조가 진행하는 팟캐스트 말랑한 책수다 '책, 이게 뭐라고'
페이스북 facebook.com/21cbooks **블로그** b.book21.com
인스타그램 instagram.com/21cbooks **홈페이지** www.book21.com

ISBN 978-89-509-5568-7 03320
책값은 뒤표지에 있습니다.